INTRODUCING MOBILE SERVER PROGRAMING

이국현 지음

모바일 서버 프로그래밍 입문

얼랭으로 만들며 배운다

모바일 서버 프로그래밍 입문 얼랭으로 만들며 배운다

지은이 이국현 | **1판 1쇄 발행일** 2015년 7월 14일 | **1판 2쇄 발행일** 2017년 1월 5일
펴낸이 임성춘 | **펴낸곳** 로드북 | **편집** 장미경 | **디자인** 김준(표지), 박진희(본문)
주소 서울시 관악구 신림로 29길 8 101–901호 | **출판 등록** 제 2011–21호(2011년 3월 22일)
전화 02)874-7883 | **팩스** 02)6280-6901

ISBN 978-89-97924-17-2 93000
정가 27,000원

이메일 chief@roadbook.co.kr | **블로그** www.roadbook.co.kr

예제 소스 다운로드
http://www.roadbook.co.kr/146

질의 응답 사이트
http://roadbook.zerois.net

지은이의 말

서버 프로그래밍이라고 하면 일반적으로 TCP/IP 소켓 프로그래밍을 떠올리는 경우가 많다. 하지만 대부분의 서버 프로그래밍에서 TCP/IP 소켓 프로그래밍이 차지하는 비율은 많아야 5% 정도일 뿐이다.

TCP/IP 소켓 프로그래밍은 네트워크를 통해 데이터를 주고받는 방법에 관련된 것으로 서버 프로그래밍에서 없어서는 안 될 부분이긴 하지만 가장 중요한 부분은 아니다. TCP Connection 성능을 올리기 위해서는 소켓 프로그래밍을 얼마나 최적화하느냐 보다는 OS의 Kernel에서 TCP/IP Stack을 어떻게 구현하였느냐가 더 중요하고, 그것보다는 네트워크 인터페이스 컨트롤러(Network Interface Controller, NIC, 일명 랜카드)를 얼마나 더 고사양의 제품을 썼느냐가 훨씬 중요하다.

그리고 TCP Connection 성능이 전체 서버 소프트웨어의 성능에 얼마나 영향을 미치느냐를 따져보면 일부 특수한 네트워크 장비나 보안 소프트웨어를 제외하고는 미미하다는 것을 알 수 있다. 오히려 TCP Connection 성능에 치우친 설계를 함으로써 CPU의 자원이 소켓 관리에만 할당되어, 받은 데이터 처리 부분에 CPU의 자원이 할당되지 않아 실제 서비스에서는 더 느려지는 효과가 발생할 수도 있다.

서버 프로그래밍에서 가장 중요한 부분은 **데이터의 처리**이다. 서버 소프트웨어는 유저 수가 많든 적든 항상 원활한 서비스를 제공해야만 한다. 소켓 프로그래밍 영역에서 1초를 빠르게 한다고 해도, 데이터의 처리 부분에서 30초가 걸린다면 30초나 31초나 유저 입장에서는 답답한 서비스일 뿐이다.

이 책에서는 TCP/IP 소켓 프로그래밍은 일절 다루지 않는다. 대신 더 중요한 항목들의 기초를 설명하는 데 중점을 둘 것이다. 여기에는 데이터베이스나 알고리즘, 보안과 관련된 부분들이 포함된다. 또한 모바일이라고 하는 환경에서의 서버에 대해서 설명하는 데 초점이 맞추어져 있다.

그리고 **이 모든 내용은 얼랭**Erlang**을 가지고 설명할 것이다.**

얼랭은 서버 프로그래밍에 최적화된 프로그래밍 언어이면서 도구이다. 세계 최대의 메신저 서비스인 왓츠앱WhatsApp이나 리그오브레전드로 유명한 라이엇게임즈 및 수많은 회사들이 서버 시스템을 구축하는 데 얼랭을 사용하고 있다. 하지만 국내에서는 관련 서적들이 부족하여 그리 알려지지 않은 상태이다.

이 책은 서버 프로그래밍, 더 나아가서는 모바일 서버의 구축에 필요한 이론을 배우고, 얼랭을 이용해서 실제 서버 프로그램을 제작해볼 수 있도록, Windows를 사용하는 초보자 수준에서 쉽게 따라 할 수 있는 구성으로 되어 있다. **예제 코드를 기반으로 여러분은 실제 서비스에 사용할 수 있는 서버 프로그램을 만들 수 있을 것이다.** 얼랭에 대해 알지 못해도 얼랭이 무엇이다 라는 감을 잡을 수 있도록 최소한의 설명을 추가하였다.

각 장을 순서대로 읽어야 다른 장을 이해하는 데 무리가 없을 것이다. 1장은 얼랭에 대해 한번도 들어보지 못한 분들을 위한 기본적인 설명이다. 2장에서는 얼랭 개발 환경 구축에 대한 내용이고, 3장부터 실제 서버 프로그래밍이 시작된다. 4장에서 6장까지는 서버 프로그램의 가장 핵심적인 기능을 구현하게 되며, 7장은 모바일 서버 프로그래밍의 특별한 부분인 푸시 알림에 대해 설명한다. 모바일 서버 구현의 이해도를 높이기 위해 간단한 안드로이드 앱을 제공하니 사용하면 도움이 될 것이다. 8장부터는 약간 난이도가 올라가는데, 9장까지 해서 여러분은 기본적인 서버 프로그램을 완성하게 된다. 10장 보안은 이론을 배우고, 실습을 통해 이해하는 방식으로 되어 있다. 11장에서는 간단하게 얼랭을 통한 분산 컴퓨팅 구현법을 설명한다.

모바일 서버의 이론적인 부분과 얼랭을 이용한 실제 프로그래밍 사이에서 적절한 조화를 이루기 위해 노력하였다. 너무 쉽거나 어렵지 않게 난이도 조절이 잘 되었을지 모르겠다. 서버라는 분야가 상당히 많은 영역과 관련되다 보니 빠진 부분도 많은데 양해를 부탁 드린다.

끝으로 이 책이 나오기까지 고생하신 임성춘 편집장님, 든든한 가족들과 친구들, 그리고 항상 옆에서 응원해 주는 사랑하는 아내에게 고맙다는 말을 전하고 싶다.

이국현

목차

1장 얼랭을 사용해야 하는 이유

1-1 서버란 무엇인가? 12

1-2 모바일 세상과 서버 15

1-3 얼랭에 대해서 19

1-4 얼랭과 다른 언어의 비교 23

    1-4-1 C++, Java와의 비교 23

    1-4-2 Node.js와의 비교 26

    1-4-3 도구는 도구일 뿐 27

1-5 얼랭 프로그래머의 자세 28

2장 개발 환경 구축

2-1 준비물 30

2-2 얼랭(Erlang) 설치 30

    2-2-1 얼랭 쉘 (Erlang Shell) 34

    2-2-2 Erlang Data Type 35

    2-2-3 PATH 환경 설정 38

2-3 Git 설치 39

2-4 Rebar 설치 42

2-5 IntelliJ IDEA 설치 45

    2-5-1 Erlang Plugin 설치 51

2-6 프로젝트 설정 58

2-7 기본 파일 추가 60

3장 기본 모바일 서버 만들기

3-1 서버 설계 74

    3-1-1 Concurrency와 Parallelism 78

    3-1-2 얼랭의 방식 82

3-2 기본 모바일 서버 만들기 85

3-2-1 컴퓨터 네트워크 **85**

3-2-2 프로토콜 정의 **87**

3-2-3 HTTP **89**

3-2-4 얼랭의 HTTP Server **90**

3-2-5 Cowboy 사용하기 **92**

3-2-6 Cowboy Router, Handler 작성 **97**

3-2-7 모바일 앱 연동 **103**

4장 로그인

4-1 로그인(Login) 106

4-1-1 API 설계 **106**

4-1-2 HTTP Method **107**

4-1-3 API 정의 **108**

4-2 기능 구현 109

4-2-1 Cowboy router **109**

4-2-2 URL Parser **111**

4-2-3 Dynamic Code Loading **112**

4-2-4 /login, /join **119**

4-2-5 ETS와 Dets **123**

4-3 모바일 앱 연동 128

4-4 문제점 129

5장 데이터베이스

5-1 데이터베이스란 132

5-1-1 ACID 트랜잭션 **136**

5-1-2 CAP 정리 **139**

5-1-3 얼랭과 데이터베이스 **141**

5-2 Mnesia 141

5-2-1 Record **143**

5-2-2 Schema와 얼랭 노드 **146**

5-2-3 테이블 생성 **148**

5-2-4 쓰기 읽기 **150**

5-3 DB 연동 구현 152

5-4 모바일 앱 연동 161

6장 유저 세션

6-1 유저 세션 164

6-1-1 얼랭 프로세스 **164**

6-1-2 프로세스 내부 구조 **170**

6-1-3 프로세스 생성 **174**

6-1-4 메시지 전달 및 받기 **176**

6-1-5 Links **184**

6-1-6 API 추가 **187**

6-2 구현하기 188

6-2-1 유저 세션 프로세스 생성 **188**

6-2-2 세션 키 **189**

6-2-3 포인트 저장 기능 추가 **192**

6-2-4 자동 로그아웃 **196**

6-3 모바일 앱 연동 199

6-4 코드 보완 200

7장 푸시 알림

7-1 푸시 알림이란? 202

7-1-1 무선 이동통신 **203**

7-1-2 푸시 알림 **207**

7-1-3 Google Cloud Messaging **211**

7-1-4 Apple Push Notification Service **214**

7-2 구현하기 218

7-2-1 서버 API 추가 **218**

7-2-2 /users/token 구현 **219**

7-2-3 GCM 구현   223

7-2-4 APNs 구현   224

7-3 안드로이드 앱과 연동   227

7-4 보완해야 할 기능   230

8장 채팅과 메신저

8-1 채팅과 메신저   232

8-1-1 WhatsApp 메신저   233

8-1-2 리그 오브 레전드   236

8-2 설계하기   237

8-3 OTP application   239

8-3-1 gen_server   239

8-3-2 gen_fsm   244

8-3-3 gen_event   246

8-3-4 supervisor   248

8-4 구현하기   251

8-4-1 채팅방 지배인   252

8-4-2 채팅방 관리자   256

8-4-3 채팅방 사용하기   260

8-4-4 복구 테스트   265

9장 랭킹과 알고리즘

9-1 랭킹   268

9-2 정렬 알고리즘   269

9-1-1 lists   270

9-1-2 ordsets, orddict   276

9-1-3 sets, dict   279

9-1-4 gb_trees, gb_sets   281

9-1-5 ets   285

9-1-6 maps   287

9-2 성능 측정 288

　　9-2-1 Pseudo Random Number Generator 288

　　9-2-2 시간 계산 291

9-3 랭킹 구현 292

10장 보안

10-1 보안의 기본 298

　　10-1-1 클라이언트 보안 301

　　10-1-2 서버 보안 301

10-2 암호화 303

　　10-2-1 Base64 305

　　10-2-2 MD5, SHA-1 307

　　10-2-3 DES, AES 309

　　10-2-4 RSA 313

　　10-2-5 Diffie-Hellman key exchange 321

　　10-2-6 SSL/TLS 323

10-3 실전 사례 325

　　10-3-1 패스워드 저장 325

　　10-3-2 패킷 암호화 326

　　10-3-3 모바일 결제 검증 327

11장 분산 컴퓨팅

11-1 Distributed Erlang 330

　　11-1-1 Nodes 330

　　11-1-2 RPC 333

　　11-1-3 Remote Processes 334

찾아보기 00

1장
얼랭을 사용해야 하는 이유

명필은 붓을 가리지 않는다고 하지만, 건물 벽을 칠해야 하는 데 붓으로 할 수는 없는 노릇이다. 프로그래머는 무엇을 만들어야 하는가에 따라서 프로그래밍 언어라는 도구를 선택해야 한다. 대규모로 구축하여 운영할 모바일 서버를 만들거나, MMORPG 전세계 단일 서버를 만든다거나, 안전한 분산 네트워크 서비스를 구축해야 한다면 얼랭을 사용해서 개발하라.

1-1 서버란 무엇인가?

"국세청 환급금 조회, 접속자 폭주로 홈피 마비" – 2014년 5월 15일[1]

요즘은 흔히 뉴스를 통해서 서버가 다운되었다는 말을 듣곤 한다. 홈페이지 서버가 다운되어 접속을 못하거나, 게임 서버가 다운되어 플레이를 할 수 없고, 은행 서버가 다운되어 이체를 못하고, 카카오 서버가 다운되어 메시지를 보낼 수 없다는 식의 기사를 한 번쯤은 접해 보았을 것이다. 하지만 막상 서버가 무엇인지는 잘 모르는 경우가 많다. 뭔지 모르지만 매우 중요한 것 정도라고 생각하는 것이 일반인의 서버에 대한 개념일 것이다.

서버는 기업이 운영하는 서비스의 핵심이 가동되는 곳이다. 그만큼 한번 문제가 발생하면 매우 심각한 상황에 처하게 된다. 고객에게 서비스를 하기 위한 수많은 정보가 저장되어 있고, 외부에 노출되어 있기 때문에 악의적인 해킹의 타깃이 되기도 한다. 수시로 발생하고 있는 개인정보 유출 사건들도 서버의 데이터를 빼낸 것이다. 네트워크를 통해 외부에서 들어온 침입자에 의해 데이터 유출이 발생할 가능성뿐만 아니라 기업 내부에서의 서버 데이터 유출도 발생할 가능성이 높다.

2014년 대한민국에서 발생한 카드사의 1억 4000만건 개인정보 유출 사건은 내부에서의 유출이라 할 수 있다. 파견되어 일하는 하청업체 직원에게 실 서버의 데이터에 접근 권한을 주면서 발생한 사건이다. 작업 때문에 실 서버의 데이터에 접근 권한을 줘야만 하는 상황이 있을 수도 있지만, 그 데이터를 USB 등을 통해 외부로 쉽게 가져갈 수 있다는 데서 허점이 생긴 것이다. 서버의 관리 문제가 심각한 사회문제가 될 수 있다는 것을 보여준 사례라고 할 수 있다.

이렇듯 서버에는 정보가 저장되어 있고, 해당 정보를 여러 사람들이 접속해서 이용할 수 있다고 생각하는 것이 간단하게 생각할 수 있는 서버의 개념이다. 접속을 하는 도구를 클라이언트라고 부르고, 접속의 대상을 서버라고 부른다. 더 엄밀하게 이야기하면 접속을 하는 도구에 설치된 프로그램을 클라이언트라고 하고, 접속을 받아들이

---

1 헤럴드 경제 뉴스 http://goo.gl/naWM2S

는 프로그램을 서버라고 부른다. 스마트폰으로 인터넷에 접속을 할 때 스마트폰의 브라우저 어플리케이션이 클라이언트가 되는 것이고, 해당 인터넷 서비스의 웹서버 프로그램이 서버가 된다. [그림 1-1]과 같이 클라이언트는 다양한 환경에서 동작할 수 있다. 스마트폰, 컴퓨터, 노트북 등등 서버에 접속한 모든 디바이스들이 클라이언트가 된다.

클라이언트 프로그램의 이용자는 사람이다. 사람이 조작하고 터치하면서 다뤄야 하는 부분이라, UI와 UX 등의 디자인과 사용성 위주의 개발을 담당하게 된다. 웹 프로그래밍에서 HTML, CSS 부분이 모두 클라이언트 파트라고 할 수 있다. 다른 말로는 프론트엔드Front-end 부분의 개발이라고도 부른다. 서버는 백엔드Back-end라고 부르는데, 서버 프로그램의 이용자는 사람이 아니라 클라이언트 프로그램이다. 서버 프로그램은 주로 클라이언트 프로그램과 정보를 주고 받기 때문에 눈으로 볼 수 있는 디자인이 없으며, 추상적인 데이터를 다루게 된다.

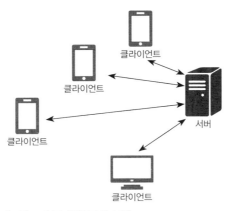

[그림 1-1] 클라이언트와 서버

서버는 여러분이 상상하는 것보다 가까이에 있다. 인터넷 접속을 위해 **www로 시작하는 주소를 입력할 때 우리는 서버의 주소를 입력하고 있는 것**이다. 화면에 내용이 뜨기 시작한다는 것은 브라우저가 서버에 접속이 완료되어 서버에서 보내주는 데이터를 받아서 화면에 보여주고 있다는 것을 의미한다.

버스를 타면서 무심코 단말기에 교통카드를 찍을 때 사용하는 교통카드를 생각해보자. 교통 카드에 내장된 IC는 작은 컴퓨터나 다름 없다. IC에는 CPU, ROM, RAM, EEPROM, I/O 시스템이 들어있어 금액을 결제할 때마다 단말기에 정보를 전송한다. 교통 카드 자체도 스마트폰이나 컴퓨터와 같은 클라이언트 역할을 하고 있는 것이다. 버스에 달려있는 단말기는 중간 서버 역할을 한다. 그렇게 버스가 정류장을 돌며 모든 사람들의 결제 내역을 저장한 단말기는 종점에 도착하여 결제 내역들을 중앙 서버로 전송한다.

중요한 데이터를 저장하고, 수많은 사람들의 접속을 감당해야 하는 서버는 일반 사람들이 평생에 한번 보기 힘든 그런 고가의 특수한 장비일 것이라고 생각할 수도 있겠지만, 사실은 여러분이 사용하고 있는 PC나 스마트폰도 엄밀히 말하면 서버다. 비록 보안상의 이유로 방화벽으로 막혀 있지만 **원한다면 포트를 열어서 접속이 가능하도록 설정하는 순간 멋진 서버로 변신하게 된다.**

한마디로 **모든 IT 기기들이 클라이언트이면서 서버가 될 수 있는 세상**이다. 온라인 기능이 빠진 프로그램은 이제 찾아보기가 힘들 정도다. 소프트웨어의 업데이트도 서버에서 패치를 받아서 자동으로 진행하고, 동영상 하나를 본다 해도 유튜브와 같은 서비스를 통해서 인터넷으로 스트리밍 전송을 통해 볼 수 있다.

인터넷 세상이 동작하기 위해서는 서버가 필요하다. 서버들은 문제가 발생해서는 안 되고 24시간 365일 작동해야 한다. 클라이언트 프로그램은 만들면서 눈으로 직접 확인하는 맛이 있지만, 서버 프로그램은 눈에 보이지 않는다. 사용자로 하여금 존재 자체를 인식할 수 없을 정도로 불편함 없도록 동작해야 하는 것이 서버 프로그램이다. 이런 서버 프로그램을 만드는 프로그래머들을 기업에서는 점점 더 많이 필요로 하고 있는데, **수요에 비해 실제로 제대로 된 서버 프로그래머를 찾기는 힘든** 상태다.

1-2 모바일 세상과 서버

전세계 모바일 폰 이용자가 2014년 현재 45억명을 넘어섰다. 한 명당 여러 개의 모바일폰을 개통한 것을 포함하면 69억명의 가입된 모바일폰이 사용되고 있다고 한다.[2] 그리고 스마트폰 이용자는 17억 명을 넘어섰다.[3] 전세계 인구의 24.4%가 스마트폰을 사용하고 있는 것이다.

네트워크 기업인 시스코Cisco의 의하면[4] 모바일 데이터 트래픽이 2014년 2.6EB(엑사바이트)에 도달하고, 2018년에는 15.9EB에 달할 것이라 전망했다.

 참고
엑사바이트(EB)는 기가바이트(GB)에 1000을 곱해서 테라바이트(TB)가 되고, 테라바이트에 1000을 곱해서 페타바이트(PB), 페타바이트에 1000을 곱한 것이 엑사바이트(EB)가 된다.

2005년에 900TB(테라바이트)에 불과했던 모바일 트래픽이 급성장을 하고 있는 것이다. 앞으로도 엄청난 양의 트래픽이 모바일에서 발생하게 될 것이라는 전망이다.

국내에서 모바일 세상이 왔구나 하고 생각하게 된 시점은 스마트폰 메신저의 등장과 맞물려 있는 것 같다. 다음Daum과 합병한 카카오톡(현재는 다음카카오)이 그 주인공이다. 그 전까지는 문자는 핸드폰의 SMS 메시지를 의미했지만, 이후에 문자는 카톡에 밀려나게 되었다.

카카오톡은 현재 국내시장에서 점유율 1위를 달리고 있으며, 1억 4천만명의 전체 이용자 수를 가지고 있다. 해외를 살펴보면 지금은 네이버 주식회사로 사명이 변경된 NHN에서 만든 라인LINE 메신저는 일본과 동남아 시장을 확보하여 가입자수 4억 2천만명을 돌파하였다. 중국 텐센트의 위챗은 4억3천8백만명의 유저수를 가지고 있고, **페이스북에 190억 달러(약 21조원)에 인수된 왓츠앱**WhatsApp**은 6억명 이상의 가입자수를 확보**하고 있다. **왓츠앱은 모든 시스템이 얼랭**Erlang**으로 구현되었기 때문에**, 9장에서 좀 더 자세한 이야기를 나눌 예정이다.

....

2 http://goo.gl/TLPJr
3 http://goo.gl/34E8PH
4 http://goo.gl/OL6mYY

모바일에서 크게 성장한 분야 중 하나로 게임을 꼽을 수 있다. 모바일 게임은 피처폰 시절에는 큰 시장으로 성장하지는 못했지만, 스마트폰의 등장으로 급격하게 성장하기 시작했다.

2003년 설립된 핀란드의 작은 게임 회사였던 로비오 엔터테인먼트는 그들의 52번째 게임인 앵그리버드Angry Bird를 아이폰 게임으로 출시한다. 앵드리버드는 전세계에서 10억 다운로드를 돌파하는 기록을 세웠고, 2011년 벤처 캐피털 3개 회사에서 4200만 달러의 투자를 받았다. 2013년 매출은 1억 5600만 달러를 기록했다.[5]

2010년에 설립한 또 핀란드의 슈퍼셀Supercell이란 회사는 클래시 오브 클랜즈Clash of Clans를 2012년 5월에 출시하고 헤이 데이Hay day를 2012년 8월에 출시했다. 1년만에 매출이 1조원을 넘었고, 작년에 소프트뱅크에 지분 51%를 약 1조 6000억원에 팔았다.[6] 소프트뱅크는 2015년 6월 슈퍼셀의 지분을 추가 매입하여 지분율을 51%에서 73%로 확대하였다.

국내의 사례도 있다. 카카오톡의 첫번째 퍼블리싱 게임으로 출시한 애니팡이란 게임이다. 2009년에 설립된 썬데이토즈라는 회사에서 만든 게임으로 전국적으로 애니팡 열풍이 불면서 크게 히트를 쳤다. 2013년 매출 476억원 당기순이익 148억을 달성하였다. 스마일게이트홀딩스가 지분 20.7%를 1206억원에 인수한 상태이다.

애니팡이 크게 히트를 치면서 카카오톡 연동 게임들이 쏟아져 나오기 시작했다. 기존에 큰 게임회사들이 너도나도 게임을 출시하면서 애니팡과 같이 작은 회사의 대박 사례는 찾아보기 힘들게 되었다.

1인이 성공한 사례도 있다. 베트남 하노이에 사는 한 청년이 만든 플래피 버드Flappy Bird(그림 1-2)라는 게임이다. 플래피 버드는 만드는 데 2~3일만 소요했을 정도로 단순하고 간단한 게임인데 묘한 중독성으로 인기를 얻으면서 하루 광고 수익이 5천만원씩 나기도 하였다.

5 http://en.wikipedia.org/wiki/Rovio_Entertainment
6 http://goo.gl/1CLQWJ

[그림 1-2] 플래피 버드 게임

스마트폰 시장이 커지면서 **가장 크게 바뀐 게임의 룰은 전세계가 이제 하나라는 것**이다. 예전에는 해외에 자신이 만든 소프트웨어를 출시하려면 그 나라의 사업자와 퍼블리싱 계약을 하지 않고서는 출시 자체가 불가능하였다.

모바일에서는 아주 간단하다. 자신이 만든 어플리케이션을 앱스토어에 올리고 미국이든 일본이든 한국이든 나라를 선택해주기만 하면 끝이다. 베트남 하노이에 사는 청년이 전세계를 상대로 게임을 출시하고 수익을 올릴 수 있는 것이 바로 그 이유다. 은행 계좌를 등록한 후 매출이 발생하면 그 전달에 발생한 매출에 대해서 바로 입금을 해준다. 물론 각 마켓마다 수수료를 떼고 입금해 줄 것이다.

안드로이드와 아이폰 둘 다 30%의 수수료를 제한다. 카카오톡에 게임을 출시하면 추가로 30%를 카카오톡이 더 떼어간다. 만약 카카오에 출시해서 1000만원의 매출이 나면, 1000 * 0.7 * 0.7 = 490만원이 개발사가 받는 금액이 된다. 추가로 국내 다른 게임회사와 퍼블리싱 계약을 맺었다면 50% 정도를 더 떼어서 결국 개발사가 받는 금액은 245만원이 된다.

모바일 서버는 전세계 서비스를 고려하여 제작해야 한다. 다국어 지원은 무조건 들어가야 하며 전세계 어디에서 얼마나 유저가 들어올지 모르기 때문에 IDC 구성도 클라우드 서비스 등을 사용해서 상황에 맞게 자유로운 대응이 가능하도록 해야 한다.

유저가 한꺼번에 몰리기 시작하면 기하급수적으로 늘어나기 때문에 옛날처럼 IDC에 서버 증설 주문하고 일주일 이상 기다려서 셋팅하다가는 이미 유저들은 접속이 안 된다고 다 떠날 것이다. **자체적으로 대용량의 서버를 구축하거나** 그럴 여유가 없다면 최대한 빠르게 물리적인 서버를 확장할 수 있는 **클라우드 서비스를 이용하는 것이** 좋다.

 서버라는 단어를 사용할 때 물리적인 서버를 의미할 때가 있고, 소프트웨어적인 서버를 의미할 때가 있다. 물리적인 서버는 컴퓨터 하드웨어를 의미하고, 소프트웨어적인 서버는 프로그래밍 작업으로 만들어진 서버 프로그램을 의미한다.

스마트폰 세상이 오면서 모든 모바일 프로그램들은 서버를 통해서 서비스되고 있다. 피쳐폰 시절의 게임들은 인터넷 없이 오프라인에서 동작하는 게임들이었으나, 위에서 언급한 게임들 중에서 플래피 버드를 제외하고는 모두 온라인에서 서버와 통신을 하며 동작하는 게임이다. 온라인 게임은 대규모로 마케팅을 한 게임이 아니면 몇백에서 몇 천명의 유저에 대응하는 서버를 구축하지만, 모바일에서는 마케팅을 하지 않아도 10만명 이상의 유저가 몰릴 수 있다. **모바일에서는 접속 예상 유저수를 높게 잡아야한다.**

페이스북이나 카카오톡도 서버가 다운되면 기능이 동작하지 않는다. 유저의 숫자가 많아지더라도 정상적으로 동작하도록 구성해야 한다. 모바일 데이터 속도도 3G에서 4G LTE로 늘어나고 스마트폰의 성능은 점점 데스크톱처럼 향상되고 있다. 그만큼 유저의 인내심 또한 줄어들 것이다. CPU 성능이 좋아질수록 정상이라고 생각하는 체감 속도 또한 빨라지기 때문에 유저는 느리고 버벅거리는 현상에 대해서 인색하게 된다.

1-3 얼랭에 대해서

이 책은 얼랭Erlang[7]을 이용해 모바일 서버를 제작하는 내용이다. 얼랭 공식 사이트[8]에서 살펴보면 다음과 같이 써있다.

> "얼랭은 고가용성(High availability)이 요구되는 대규모의 확장 가능한 실시간 시스템(soft real-time system)을 구축하는 데 사용되는 프로그래밍 언어이다. 텔레콤, 은행, 전자상거래, 컴퓨터 통신, 메신저 등에 쓰이고 있다. 얼랭 런타임 시스템(Runtime system)은 동시성(Concurrency), 분산(Distribution), 결함 방지 능력(Fault Tolerance) 지원 시스템을 내장하고 있다."

처음 듣는 단어가 많을 텐데, 몇몇 단어를 분석해 보자.

고가용성은 24시간 365일 가동되어야 함을 의미한다. 즉 중단 없는 서비스를 말한다. 구글이나 네이버에 접속이 안 되면 엄청난 손실이 발생할 것이다. 모바일에서 거의 대부분의 프로그램이나 서비스가 고가용성를 요구한다.

대규모의 확장 가능한 실시간 시스템이란 말은 모바일에 딱 들어맞는 말이다. 전세계 수백 수천만 명의 유저가 접속할 수 있는 시스템을 만든다고 할 때 얼랭은 딱 들어맞는 도구가 된다. 그렇다고 얼랭이 소규모에 적합하지 않다는 것은 아니다. 간단하고 쉽게 확장이 가능하다는 뜻이다. OS도 아니고 프로그래밍 언어가 실시간 시스템을 지원하는 것은 얼랭이 유일하다. 실시간 시스템은 어떤 경우에도 빠른 응답 속도를 보장해 주는 것을 의미한다.

프로그래밍 언어. 이건 잠시 뒤 다시 설명하겠다.

텔레콤, 은행, 전자상거래, 컴퓨터 통신, 메신저 등에 쓰인다. 얼랭이 스웨덴의 통신 회사인 에릭슨 컴퓨터 과학 연구소Ericsson Computer Science Laboratory에서 만들어지다 보니 초기에는 통신에 최적화 되어 있었다. 현재의 얼랭은 매우 다양한 분야에 사용된다.

---

7 Erlang은 정확한 스웨덴 발음으로 하면 에얼랑 정도가 되겠으나, 전세계 사람들이 알파벳을 어떻게 발음하느냐에 따라서 얼랭, 엘랭, 엘랑 등등 다양하게 부르고 있다. 이 책에서는 얼랭이란 표기로 통일한다.

8 http://www.erlang.org

얼랭에는 아파치보다 가볍고 성능이 뛰어난 웹서버들이 존재하며, 페이스북에서 채팅 시스템을 한때 얼랭으로 구축했었다. 최근 NoSQL이 RDBMS의 대안으로 각광받고 있는데, 유명한 NoSQL인 CouchDB와 Riak이 순수하게 얼랭으로 프로그래밍되어 있다. 아마존에서 만든 NoSQL인 SimpleDB도 전부 얼랭으로 만들어졌다.

전세계에서 가장 인기를 끌고 있는 온라인 게임인 리그오브레전드League of Legends의 채팅 시스템은 전부 얼랭 코드[9]로 만들어졌다. 얼랭을 이용해서 간단하게 리그오브레전드의 채팅 클라이언트를 만들 수도 있다. 이 책에서는 설명하지 않겠지만 언젠가 기회가 되면 설명하겠다.

페이스북에 인수된 왓츠앱의 서버 시스템은 얼랭으로 구축되어 있다. 얼랭을 이용한 모바일 메신저 구축 방법도 한번 설명하고 싶은 주제이긴 하지만 이 책의 범위를 넘어선다.

메시지 큐 시스템으로 유명하여 VMware에 인수된 RabbitMQ도 순수하게 얼랭으로 만들어졌다. 이 외에도 다양한 소프트웨어와 프로젝트에 얼랭이 이용되고 있어서 얼랭 프로그래머의 몸값은 다른 프로그래머들에 비해서 높게 책정되고 있다.[10]

얼랭 런타임 시스템(Runtime system)은 자바의 JVMJava Virtual Machine과 비슷한 개념으로 보면 된다. 얼랭 컴파일러에 의해 컴파일된 코드는 아키텍처나 OS에 관련 없이 얼랭 런타임 시스템만 설치되어 있다면 어디에서든 동작이 가능하다.

동시성은 병행성이라고 해석해도 되지만, 병렬성Parallelism과 헷갈릴 수 있기 때문에 동시성으로 해석하는 것이 나은 것 같다(영어로는 다른 의미인데, 한글로 번역해 놓으면 병행이나 병렬이나 같은 의미가 된다). 동시성은 여러 개의 작업을 동시에 실행하는 것을 의미한다. 지금은 멀티코어multi core CPU의 시대다. 60개 이상의 코어core를 갖고 있는 인텔의 제온파이나, 12개의 코어에 8개의 쓰레드를 갖고 있는 IBM POWER 등을 언급하지 않더라도, 이미 대중적으로 판매되고 있는 CPU만 해도 쿼드 코어에 하이퍼쓰레드까지 적용하면 논리적 CPU가 8개가 동작하고 있다. 옛날로 따지면 컴

---

9 http://www.ejabberd.im/

10 http://www.itjobswatch.co.uk/jobs/uk/erlang.do에서 영국의 경우 얼랭(Erlang) 개발자의 평균 연봉이 57,500파운드이다. C++ 프로그래머의 경우 45,000 파운드로 확인된다.

퓨터 8대가 돌아가고 있는 것인데, 8대의 컴퓨터를 효율적으로 모두 사용하기 위해서는 이에 적합한 프로그램 코드를 작성해야 한다. 한 가지 작업이 아닌 여러 개의 작업을 여러 개의 코어에서 동시에 효율적으로 동작하게 하는 것이 필요한 것이다. 그런 프로그래밍 방법론을 Concurrent Programming이라고 한다. 이에 대해서는 3장에서 좀 더 자세히 설명하도록 하겠다.

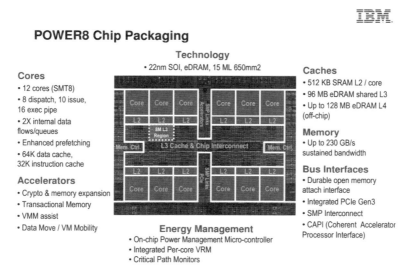

[그림 1-3] IBM POWER8 Processor

분산은 기능이나 데이터를 다른 시스템에 분산 저장하는 것을 의미한다. 사용자가 얼마 없다면 문제없겠지만, 사용자가 많아지면 많아질수록 하나의 기능을 하나의 서버에서 처리하는 것은 불가능한 일이다. 이를 여러 대의 서버로 분산 처리하는 시스템을 구축하는 것이 필요하고 이를 분산 시스템Distributed System이라고 한다. 얼랭에서는 노드Node라는 형태로 얼랭 런타임 시스템 사이의 통신을 지원한다.

결함 방지 능력은 버그나 오류에 의해서 프로그램이나 프로그램의 일부가 다운될 때 이를 방지하여 정상적으로 동작하는 상태로 만드는 것을 말한다.

다시 **프로그래밍 언어**로 돌아와 보자. 그렇다. 얼랭은 프로그래밍 언어다. 국내에서 얼랭이 알려지지 못하는 이유 중 하나는 프로그래머들이 언어 그 자체에 너무 큰 의미를 부여하는 경향이 있기 때문이다. 얼랭을 검색하면 바로 함수형 언어라는 말이 옆에 있다. 프로그래밍 언어 이론에 의하면 얼랭은 함수형 언어들에 속한다. 함수형 언어 하면 리습LISP, 하스켈Haskell 같은 딱 봐도 어려워 보이는 언어들이 옆에 쭉 늘어서 있고, 얼랭을 동급으로 취급한다. 함수형 언어는 컴퓨터 과학Computer Science을 연구하는 사람들이나 사용한다는 인식이 있다. 얼랭이 함수형 언어의 범주에 포함되는 것이 국내에서 잘 쓰이지 않는 이유 중 하나이다.

프로그래밍 언어에 집착할 이유가 없다. 언어마다 추구하는 바가 다르고, 쓰임새가 다르다. 얼랭이 함수형 언어라고 해서 어려워 할 이유도 없다. 나중에 해보면 알겠지만 얼랭은 리습 같이 프로그래밍 학자들이나 좋아할 만한 언어가 아니다. 실용적으로 좀 더 빠르고 안전하고 쉬운 개발을 도와주는 도구이다. 얼랭은 모든 것을 다 잘 할 수 있는 만능 언어도 아니다. 최대한 이 책에서는 얼랭에 대한 빠르고 쉬운 적응을 위해 노력할 것이다. 두려워하지 않아도 된다.

얼랭에 대한 설명부터 얼랭은 범용적인 프로그래밍 언어라기보다는 특정한 분야, 주로 네트워크와 서버와 관련된 일을 위한 도구라는 것을 알 수 있다.

얼랭 공식 사이트에는 OTP에 대한 언급도 있다. OTP는 얼랭이 Ericsson 연구소 안에 있을 때에는 Open Telecom Platform의 약자였으나, 얼랭이 오픈소스Open Source로 공개되고 나서, OTP는 얼랭의 공식적인 라이브러리와 각종 도구들의 묶음이 되었다. 이를 합쳐서 Erlang OTP라고 부른다.

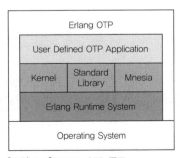

[그림 1-4] Erlang OTP 구조

1-4 얼랭과 다른 언어의 비교

다른 책들을 보면 프로그래밍 언어를 소개하면서 꼭 정렬 알고리즘Sort Algorithm, 가령 퀵소트Quick Sort 같은 것을 어떻게 구현하는지 코드Code 자체를 보여주곤 하는데 그게 오히려 초보 프로그래머들에게는 역효과가 된다고 생각한다. 요즘 퀵소트를 누가 손으로 구현하는가, 라이브러리를 쓰지. 그게 아니면 문법 설명부터 시작하는데 그런 것들은 하나씩 알아가면 되는 것이다.

중요한 건 이걸 사용해서 얼마나 빠르게 실제 업무에 활용할 수 있고, 재미 삼아 혹은 취미로 만드는 것이 아닌 실제 사용제품에 얼마나 어떻게 적용이 가능하느냐 하는 것이다.

1-4-1 C++, Java와의 비교

언어	Erlang	C++	Java
개발회사	에릭슨(Ericsson)	GNU G++, 인텔(Intel), 마이크로소프트, LLVM Clang 등	오라클(Oracle), IBM 등
출시연도	1986년	1983년	1995년
플랫폼	ERTS	전통적 컴파일러	JVM
구현언어	Erlang, C	C++	C/C++
동시성 (Concurrency)	★★★★★	★★	★★
용도	서버 개발	시스템 프로그래밍	웹 서비스 개발

개발회사

Erlang은 에릭슨Ericsson의 연구소에서 전신전화 시스템 강화를 위해 개발한 언어이고, 자바는 썬마이크로시스템즈[11]에서 임베디드 어플리케이션 개발을 위해 만든 언어이다. C++은 AT&T의 벨 연구소에서 C언어에 객체지향성을 추가하여 만든 언어이다. Erlang이나 Java는 둘 다 오픈소스이긴 하지만 회사가 주체가 되어 언어의 기능과 기반 시스템을 주도적으로 업데이트하고 있고, C++의 경우는 국제 단체ISO/IEC에서 전세계 토론을 거쳐서 표준 문서를 배포하고 이를 기준으로 GNU GCC 같은 오픈소스 그룹이나 인텔, 마이크로소프트 같은 회사에서 개발 도구를 만들어 배포하거나 판매하고 있다.

출시연도

C++과 Java는 출시 직후부터 지금까지 꾸준하게 인기를 얻고 있지만, Erlang의 경우는 대기만성형이라고 해야 할까. 1986년에 Erlang이 만들어진 후 7년이 지나서야 첫번째 Erlang 책이 나왔고, 그 후 14년이 더 지나서야 대중적으로 알려지기 시작했다. 지금 만들어진 지 29년이 지나서야 한국어 얼랭 서적이 나온 셈이니 너무 오래 걸린 것 같다.

플랫폼

자바와 얼랭은 비슷한 부분이 있다. 자바는 Java Virtual MachineJVM으로 자바 컴파일러에 의해 만들어진 바이트 코드BYTE CODE를 실행하는데, 얼랭은 Erlang Runtime SystemERTS으로 얼랭 컴파일러에 의해 만들어진 빔 코드BEAM[12] CODE를 실행한다. 바이트 코드든 빔 코드든 다 이름일 뿐이고 비슷한 개념이다.[13] 이 구조는 프로그램이 멀티 플랫폼에서 추가 컴파일 없이 실행이 가능하다는 장점이 있다. C++ 코드를 x86과

---

11 2010년 1월 27일에 오라클(Oracle)에 합병되었다.

12 Bogdan/Bjorn's Erlang Abstract Machine. 최초의 얼랭은 JAM(Joe's Abstract Machine)에서 동작했으나, VEE(Virding's Erlang Engine), Strand88 machine, TEAM(Turbo Erlang Abstract Machine) 등의 실험을 거쳐 Bogumil Hausman이 만든 BEAM이 최종 선택되었다.

13 마이크로소프트의 닷넷(.NET) 프레임워크의 CLR(Common Language Runtime)도 마찬가지 개념으로 닷넷으로 컴파일된 코드를 실행한다. Virtual Machine 모델 이론으로 봤을 때 JVM과 CLR은 stack-based machine이고, ERTS는 register-based machine이다.

ARM 아키텍처에서 동작하게 하려면 크로스 컴파일러를 통해서 각각의 아키텍처에 맞게 코드를 컴파일 해주어야 한다.[14] 자바나 얼랭은 컴파일을 다시 할 필요가 없다.[15]

자바의 JVM 위에서 동작하는 언어 중에는 객체지향이면서도 함수형 언어인 스칼라Scala가 있다.[16] 혹은 LISP을 기반으로 한 클로저Clojure[17]도 있다. 얼랭 VM 위에서 동작하는 언어 중에는 엘릭서Elixir[18]와 LISP 기반의 LFE[19]가 있다. 엘릭서는 얼랭의 기능적인 장점을 포함하면서 Ruby 같은 느낌의 문법과 LISP의 매크로 기능 등을 결합한 새로운 프로그래밍 언어이다. 향후 얼랭과 더불어 발전이 기대되는 언어이다.

구현언어

얼랭과 자바 모두 C나 C++을 이용해서 만들어졌다. 컴파일러를 만드는 데는 최적화를 위해서 플랫폼 스펙을 최대한 활용해야 하고, C나 C++을 쓰지 않을 수가 없다.

동시성(Concurrency)

C++과 Java는 언어 자체에서 특별히 동시성을 지원하지 않는다. 전통적인 Thread와 Lock 방식으로 작업을 동시에 실행할 수 있도록 프로그래밍 할 수 있지만, 얼랭에 비하면 매우 부족하다. 확장 가능한 시스템을 구축하려고 한다면 얼랭 비슷한 시스템을 직접 구현해야 하는 노력이 필요할 것이다. 라이브러리 형식으로 지원하고 있는 것들이 있지만, 기본적인 기능을 흉내내는 수준일 뿐이고 실제로 사용하기에는 부족하다. 좋은 인력과 많은 시간이 있다면 C++과 Java로도 얼랭 수준의 동시성을 지원하도록 구현할 수도 있겠지만, 현실적으로는 불가능한 일이다.

---

14 LLVM 프로젝트를 이용하면 C나 C++에도 Virtual Machine 개념을 이용한 bitcode를 생성하여 실행할 수 있다. 하지만 bitcode는 플랫폼 종속적으로 플랫폼에 따라 컴파일을 다시 해주어야 하는 것에는 변함이 없다. 더 자세한 사항은 다음을 참조한다. http://goo.gl/GP1Wnl

15 얼랭 컴파일 옵션에 native를 추가했을 경우는 컴파일을 다시 해주어야 한다. 대신 native code의 경우 성능이 향상된다.

16 JVM에서 동작하는 기존의 언어들도 많은데, 심지어 얼랭도 있다. http://erjang.org/, https://github.com/trifork/erjang/wiki

17 http://clojure.org/

18 http://elixir-lang.org/

19 http://lfe.io/

용도

얼랭은 네트워크를 기반으로 한 각종 서버 개발에 적합하다. 자바는 범용 언어로서 여기저기 쓰임이 다양하지만, 객체지향적 특성과 개발환경 때문인지 웹 기반의 복잡한 비즈니스 솔루션에 많이 사용되고 있다. C나 C++은 시스템 프로그래밍에 적합하다. 위에서 언급한 컴파일러나 OS를 만드는 데, 혹은 임베디드 프로그래밍에 적합한 도구다. 하지만 최근 들어 가전 기기에도 네트워크 요소를 많이 필요로 하게 되면서 임베디드 프로그래밍에서 얼랭도 사용되고 있다.

1-4-2 Node.js와의 비교

Node.js는 Front-end에서만 사용하던 JavaScript를 Back-end에서도 사용할 수 있도록 한 플랫폼이다. Node.js는 구글 크롬 브라우저의 자바스크립트 엔진V8 JavaScript Engine[20]을 기반으로 하고 있다. 자바스크립트 코드 몇 줄로 바로 웹서버를 구동시킬 수 있을 정도로 쉽고 빠르게 개발이 가능하다는 장점이 있다. 그리고 자바스크립트로 서버 프로그래밍을 할 수 있다는 점이 매력적이다. 그래서 가장 많이 쓰이는 분야가 Front-end JavaScript 프로그램의 테스트 서버 구성으로 많이 쓰인다. 전세계적으로 웬만한 웹 프로그래머라면 Node.js를 들어보거나 사용해보았을 것이고, 특히 패키지 관리 프로그램인 NPMNode Packaged Modules[21]은 Node.js를 쓰지 않더라도 사용해야 할 만큼 많은 웹 관련 프로젝트에서 이용되고 있다.

Node.js는 얼랭처럼 모든 네트워크 서버 프로그래밍 작업에 사용할 수는 없고, 웹서버, 특히 아주 간단한 작업을 하는 웹서버에 적용하는 것이 적합하다. 아파치Apache 나 IIS 같은 기존의 전통적인 웹서버를 대체할 수는 없지만 그 일부분을 Node.js로 할 경우 효율적으로 동작할 수 있는 부분이 있다. 그리고 클라이언트가 브라우저(Chrome, IE 등)가 아니라면 Node.js의 장점을 버리는 것과 같으므로 일반적인 게임 서버에는 적합하지 않다. 데이터베이스Database의 앞단에서 읽고 쓰는 API 역할을 하는 단순한 게임 서버라면 Node.js를 사용해도 좋을 것 같다. 하지만 복잡한 로직

----

20 http://code.google.com/p/v8/

21 https://www.npmjs.org/

과 다양한 기능이 필요한 서버에서는 단순한 구조 자체가 단점이 되어 모든 부하가 데이터베이스에 집중되기 때문에 전체적으로는 성능이 하락할 수 있고, 코드가 자바 스크립트라는 것 때문에 코드가 많아지면 많아질수록 디버깅과 개발의 효율이 떨어질 수 있다.

1-4-3 도구는 도구일 뿐

명필은 붓을 가리지 않는다고 하지만, 건물 벽을 칠해야 하는 데 붓으로 할 수는 없는 노릇이다. **프로그래머는 무엇을 만들어야 하는가에 따라서 프로그래밍 언어라는 도구를 선택해야 한다.**

얼랭으로 이쁜 UI 디자인이 필요한 윈도우 기반의 소프트웨어를 만드는 것은 잘못된 도구를 선택한 것이다. 윈도우 어플리케이션에는 닷넷 프레임워크를 써라. 다양한 언어로 만들어진 프로그램들을 조합해야 한다면 Java나 Python을 선택하는 것이 맞을 것이다. 3D 게임 클라이언트를 만든다면 언리얼 같은 게임 엔진을 사용해라. 웹 프론트엔드만 생각한다면, JavaScript와 html5, css를 사용하고, 개발 도구로 Node.js를 사용하게 될 것이다. 웹사이트를 구축하는 데에는 규모와 입맛에 따라서 Java나 C# 혹은 Ruby on Rails나 PHP를 사용하면 된다. ARM 기반의 임베디드 장비에 들어가는 펌웨어Firmware를 만든다면 C/C++를 사용해라. 시스템 프로그래밍이 가능한 언어라고 해서 펌웨어를 제작하는데 아직 개발 단계라고 할 수 있는 Rust[22]나 Go[23]를 사용하는 사람은 없을 것이다. 만약 대규모로 구축하여 운영할 모바일 서버를 만들거나, MMORPG 전세계 단일 서버를 만든다거나, 안전한 분산 네트워크 서비스를 구축해야 한다면 얼랭을 사용해서 개발해라.

물론 불가능한 것은 없다. 얼랭으로도 3D 게임 클라이언트를 만들어도 되고, 윈도우 어플리케이션을 만들어도 된다. 그런데 스포츠카를 타고 정글 숲을 올라가는 것 자

----

[22] http://www.rust-lang.org/ Mozilla에서 개발한 시스템 프로그래밍 언어이다. C++을 현대적으로 발전시킨 언어로 런타임을 세부적으로 수정이 가능해서 OS 개발에도 사용할 수 있다. Mozilla에서는 Rust를 기반으로 브라우저를 개발하고 있다고 한다.

[23] https://golang.org/ Google에서 만들고 있는 시스템 프로그래밍 언어이다. C 언어를 좀 더 하이레벨로 개조한 언어처럼 보인다. 마치 시스템 프로그래밍이 가능한 Python 같은 느낌이다. 벨 연구소에서 Plan9을 개발하던 분이 구글에 입사해서 제작하고 있다. 대표적으로 Docker가 Go로 작성되었다.

체가 심한 삽질이다. **스포츠카는 서킷을 달려야 하고, 정글 숲에는 오프로드 자동차가 맞는 선택이다.**

이제 한 가지 언어나 도구를 사용해서 전체 시스템을 구성하는 시대는 지났다. 다양한 도구들을 사용해 빠르고 안정적인 개발을 하는 것이 필요하다.

1-5 얼랭 프로그래머의 자세

이 책을 읽는 여러분은 이제 얼랭 프로그래머로서 한발을 내딛는 것이라 할 수 있다. 그 전에 다른 프로그래밍 언어를 능숙하게 다루던 사람이든, 아니면 이제 막 프로그래머의 길을 걷는 사람이든 얼랭을 사용하게 되면서 겪을 내용에 대해서 미리 알려주고 싶다.

얼랭 함수 하나를 짜서 C로 짠 함수 하나와 비교하면 얼랭이 느리다. 하지만 얼랭으로 수백만 명이 접속하는 서버를 구현해서 C로 작성한 서버와 실제 서비스 레벨에서 여러 대의 서버를 놓고 비교하면 얼랭으로 구축한 서버가 빠르고 안정적일 것이다.

C나 Java 프로그래머를 구하기는 얼랭 프로그래머를 구하는 것보다 쉽다. 하지만 뛰어난 프로그래머를 찾는 것은 어떨까? 대단한 C와 Java 프로그래머들도 분명 있다. 하지만 그들보다 훨씬 더 많은 수의 그렇고 그런 프로그래머들 속에 가려져서 괜찮은 프로그래머를 찾기란 힘들다. 스스로 독학하지 않는다면 아무도 가르쳐주지 않는 얼랭을 익힐 정도의 프로그래머라면 열정적인 프로그래머라고 할 수 있다. 열정적인 프로그래머는 대부분 뛰어난 프로그래머가 된다. 이 책을 통해 얼랭을 익히게 될 여러분은 이미 뛰어난 프로그래머이거나 혹은 앞으로 대단한 프로그래머가 될 소질이 있을 것이라고 생각한다.

이제 다음 장에서 얼랭 개발 환경을 구축해보도록 하자. 이미 얼랭을 설치해서 컴파일하고 테스트하는 데 문제가 없는 사람은 건너뛰어도 좋다.

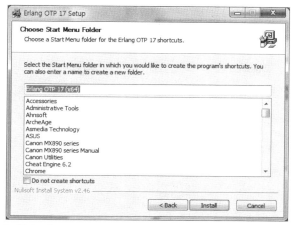

[그림 2-5] OTP Setup Shortcuts

프로그램 바로가기 생성 부분이다. 바탕화면이 너무 지저분하지 않다면 생성하도록
한다. 이제 Install을 눌러 설치를 진행한다.

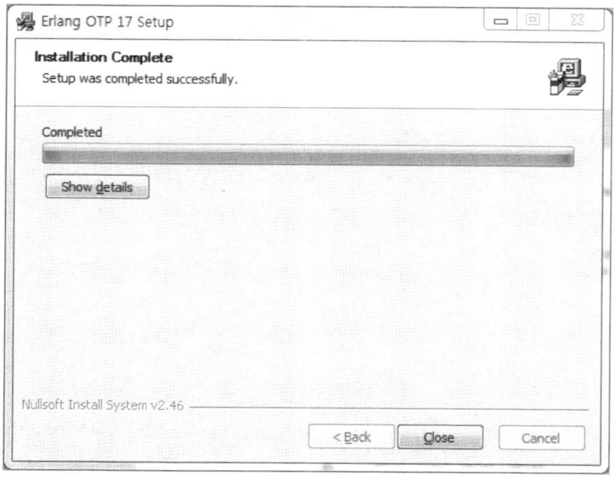

[그림 2-6] OTP 설치 완료

얼랭 설치가 완료되었으면, 얼랭 쉘Erlang shell. Eshell을 실행해 보자. 모든 얼랭 프로그램
은 얼랭 쉘을 통해서 실행하고 테스트할 수 있다. 얼랭을 설치한 디렉토리의 하위에
있는 bin 폴더를 열어서 werl.exe을 더블클릭 하거나 바로가기를 실행한다. 리눅스
나 다른 환경에서는 erl을 실행한다. werl.exe은 윈도우 전용 얼랭 쉘이다.

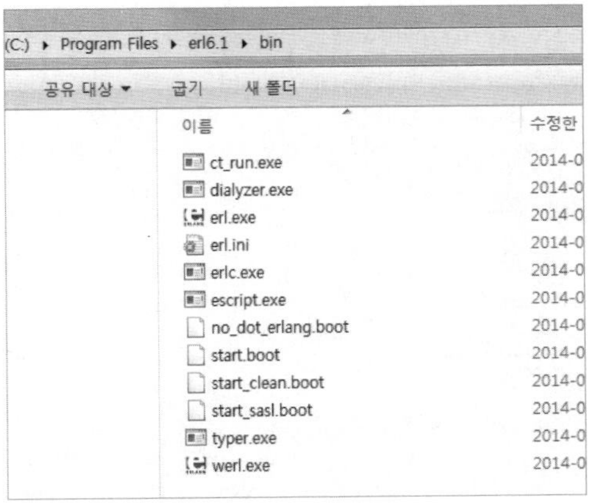

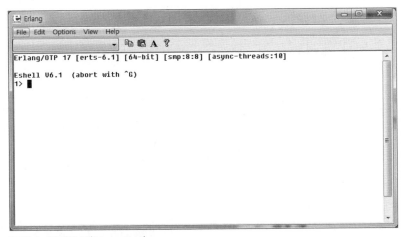

[그림 2-7] 얼랭 설치 폴더 확인

2-2-1 얼랭 쉘(Erlang Shell)

[그림 2-8] 얼랭 쉘(Erlang Shell)

werl을 실행하면 얼랭 쉘이 실행된 것을 볼 수 있다. 앞으로 이 창을 자주 보게 될 것이다. 코드를 작성해서 실행하고 테스트 하는 것을 모두 얼랭 쉘을 통해서 하게 된다. 몇 글자를 입력해 보자.

```
Eshell V6.1  (abort with ^G)
1> hello.
hello
2> hi.
hi
3> io:format("Hello World!~n").
Hello World!
ok
4> q().
ok
```

첫번째 라인에 `hello.`은 hello라는 Atom 형식의 문자값을 선언한 것이다. 마지막에 마침표(.)를 찍고 엔터를 치면 명령의 끝을 의미한다. 2번째 라인의 `hi`도 마찬가지다. 소문자로 시작하는 모든 문자들은 Atom 형식이다.

 Atom 형식은 상수다. 변경할 수 없는 그대로의 글자라고 생각하면 된다. 대문자로 시작하는 Atom을 정의하려면 홑따옴표('')으로 감싸면 된다.

3번째 라인은 `io` 모듈의 `format`이라는 함수를 실행한 것이다. 인자값으로 Hello World!라는 문자열과 ~n 개행문자_{line feed}를 넣어서 화면에 출력하는 기능을 한다. 쉘을 종료하려면 일반적인 창을 닫듯이 X를 눌러 창을 끄거나 4번째 라인처럼 `q()`나 `init:stop()`을 실행하여 종료할 수 있다. 다시 쉘을 띄워서 몇 가지 입력을 더 해 보자.

2-2-2 Erlang Data Type

```
Eshell V6.1  (abort with ^G)
1> 5 + 3.
8
2> 10 * 10.
100
3> 20 - 3.
17
4> 5 / 2.
2.5
5> 5 div 2.
```

```
  2
6> 5 rem 2.
  1
7>
```

더하기, 곱하기, 빼기, 나누기 등의 연산이다. div를 이용해서 나눗셈의 몫만 가져오 거나, rem으로 나머지 값만 계산할 수도 있다. 다른 프로그래밍 언어와 비슷하다.

```
 7> Num.
 * 1: variable 'Num' is unbound
 8> Num = 10.
 10
 9> Six = 6.
 6
10> Num1 = Num * Six.
 60
11> Num1 = 1.
** exception error: no match of right hand side value 1
12> Num1 = 60.
 60
13>
```

얼랭에서 **대문자로 시작하는 단어는 변수를 의미**한다. 변수 Num은 아무런 값도 할당되지 않 았기 때문에 unbound 에러가 났다. Num = 10의 의미는 다른 프로그래밍 언어처럼 생각하면 Num에 10을 대입한 것처럼 보이지만 반은 맞고, 반은 틀리다.

얼랭에서의 = 연산자는 패턴 매칭pattern matching을 의미한다. 왼쪽과 오른쪽 값의 패 턴을 비교한다는 뜻이다. 하지만 만약 = 연산자 왼쪽의 변수가 값이 할당되지 않은 (unbound) 상태라면 오른쪽의 값을 왼쪽 변수에 할당하게 된다. 그래서 8번째 라 인에서는 변수 Num에 10을 할당한 것이다. Six에는 6을 할당하고, Num1에는 60이라는 값이 입력되었다.

11번 라인에서의 Num1은 이미 10번 라인에서 60이 할당되어 있다. 즉 60과 1의 패턴 매칭을 적용한 셈이 된다. 서로 다른 패턴이기 때문에 exception error가 발생하 였다.

12번째 라인에서는 서로 같은 값을 패턴 매칭 한 것이라 해당 값인 60이 리턴되었다. 얼랭에서는 **변수에 한 번 값이 할당되면 변동할 수 없다**. 이것은 single assignment라고 부르는 순수한 함수형 언어의 속성이기도 하다. 하나의 변수는 하나의 값만 갖게 되므로 side-effect가 사라져서 프로그램의 동작을 보다 쉽게 이해할 수 있게 하고, concurrency 코드를 쉽게 작성할 수 있도록 한다. 만약 변수의 값이 변동 가능하다면, 동시에 해당 변수에 접근할 경우에 race condition 문제가 발생하게 된다. 이를 해결하려면 Mutex나 Spinlock, Semaphore 같은 lock을 사용하는 수밖에 없다. 처음에는 변수의 내용을 변경하지 못하는 것이 어색하겠지만, 나중에는 깔끔하고 명료한 코드를 작성하는 데에 도움이 되는 것을 알 수 있을 것이다.

```
13> {5,6}.
{5,6}
14> {X,Y} = {5,6}.
{5,6}
15> X.
5
16> Y.
6
17> L = [a,b,c,d,e].
[a,b,c,d,e]
18> L -- [c,d,e].
[a,b]
19> <<"hello">>.
<<"hello">>
20> <<H:8,_/binary>> = <<"hello">>.
<<"hello">>
21> H.
104
22>
```

값들의 집합을 나타내고 싶을 때는 중괄호로 감싼 형식을 이용하고 이를 튜플Tuple이라고 한다. 13라인의 {5,6}은 튜플 형식이다. 앞서 설명한 대로 =을 이용하여 새로운 값을 바인딩 하여 X에는 5가, Y에는 6이 입력된 것을 확인할 수 있다.

17라인에서 L에 입력한 대괄호로 감싼 형식의 데이터를 리스트List라고 한다. 얼랭에서 가장 많이 사용되는 형식이다. 다른 프로그래밍 언어로 생각하면 그나마 배열이랑 비슷하게 생각하면 될 것 같지만 속성은 많이 다르다. 리스트 안에 튜플 값들을 넣어서 많이 사용하곤 한다.

18번 라인은 -- 연산자를 이용해서 리스트에서 특정 요소들을 제거해본 것이다. 그 다음에 << >>로 감싼 데이터는 바이너리 형식을 의미한다. 바이너리도 패턴 매칭을 이용해서 값을 바인딩 할 수 있다. 8bit(1byte)값을 H에 바인딩 해서, 아스키 코드ascii code로 "h"를 의미하는 104가 변수 H에 입력되었다.

더 많은 연산자들과 함수를 이용해 튜플, 리스트, 바이너리를 다루는 것은 나중에 스스로 찾아서 해보도록 한다. 이제 얼랭 쉘은 닫아두고, 개발 환경을 마저 설정해보자.

2-2-3 PATH 환경 설정

Windows의 CMD 창이나 Linux의 터미널과 같이 명령행 프롬프트command line prompt 에서 얼랭을 실행시키려면 PATH에 얼랭 실행파일이 있는 폴더를 등록해 주어야 한다. JDK를 설치해본 사람이라면 익숙할 것이다. 제어판 보기를 범주로 했느냐 아이콘으로 설정했느냐에 따라 다르겠지만, **제어판-시스템** 혹은 **제어판-시스템 및 보안-시스템**에 들어가서 왼쪽 항목 중에 **고급 시스템 설정**을 선택한다. 그럼 시스템 속성 창이 뜨는데 거기서 하단의 **환경 변수**를 클릭한다.

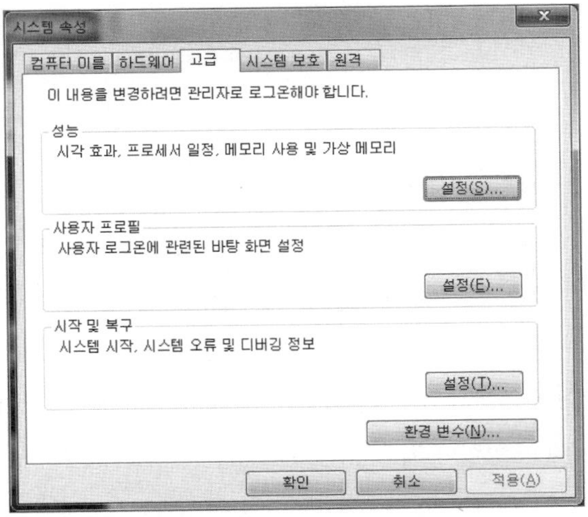

[그림 2-9] 환경 변수 설정

환경 변수 창에서 아래쪽 시스템 변수 항목 중 **Path**를 선택하고 편집을 누른다.

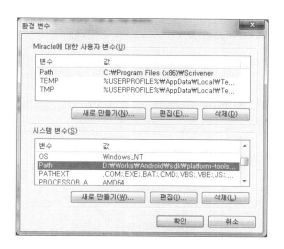

맨 뒤에 세미콜론을 찍고, 얼랭 설치 디렉토리를 적어주고 **확인**을 누르면 된다.

윈도우의 CMD 등의 명령어를 실행해서 창을 띄운 후 werl을 입력해 보자. 잘 실행된다면 문제없이 Path에 등록된 것이다.

2-3 Git 설치

Git은 분산형 소스코드 관리 시스템이다. 소스코드 관리는 예전에 많이 사용되었던 CVSConcurrent Versions System나, Subversion(SVN)을 지나서 현재는 Git이 많이 사용된다. 수많은 소프트웨어와 프로젝트들이 Git을 이용해 관리되고 있다. 얼랭도

GitHub[2]에서 프로젝트가 운영되고 있다. 프로그램을 개발하면서 예전에는 모든 것을 스스로 만들었다면, 요즘은 수많은 오픈소스 라이브러리나 다른 프로젝트 코드를 이용하여 보다 빠르게 개발하는 것이 추세이다. 예전에도 오픈소스는 있었지만, GitHub의 등장으로 보다 체계적이고 빠르게 오픈소스의 공유와 개발이 이루어지고 있는 것 같다. 우리도 모바일 서버를 만들면서 최소 1개 이상의 오픈소스 코드를 사용할 것이고, 대부분 GitHub에 등록되어 있기 때문에 Git 설치는 필수이다.

국내 서적도 있으니 Git에 대해서 잘 모르는 사람은 책이나 인터넷을 참고하도록 한다.

[그림 2-10] Git 사이트

Git 설치에 대해서는 간단하니까 자세히 설명하지는 않겠다. 최신 버전을 다운 받아서 다음과 같이 설치하도록 한다.

다운로드 주소 http://git-scm.com/downloads

---

2 https://github.com/erlang/otp

[그림 2-11] Git 설치

[그림 2-12] Git 설치

편의를 위해서 두 번째 항목인 Use Git from the Windows Command Prompt를 선택하도록 한다. Git을 자동으로 PATH에 등록해 준다.

나머지는 Next만 누르면 문제없이 설치가 마무리 될 것이다.

2-4 Rebar 설치

Rebar는 얼랭 어플리케이션의 빌드 툴이다. Emake 등의 다른 빌드툴을 이용할 수도 있지만 최근에 Rebar를 많이 이용하고 있고 편리하기 때문에 사용하는 것이 좋다.

Rebar의 설치는 방금 설치한 Git을 이용해서 직접 소스코드를 받아오고 컴파일 해서 설치해보자.

윈도우의 명령창인 CMD를 실행시키거나 적절한 다른 명령창을 실행시킨 후 Rebar를 설치할 적당한 디렉토리로 이동한다. 거기서 Git을 이용해 Rebar Repository에서 소스코드를 가져온다. 아래의 명령어를 입력한다. Git을 설치하면서 자동으로 PATH에 등록해 주기 때문에 문제 없이 실행되어야 정상이다.

git clone https://github.com/rebar/rebar.git

```
D:\>cd Works

D:\Works>git clone https://github.com/rebar/rebar.git
Cloning into 'rebar'...
remote: Counting objects: 7001, done.
remote: Compressing objects: 100% (5/5), done.
remote: Total 7001 (delta 0), reused 0 (delta 0)
Receiving objects: 100% (7001/7001), 2.74 MiB | 340.00 KiB/s, done.
Resolving deltas: 100% (4048/4048), done.
Checking connectivity... done.
```

그 다음에는 해당 디렉토리로 이동하여 bootstrap을 실행한다. 그럼 자동으로 컴파일이 진행될 것이다. 컴파일이 완료된 후에 축하메시지가 나오면 그림과 같이 rebar와 rebar.cmd 파일을 앞서 설치한 얼랭 디렉토리의 bin 폴더로 복사해주면 끝이다. 따로 원하는 폴더에 복사해도 되지만 그렇게 하고 싶다면 나중에 **2-6 프로젝트 설정** 부분에서 Rebar를 등록할 때에 해당 폴더를 입력해주면 된다. 따로 PATH에 등록해주는 것도 귀찮으니 얼랭과 같은 디렉토리에 넣어놓는 것을 추천한다.

```
D:\Works>cd rebar

D:\Works\rebar>bootstrap
D:\Works\rebar\ebin\rebar.beam을(를) 찾 을 수 없습니다.
Recompile: src/rebar
Recompile: src/rebar_abnfc_compiler
Recompile: src/rebar_app_utils
Recompile: src/rebar_appups
Recompile: src/rebar_asn1_compiler
Recompile: src/rebar_base_compiler
Recompile: src/rebar_cleaner
Recompile: src/rebar_config
Recompile: src/rebar_core
Recompile: src/rebar_cover_utils
Recompile: src/rebar_ct
Recompile: src/rebar_deps
Recompile: src/rebar_dia_compiler
Recompile: src/rebar_edoc
Recompile: src/rebar_erlc_compiler
Recompile: src/rebar_erlydtl_compiler
Recompile: src/rebar_escripter
Recompile: src/rebar_eunit
Recompile: src/rebar_file_utils
Recompile: src/rebar_getopt
Recompile: src/rebar_lfe_compiler
Recompile: src/rebar_log
Recompile: src/rebar_metacmds
Recompile: src/rebar_mustache
Recompile: src/rebar_neotoma_compiler
Recompile: src/rebar_otp_app
Recompile: src/rebar_port_compiler
Recompile: src/rebar_protobuffs_compiler
Recompile: src/rebar_qc
Recompile: src/rebar_rel_utils
Recompile: src/rebar_reltool
Recompile: src/rebar_require_vsn
Recompile: src/rebar_shell
Recompile: src/rebar_subdirs
Recompile: src/rebar_templater
Recompile: src/rebar_upgrade
Recompile: src/rebar_utils
Recompile: src/rebar_xref
==> rebar (compile)
==> rebar (escriptize)
Congratulations! You now have a self-contained script called "rebar" in
your current working directory. Place this script anywhere in your path
and you can use rebar to build OTP-compliant apps.

D:\Works\rebar>|
```

Rebar 컴파일 완료

생성된 Rebar와 rebar.cmd 파일 확인

얼랭 설치 폴더로 복사

이제 다시 CMD 창에서 아무 디렉토리로 이동한 상태에서 rebar 명령어를 실행하여 다음과 같이 메시지가 나오면 문제 없는 것이다.

```
D:\Works\rebar>rebar
No command to run specified!
Usage: rebar [-h] [-c] [-v <verbose>] [-q <quiet>] [-V] [-f]
             [-D <defines>] [-j <jobs>] [-C <config>] [-p] [-k]
To see a list of built-in commands, execute rebar -c.
             [-r <recursive>] [var=value,...] <command,...>


  -h, --help         Show the program options
  -c, --commands     Show available commands
  -v, --verbose      Verbosity level (-v, -vv)
  -q, --quiet        Quiet, only print error messages
Type 'rebar help <CMD1> <CMD2>' for help on specific commands.
  -V, --version      Show version information

  -f, --force        Force
  -D                 Define compiler macro
  -j, --jobs         Number of concurrent workers a command may use.
rebar allows you to abbreviate the command to run:
                     Default: 3
$ rebar co           # same as rebar compile
  -C, --config       Rebar config file to use
$ rebar eu           # same as rebar eunit
  -p, --profile      Profile this run of rebar
$ rebar g-d          # same as rebar get-deps
  -k, --keep-going   Keep running after a command fails
$ rebar x eu         # same as rebar xref eunit
  -r, --recursive    Apply commands to subdirs and dependencies
$ rebar l-d          # same as rebar list-deps
  var=value          rebar global variables (e.g. force=1)
$ rebar l-d l-t      # same as rebar list-deps list-templates
```

2-5 IntelliJ IDEA 설치

이제 IDE를 설치할 차례이다. 얼랭은 특별히 정해진 IDE[3]가 없다. 각자 선호하는 IDE나 에디터를 이용해 자유롭게 프로그래밍 하면 된다. 하지만 추천하는 툴은 있다. Windows에서는 IntelliJ IDEA를 추천하고, Linux라면 Emacs를 추천한다.

IntelliJ IDEA는 JetBrains에서 만든 IDE로, 자바 개발에 최적화되었으나 Java Script, HTML5 같은 웹 개발부터 ActionScript나 PHP, Python, Ruby, Erlang 등등 다양한 언어를 지원하고 있어 이클립스Eclipse와 더불어 많이 사용되고 있다. 안드로이드 개발을 하는 사람이라면 이클립스를 많이 사용할 텐데 최근 구글에서 새로

---

3 통합 개발 환경, Integrated Development Environment

운 안드로이드 개발 툴로 선보인 안드로이드 스튜디오_{Android Studio}[4]도 인텔리제이 기반인 만큼 인텔리제이쪽으로 무게추가 기우는 모양새다.

이클립스로도 얼랭 개발이 가능하지만 인텔리제이가 더 가볍고 뒤에서 추가로 설치할 얼랭 플러그인이 계속 개발되고 있기 때문에 인텔리제이를 사용하는 것이 좋다.

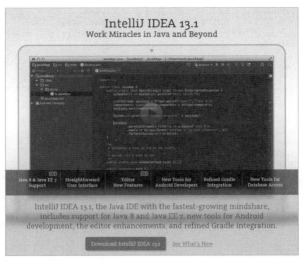

[그림 2-13] IntelliJ IDEA

다운 로드 주소 http://www.jetbrains.com/idea/download/

[그림 2-14] IntelliJ IDEA 다운로드

----

4 https://developer.android.com/sdk/installing/studio.html

IntelliJ IDEA는 Ultimate Edition과 Community Edition으로 나뉘는데, 무료 (Free)버전인 Community Edition을 다운받아서 설치하도록 한다.

설치 화면은 다음과 같다.

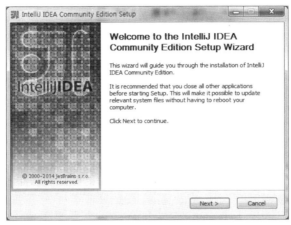

[그림 2-15] IntelliJ IDEA 설치

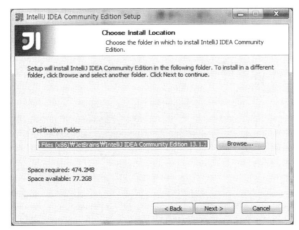

[그림 2-16] IntelliJ 설치 진행

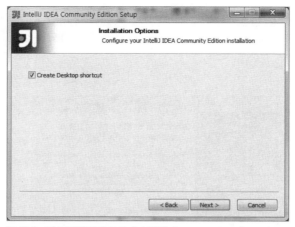

[그림 2-17] 바탕화면에 바로가기 만들기

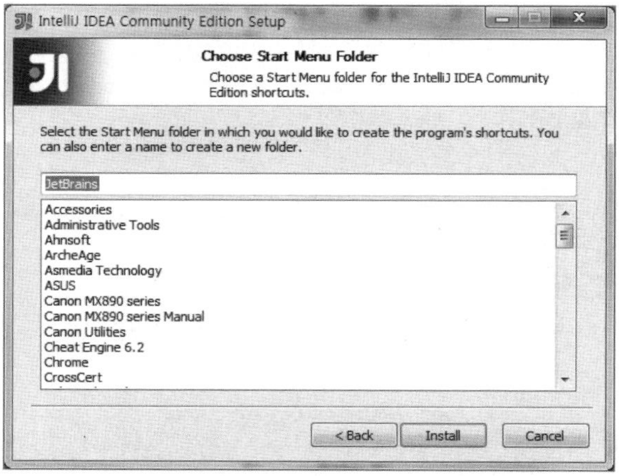

[그림 2-18] Install 선택

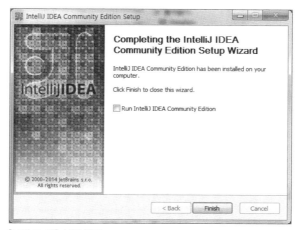

[그림 2-19] 설치 완료

IntelliJ IDEA 설치를 완료한 후, 바로 가기를 클릭하여 실행을 해보자.

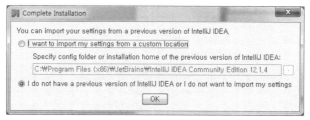

[그림 2-20] 설치 완료 후 실행하고 처음 나타나는 화면

그럼, [그림 2-20]과 같은 창이 뜰 텐데, 우리는 특별한 설정 파일이 없으므로, OK를 누른다.

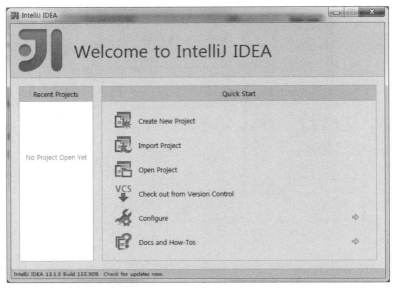

[그림 2-21] Configure를 누른 후

이제 간단한 설정을 해주어야 한다. Configure를 클릭한 후, Plugins를 선택한다.

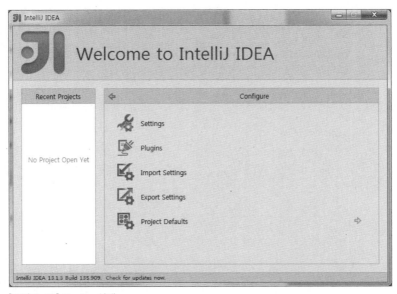

[그림 2-22] Plugins 선택

이제 본격적으로 IntelliJ를 사용하기 전에 필요한 설정을 진행할 것이다.

2-5-1 Erlang Plugin 설치

인텔리제이에서 얼랭 지원을 극대화하기 위해서는 Erlang Plugin을 설치해야 한다. 인텔리제이에서 개발한 것이 아닌 오픈소스 프로젝트로 지속적인 기능 업데이트가 되고 있다.

https://github.com/ignatov/intellij-erlang

마찬가지로 Git을 이용해서 소스채 받아서 설치해도 되지만 인텔리제이의 Plugins 메뉴를 통해서 설치하는 것이 간편하다.

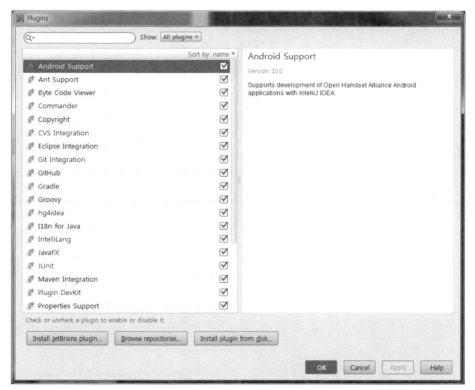

[그림 2-23] Browse repositories 클릭

왼쪽 하단의 버튼 중에서 가운데 있는 Browse repositories를 클릭하여 창이 뜨면
상단의 검색창에 erlang을 입력한다.

[그림 2-24] Browse repositories 화면

[그림 2-25] erlang 검색 후 Install Plugin 클릭

[그림 2-26] Yes 클릭

오른쪽에 Erlang Plugin 정보 부분에 있는 **Install plugin 버튼**을 눌러 설치하도록 한다. 설치 후 창을 닫고, **Restart 버튼**을 눌러서 IntelliJ IDEA를 재시작 하면 된다.

[그림 2-27] Restart 클릭 후 재시작

재시작 이후에 이번에는 Create New Project를 클릭하여 프로젝트를 만들어 보자.

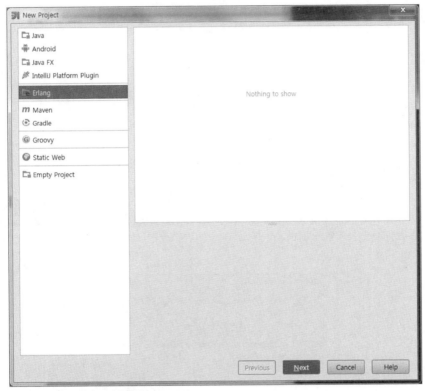

[그림 2-28] 왼쪽 Erlang 선택 후 Next 클릭

왼쪽 리스트 중에서 가운데 있는 **Erlang**을 선택하고 **Next**를 누르면 Project SDK
에 아무것도 표시가 안 될 텐데 오른쪽에 **Configure**를 클릭한다. 거기에 앞서 설치한
Erlang OTP 디렉토리를 선택한 후 **OK**를 누르면 Project SDK란에 Erlang 17이
표시되고 **Next** 버튼이 활성화될 것이다.

[그림 2-29] Configure… 클릭

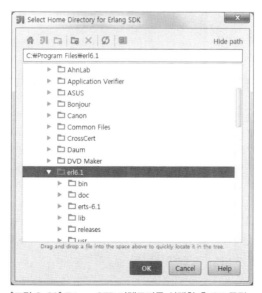

[그림 2-30] Erlang OTP 디렉토리를 선택한 후 OK 클릭

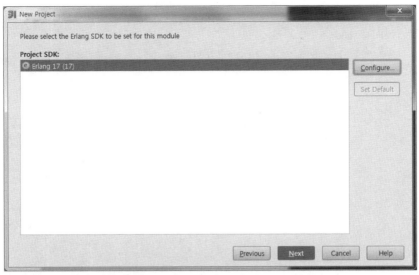

[그림 2-31] SDK란에 Erlang 17이 표시되고 Next 버튼 활성화 후 Next 클릭

Next를 눌러서 프로젝트 이름과 저장 폴더를 선택하자. 적당한 이름이 떠오르지 않으
니 우선 mon이라는 프로젝트를 생성하도록 하겠다. Project location은 스스로 원
하는 위치를 적어주면 된다.

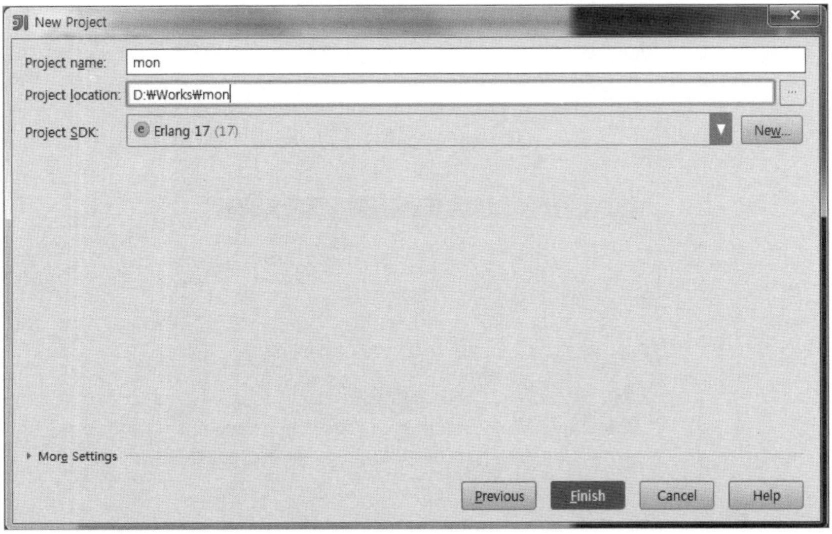

[그림 2-32] 프로젝트 이름과 위치 지정

Finish를 누르면 프로젝트 생성이 끝난다. Project location이 실제 존재하지 않는 디렉토리라면 팝업이 뜰 텐데 OK를 누르면 된다.

[그림 2-33] 디렉토리 경고, OK

방화벽 경고 창이 뜰 수도 있는데 **액세스 허용**을 누르도록 한다.

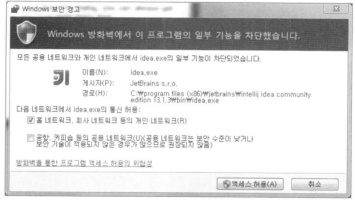

[그림 2-34] 방화벽 경고 창, 허용

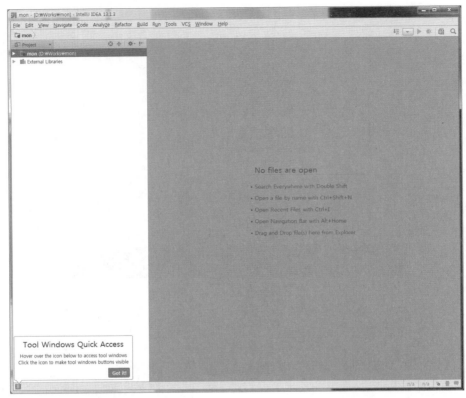

[그림 2-35] 프로젝트 생성 완료

2-6 프로젝트 설정

프로젝트 생성이 끝났으니 앞서 설치한 Rebar를 설정해주어야 한다. 상단 메뉴에서
File-Setting에 들어가보면 Other Settings 부분에 Erlang External Tools라는 항목이 있다.

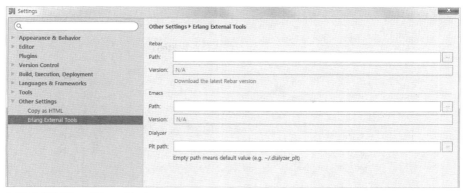

[그림 2-36] Erlang External Tools

여기서 **Rebar**에 **Path** 항목의 버튼을 눌러서 앞서 Rebar을 설치한 폴더의 rebar. cmd 파일을 선택하고 OK를 누르면 Version에 정보가 뜰 것이다.

[그림 2-37] rebar.cmd 파일을 선택하고 OK를 누른 후 나타난 버전 정보

여기까지 진행하고 **Apply**를 누른다.

다시 **Settings** 창에서 Build, Execution, Deployment-Compiler-Erlang Compiler 항목에 들어가서 Compile project with rebar에 체크를 하고 **OK**를 누른다.

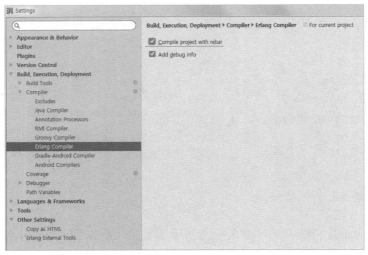

[그림 2-38] 두 항목에 체크

다른 여러 항목들은 당장은 손댈 필요가 없다. 에디터 창의 색깔이나 폰트의 크기 등은 각자의 입맛에 따라 바꾸어 주면 된다.

2-7 기본 파일 추가

얼랭은 하나의 파일이 하나의 모듈을 의미하고, 이런 여러 개의 모듈을 묶어서 어플리케이션application을 이룬다. 어플리케이션의 기본적인 정보를 담고 있는 파일을 어플리케이션 리소스application resource라고 한다. 필수적으로 모든 얼랭 프로그램이 어플리케이션 파일이 있어야 하는 것은 아니지만, 프로그램을 관리하는 데 있어서 편리하게 사용할 수 있는 장점이 있다.

이제 어플리케이션 파일과 리소스를 추가해보도록 하겠다.

프로젝트 기본 화면에 왼쪽 **Project** 창에서 mon을 확장해서 보면 src 디렉토리가 있을 것이다. 거기에 오른쪽 마우스 버튼을 눌러서 **New-Erlang File**을 클릭한다.

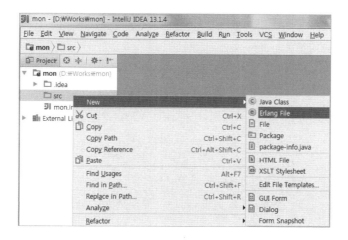

Name에는 mon_app을 적어주고 Kind에는 OTP application을 선택한다.

OK를 누르면 파일이 만들어진 것을 확인할 수 있다. OTP application 형식의 템플릿을 기반으로 mon_app.erl 파일이 생성된 것이다. 파일의 내용은 대충 훑어 보기만 하자.

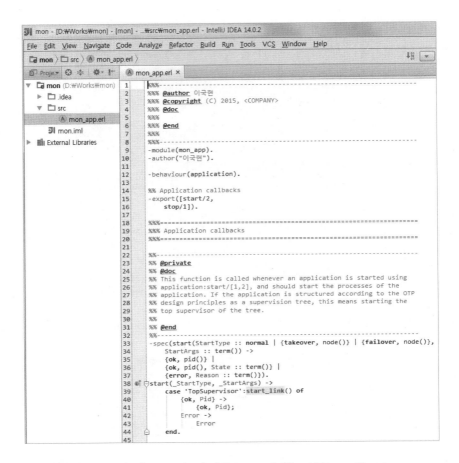

똑같이 이번에는 Name에 mon을 적어주고 Kind에는 OTP application resource file을 선택하여 파일을 생성한다.

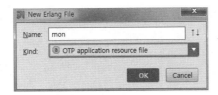

mon.app 파일이 생성되면, {mod, {mon으로 시작하는 부분을 앞서 생성한 mon_app으로 변경해준다.

그리고 src 디렉토리에 어플리케이션 리소스 파일을 만들었을 경우에는 파일 뒤에 .src를 붙여 주어야 한다.

mon.app 파일에 마우스 오른쪽 버튼을 클릭하여 **Refactor-Rename**을 선택한다.

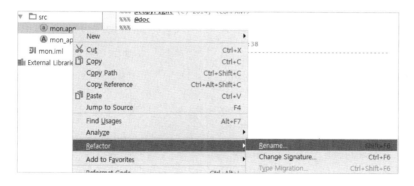

파일 이름에 .src를 붙이고 Refactor를 클릭하면 파일 이름이 변경된다.

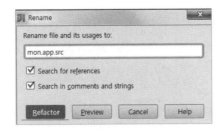

이제 실행 파일을 만들어보자. 프로젝트의 최상위에서 **New–File**을 선택한다.

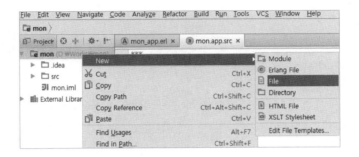

이름은 start.bat로 하고 파일을 생성한다.

start.bat에는 `werl -pa ./ebin -eval "application:start(mon)"`이라고 적어준다.
`-pa` 옵션은 beam 파일의 위치이고, 그 다음 부분은 얼랭을 시작할 때 바로 mon이
라는 어플리케이션을 실행하라는 의미이다.

IntelliJ에서 bat 파일에 대한 Plugin을 탐지했다는 메시지가 뜰 텐데, Configure
plugins···를 클릭하면 plugin 설치 창이 뜰 것이다. 이때 **OK**를 누르면 설치가 된다.

설치 후 restart 하면 start.bat에서 마우스 오른쪽 버튼을 눌러 아래쪽에 Run 'start' 항목을 확인하여 클릭한다.

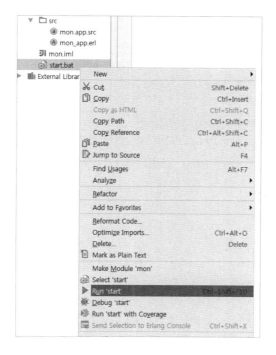

그럼 Erlang Shell이 실행된 것을 확인할 수 있다. 하지만 아직 우린 컴파일을 하지 않았으니 mon application이 실행된 것은 아니다. 다시 Erlang 창을 닫고 파일을 더 생성해보자.

이번에는 OTP supervisor를 선택하고 이름은 mon_sup이라고 정한다.

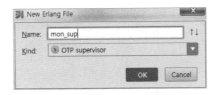

지금 생성된 파일들은 전부 템플릿에 의해 생성된 껍데기 파일들이다. 제대로 동작하도록 수정을 해주어야 에러 없이 컴파일을 할 수 있다.

코드의 라인을 확인하면 좀 더 편하니 메뉴에서 **File-Setting**을 선택 후 **Editor-General-Appearance**에서 Show line numbers에 체크해 준다.

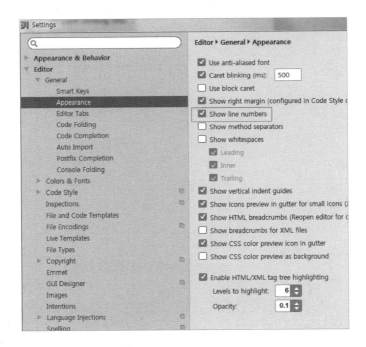

이제 다시 에디터 창으로 돌아와서, mon_sup.erl 파일의 69라인 부근의 **AChild**를 주석 처리 하고 함수의 리턴 부분의 **AChild**도 삭제한다. 껍데기 코드에서 에러가 발생하는 부분을 지우는 것이라고 생각하면 된다. 자세한 supervisor의 사용 방법은 8장에서 배우게 될 것이다. 주석 처리는 라인의 맨 앞에 **%%** 를 붙이면 된다. 이 코드를 주석 처리 하는 이유는 supervisor에서 관리하는 generic server를 등록해주어야 하는데 당장은 생성한 generic server가 없기 때문이다.

```
69    %%AChild = {'AName', {'AModule', start_link, []},
70    %%    Restart, Shutdown, Type, ['AModule']},
71
72    {ok, {SupFlags, []}}.
```

〈파일 – mon_sup.erl〉

{ok, {SupFlags, [AChild]}}를 {ok, {SupFlags, []}}라고 잘 고쳤는지 확인하고 넘어간다.

이제 mon_app.erl을 수정한다. start 함수에서 'TopSupervisor' 부분을 mon_sup으로 수정한다. 그리고 메시지를 출력하도록 io:format 함수를 이용해 작성한다.

```
38 start(_StartType, _StartArgs) ->
39    case mon_sup:start_link() of
40        {ok, Pid} ->
41            io:format("start ok~n"),
42            {ok, Pid};
43        Error ->
44            Error
45    end.
```

start는 함수 이름이고 _StartType과 _StartArgs라는 두 개의 인자값을 입력 받는 다는 것을 의미한다. Erlang은 C언어에서 흔히 쓰는 {} 대신 ->를 이용해서 함수를 시작을 정의하고 마침표(.) 는 함수의 끝을 의미한다.

작성한 후에는 상단 메뉴에서 **Run–Edit Configurations**를 선택한다.

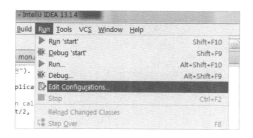

그리고 왼쪽 + 버튼을 누르면 나오는 항목 중에서 Erlang Rebar를 선택한다.

Name과 Command에 compile이라고 적고 **OK**를 누른다.

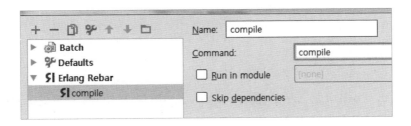

이제 상단 메뉴에서 **Run-Run**으로 들어가면 Compile이 보일 것이다.

혹은 직접 Run 'compile'을 선택해도 된다.

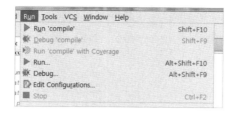

그럼 컴파일이 완료되고, Project에는 ebin 폴더가 생성된 것을 확인할 수 있다. Warning 메시지는 우선 무시하자.

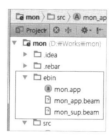

그리고 다시 start.bat에서 Run 'start'를 선택하거나 상단 메뉴에서 **Run-Run**의 start를 누르면 mon application이 실행된 것을 확인할 수 있다.

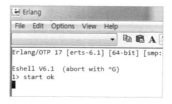

얼랭 코드를 컴파일하고 실행하는 과정까지 완료하였다. 이를 위해 3개의 얼랭 파일
(mon.app.src/mon_app.erl/mon_sup.erl)을 생성하였는데, 이것은 모든 얼랭
어플리케이션의 가장 기본적인 구조이다.

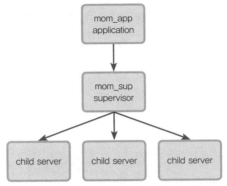

[그림 2-39] 얼랭 어플리케이션의 가장 기본적인 구조

가장 상위에 mon_app application이 있고, mon_app에서 supervisor인 mon_
sup를 실행한다. supervisor에서 또 다른 supervisor 혹은 다른 서버들을 생성 해
서 관리하는 구조이다.

당장은 supervisor에 대해 자세히 설명하지 않겠다. 얼랭 내부에 여러 개의 서버
들을 만들 수 있는데 그런 서버들을 관리하는 기능을 한다고 생각하면 된다. 앞서
mon_sup.erl에서 주석 처리한 AChild의 내용이 Child Server를 의미하는 것이다.

지금 당장은 얼랭 코드들이 눈에 들어오지 않겠지만, 3장부터 본격적으로 파일들에
살을 붙이고, 더 많은 모듈을 추가하면서 점점 익숙해질 것이다. 물론 최소한의 코드
작업으로 모바일 서버의 기능을 수행하도록 할 터이니 너무 염려하지 않아도 된다.

서버는 UI와 이미지 작업이 주를 이루는 클라이언트와 달리 개념적인 데이터를 다
루는 부분이 많기 때문에 개발을 하면서 눈에 바로 바로 들어오는 맛은 없다. 클라이
언트와 연동 테스트를 해야 그나마 묘미가 있다. 그래서 이 책에서는 우리가 개발한
mon 서버의 기능을 테스트해 볼 수 있도록 가상의 모바일 클라이언트 프로그램을
이용할 것이다.

출판사의 홈페이지에 들어가서 테스트앱인 MonTester.apk를 다운받아 설치하도
록 하자. 각 챕터의 항목들을 테스트할 수 있도록 자체적으로 제작한 간단한 안드로
이드 앱이다.

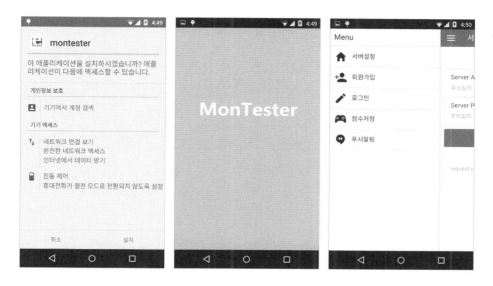

설치가 완료된 후, 앱을 실행하여 왼쪽으로 슬라이드 하면 몇 가지 메뉴가 보일 것이
다. 지금 당장은 설치만 진행하고 제대로 사용하는 것은 3장부터이다.

모바일 서버 프로그래밍 입문 얼랭으로 만들며 배운다

3장
기본 모바일 서버 만들기

온라인 게임 서버와 모바일 게임 서버의 다른 점은 유저수의 차이이다. 온라인 게임과 다르게 모바일 게임은 잘

될 때는 유저수가 매우 빠르게 급증하고, 안될 때는 매우 빠르게 떨어진다. 온라인 게임에서는 초기에 10만명의

가입자가 들어온다면 매우 잘된 케이스지만, 모바일 게임에서의 10만명은 아주 기본적인 수치다.

3-1 서버 설계

서버를 개발하기에 앞서서 대략적인 설계를 해보자. 모바일 게임 서버를 만드는 것을 가정하고 생각해본다. 초기 스마트폰 게임들은 옛날 핸드폰 게임들과 크게 다른 점이 없었다. 게임을 플레이한 유저의 데이터는 전부 폰 안에 저장되어 있었다. 패키지 게임처럼 처음에 한번 게임을 구입하면 그 이후에는 더 이상의 비용 지출이 필요 없었다. 그러다 보니 구매를 해야 한다는 진입 장벽이 있었고, 이 때문에 시장의 크기는 더 이상 커지지 않았다.

스마트폰의 성능이 좋아지면서 인터넷에 쉽게 접속되자 양상은 달라졌다. 스마트폰 게임들이 온라인 게임화되기 시작한 것이다. 최근에 나오는 모바일 게임들은 대부분 무료로 다운 받아서 설치할 수 있다. 게임 개발 회사들은 게임 플레이 중에 발생하는 인앱 결제In-App Purchase를 통해 수익을 얻는다. 게임을 구입해야 설치가 가능한 게임들은 매출 순위가 낮고, 인앱 결제 방식의 부분 유료화 게임들이 매출 순위의 상위권을 차지하고 있다.

인앱 결제

앱을 이용하면서 특정 기능이나 서비스에 대해 결제를 통해 사용할 수 있도록 한 시스템이다. 예를 들어 무료로 플레이할 경우에는 10분에 한번 게임을 플레이할 수 있지만, 그 보다 더 많이 하고 싶을 경우에는 돈을 지불해야 하는 것이다.

이렇게 되면서 서버의 중요성이 매우 커졌다. 게임의 데이터가 스마트폰에 있을 경우에는 유저가 마음대로 데이터 조작이 가능하기 때문에 굳이 인앱 결제를 통해 돈을 지불하지 않아도 유저가 원하는 대로 플레이가 가능한 것이다. 이를 막기 위해서는 서버에서 데이터를 가지고 있어야 하고 서버가 게임의 플레이를 제어하고 검증해야 한다.

온라인 게임 서버와 모바일 게임 서버의 다른 점은 유저수의 차이이다. 온라인 게임과 다르게 모바일 게임은 잘될 때는 유저수가 매우 빠르게 급증하고, 안될 때는 매우 빠르게 떨어진다. 온라인 게임에서는 초기에 10만명의 가입자가 들어온다면 매우 잘된 케이스지만, 모바일 게임에서의 10만명은 아주 기본적인 수치다.

또 다른 점은 네트워크이다. 온라인 게임은 PC 기반의 이더넷Ethernet 혹은 LAN이라는 안정적인 환경만 고려하면 되므로 네트워크 플레이에 큰 문제가 없다. 모바일 게임은 Wi-Fi일 경우는 그나마 덜하지만 3G/LTE와 같은 환경에서는 접속이 끊어지는 것이 빈번하다. 온라인 게임에서 접속이 끊어질 경우 게임에서 로그아웃LOGOUT되는 것이 일반적이지만, 모바일 게임에서 접속이 끊어진다고 로그아웃 된다면 이동 중에서는 거의 게임을 즐길 수가 없을 것이다. 그리고 전송지연 또한 심하다. LAN의 경우 100ms[1] 이내의 반응 속도가 나오는데 3G/LTE의 경우는 500ms 이상의 경우도 많다. 서버에 대한 반응 속도가 빠르지 않아도 문제없이 게임이 동작하도록 구현해야 한다.

모바일 게임들의 장르적인 특성도 고려해야 할 항목이다. 스마트폰의 사양이 PC에 비해서 열악한 이유도 있고, 작은 포터블 기기의 특성상 모바일 게임들은 PC 게임에 비해서는 단순하다. 온라인 게임들의 유저당 분당 패킷 수가 수백, 수천 개씩 된다면, 모바일 게임은 1분에 패킷이 10번 정도면 많은 편이다. 패킷 수가 적다 보니 패킷의 구조는 최적화가 필요 없다. 다만 패킷의 암호화는 필수적이다. 패킷 구조가 쉬울수록 제3자가 마음대로 패킷을 수정하기도 쉬워진다. 암호화를 하면 패킷을 가로채더라도 수정된 패킷을 만들기가 어렵다.

서버를 기능별로 분리하는 방법도 추천하지 않는다. 예를 들어 로그인 기능만 처리하는 로그인 서버와 채팅 기능만 있는 채팅 서버 등 이렇게 기능별로 나눌 경우, 어느 곳에서든 병목현상Bottleneck이 발생할 수 있고, 상황에 따라서 병목이 발생하는 부분이 수시로 변할 수 있기 때문에 신속하게 대응하기가 더욱 힘들어진다. 실 서비스 시에는 물리적인 서버 구성 또한 중요해지는데, DB 서버는 게임과 분리된다고 하더라도 게임의 기능들까지 분리될 경우 관리하기가 복잡하다.

가장 좋은 방법은 물리적 서버 한대에 설치된 서버 프로그램 안에 모든 게임의 기능이 다 포함되어 있어서, 사용자가 많아질 경우 별도의 복잡한 프로그램 구성을 생각할 필요 없이 똑같은 물리적 서버만 계속 추가하는 방식으로 구성하는 것이다. 훨씬 자동화하기도 쉽다.

---

1 millisecond(밀리세컨드 – 1/1000 초)

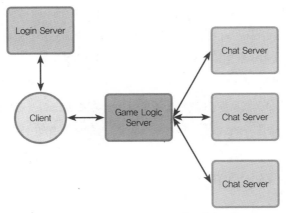

[그림 3-1] 모바일 서버에서는 추천하지 않는 서버 구성도
－기능별로 분리된 서버. 특정 기능을 수행할 때마다 특정 서버에서 처리한다.

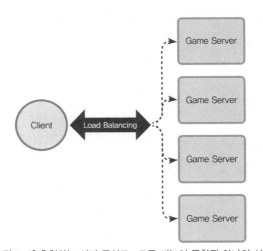

[그림 3-2] 추천하는 서버 구성도 － 모든 기능이 통합된 하나의 서버
－어느 서버에서 명령을 수행해도 같은 결과를 얻을 수 있다. 자동적으로 서버를 늘리고
줄이기가 쉽다.

유저가 많아져서 서버에 과부하가 심하다면, Game Server를 하나 더 늘리거나, 혹은 Game Server의 사양을 더 좋은 장비로 교체하는 방법이 있다. 전자의 방식, 즉 대수를 하나 더 늘리는 것을 스케일 아웃Scale Out이라 하며, Game Server 자체의 사양을 업그레이드 하는 것을 스케일 업Scale Up이라 한다. 서버 대수를 늘리는 것은 서버 프로그램이 병렬적으로 유연하게 동작하도록 잘 설계되어 있어야만 가능하다. 대다수의 서버는 단일 서버를 가정하고 만들어져 있다. 그래서 두 가지 중 더 간단한 성능 향상 법은 스케일 업이다. 돈 더 주고, 더 좋은 서버로 바꾸면 된다, 라고 생각했을 것이다.

그런데 서버 사양만 올리면 정말 성능이 올라갈까? 요즘의 CPU 업계는 CPU Core 자체의 성능 개선은 한계에 다다랐다고 볼 수 있다. CPU Core의 Clock speed는 더 이상 올라가지 않고, 듀얼코어, 쿼드코어, 하는 식으로 주로 Core의 개수를 늘린 멀티 프로세서Multi-Processor 제품들이 나오고 있다.

CPU Core가 많으면 어떻게든 OS가 알아서 빠르게 처리해 주지 않을까? 그냥 사양만 올리면 되는 거 아니야? 라고 생각한 사람이 있을지도 모르겠다. 이에 대해서는 암달의 법칙Amdahl's Law이 대답이 될 것이다. 시스템의 일부를 개선하면 전체 시스템에서 봤을 때는 성능 향상이 얼마나 있는지를 계산할 때 사용되는 법칙인데, 이를 가지고 멀티 프로세서 환경에서 CPU 개수가 늘어남에 따라 얼마나 성능이 향상될지를 계산하는 데도 사용된다.

아래 그래프를 보면, 시스템에서 병렬로 동작하는 부분Parallel Portion이 50%일 때 최대로 낼 수 있는 성능 향상의 수치는 2배가 한계다. CPU 1개에서 시작해서 16개가 되었을 때 성능 향상이 2배가 되며, 그 이후로는 CPU 개수가 65,536개로 늘어나더라도 최대 2배에서 증가하지 않는다. 하지만 병렬로 동작하는 부분이 95%까지 되면 성능향상은 이론적으로 최대 20배까지 늘어난다. 95% 이상일 때는 CPU 개수와 비슷하게 증가한다.

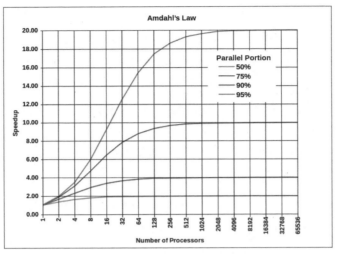

[그림 3-3] http://en.wikipedia.org/wiki/Amdahl's_law, 암달의 법칙 페이지에서 발췌

결국 프로그램의 성능을 개선하려면 **프로그램을 멀티 프로세서에 적합하도록** 만들어야 한다는 뜻이고, 그 말은 곧 프로그램의 각 기능들이 동시성Concurrency에 충족되도록 동작해야 하며, 병렬화Parallel가 가능한 구조여야 한다는 뜻이 된다.

3-1-1 Concurrency와 Parallelism

이처럼 Concurrency(동시성, 병행성)와 Parallelism(병렬성)은 서버 설계에서 매우 중요하다. 이 두 개의 개념은 비슷하지만 서로 다른 개념이다. 많은 사람들이 헷갈려 하므로 이번 기회에 명확하게 이해하고 넘어가도록 하자.

예를 들어 철수가 빵을 만든다 라고 하자. 빵을 만들 수 있는 재료는 아주 많이 쌓여 있는데, 철수 혼자서 빵을 만드니 속도가 느리다.

철수는 더 빠르게 빵을 만들기 위해서 친구들을 불러 각각 빵을 만들도록 하였다. 4명이서 빵을 만들기 시작하니 혼자서 만드는 것보다 거의 4배의 속도로 빵을 만들 수 있었다.

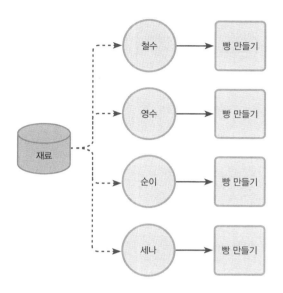

이렇게 여럿이 한 가지 작업을 동시에 진행하는 것을 병렬성Parallelism 혹은 병렬구조라고 한다. 위에서 설명한 서버 구성도와 비슷하게 보이지 않는가? **게임서버라는 하나의 기능을 수행하는 여러 대의 서버는 병렬적인 구성**인 것이다.

이제 철수 한 명에게 집중해보자. 철수는 빵을 만든다. 실제 삶에서 빵을 만든다고 생각했을 때, 철수는 빵을 만드는 일 하나만 하지는 않을 것이다. 영수가 물어보면 대답해 주기도 하고, 스마트폰에 문자가 오면 잠깐 빵 만들다가 확인하기도 한다. 빵을 만들면서 지루하니까 음악을 듣고 있고, 더워서 가끔씩 물도 마신다.

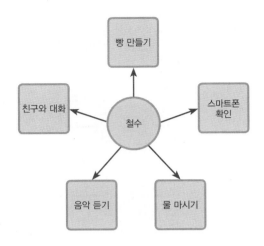

이 모든 행동은 동시에 이루어지고 있다. 빵을 다 만들고 스마트폰을 확인하는 것이 아니라 스마트폰이 울리면 바로 반응해야 한다. 이렇게 여러 가지의 일을 동시에 처리하는 것이 Concurrency다. 게임 서버의 입장에서 보자면 **Game Server 내부에서 동시에 실행되는 많은 기능들을 Concurrency**라고 생각할 수 있다.

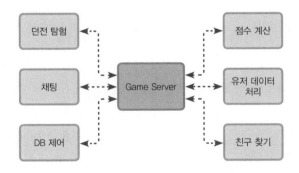

어떤 유저는 채팅 기능을 요청하고, 어떤 유저는 친구 찾기를 요청했을 때 두 요청 모두 동시에 실행되어야 한다.

Concurrency에서 가장 중요한 것은 동시에 수행되는 기능들의 빠른 반응이다. 최근의 운영체제는 Concurrency를 잘 지원하고 있다. 파일을 다운 받으면서 웹 서핑도 하고 게임도 할 수 있다. 운영체제의 핵심인 커널kernel에서 프로세스 스케줄러가 선점형Preemption으로 동작하느냐가 관건이다(선점형에 대해서는 뒤이어 설명한다). 선점형이 아니더라도 프로세스가 동시에 실행되는 것처럼 보이도록 속임수를 쓰기도 하지만, 비선점형은 반응 속도 면에서 느릴 수밖에 없다.

얼랭은 운영체제가 프로세스들을 동시에 실행되도록 스케줄링 하듯이 얼랭 내부에 실행시킬 수 있는 수많은 프로세스들을 선점형으로 스케줄링 하고 있다. 얼랭의 설명 중에서 얼랭은 실시간 시스템Soft Real-time system이라 한 것을 기억할 것이다. 실시간 시스템의 가장 큰 장점은 빠른 반응 시간이다. 현재의 작업을 하는 와중에 더 중요한 일이 생기면 즉각 바로 중요한 일을 실행하는 것이다. 얼랭이 인기를 얻으면서 얼랭과 비슷한 방식으로 여러 개의 프로세스를 내부적으로 생성하는 모델Actor Model을 구현한 도구들[2]이 있지만 얼랭처럼 선점형 스케줄러를 갖고 실시간 시스템으로 동작하는 것은 얼랭이 유일하다. 이런 점은 기능은 같더라도 반응 속도의 차이를 가져온다.

선점형 스케줄링에 대해 간단히 알아보자. CPU의 자원은 한정되어 있는 데 반해 작업 진행이 필요한 프로세스들은 여러 개가 생길 수 있다. 이때 CPU의 자원을 어떻게 분배하느냐가 스케줄링이 필요한 이유다. 컴퓨터에서 사용자가 파일을 다운로드 받을 때 파일을 다운로드 받는 프로세스가 CPU의 자원을 할당 받아서 작업을 진행하게 된다. 이때 사용자가 뮤직 플레이를 실행시켜서 또 다른 프로세스가 생성되었다고 해보자. 비선점형Non-preemptive 스케줄링일 경우 파일을 다운로드 받는 프로세스 작업이 끝나야 음악을 플레이하는 프로세스가 CPU의 자원을 할당 받아서 작업을 진행할 수 있다. 즉 파일 다운로드가 완료될 때까지 음악이 나오지 않을 것이다. 선점형 스케줄링의 경우에는 스케줄러가 강제로 그 즉시 음악을 플레이하는 프로세스에게 자원을 할당해 주고, 상황에 따라 적당히 CPU의 자원을 분배하여 두 개의 프로세스가 작업을 진행하는 데 문제가 없도록 하게 된다. 물론 자세히 들어가면 비선점형 스케줄링에도 여러 가지 방법을 통해서 동시에 실행되는 것처럼 보이게 할 수 있다.

예를 들어 Node.js, Python Twisted[3] 같이 협력형Cooperative 스케줄링을 사용하는 경우에는 자원을 작은 시간 단위로 쪼개서 서로 양보하면서 자원을 할당받을 수 있게

---

2 하나만 예를 들면, 최근 Scala 기반의 Akka toolkit이 유명하다. http://akka.io/
3 https://twistedmatrix.com/trac/

하고, 구글이 개발한 Go[4]나 Haskell(GHC)[5]의 경우도 비슷한 방법을 이용해서 선점형이 아니면서도 동시에 실행될 수 있도록 하고 있다. 하지만 얼랭처럼 선점형 스케줄링을 사용한 것보다는 빠른 반응 속도를 얻을 수 없는 방식이다.

Concurrency를 구현하기 위한 방법은 여러 가지가 있다. 가장 전통적인 Low-Level 방식인 Thread와 Lock 방식은 하드웨어적으로는 가장 근본적인 방법이라고 할 수 있지만, 프로그래머가 구현하기에는 복잡하고, 버그가 발생할 수 있는 여지가 매우 많다. 얼랭도 C로 작성된 내부 소스코드를 뜯어보면 mutex나 spinlock 등이 존재한다. 하지만 얼랭을 사용하는 우리들은 신경 쓸 필요가 없다.

Low-level은 수준이 낮다는 의미가 아니라, 해당 기술이 좀더 기계(CPU 등)에 가깝다는 뜻이다. 깊이가 깊을수록 좀 더 OS와 Kernel, CPU에 가까운 기술이고, 높을수록 사람에 친숙한 기술이다. Low-level일수록 좀더 복잡하고, 컴퓨터의 본질에 근접한 기술이라고 볼 수 있다.

3-1-2 얼랭의 방식

얼랭의 탄생은 전화 교환 시스템의 여러 문제점들을 효과적으로 해결하기 위함이었다. 그러기 위해서는 굉장히 많은 수의 동시 작업들을 수행할 수 있는 시스템Concurrency이어야 했고, 하드웨어의 결함이나 소프트웨어의 에러에 대응할 수 있는 결함 방지 능력Fault Tolerance이 필요했다. 특별한 프로그래밍 언어를 만들고자 함이 아니라, 여러 가지 문제를 해결하기 위한 실무적인 목적으로 만들어진 도구인 것이다.

얼랭을 최초로 만든 사람들은 최대한 가벼운 Concurrent System을 만들고자 했다. 독립적으로 동작하는 수많은 프로세스를 다룰 수 있는 시스템이면서, 서비스의 중단 없이 시스템의 업그레이드가 가능하며, 에러를 확실하게 핸들링 할 수 있는 시스템을 목표로 하였다. 그리고 이 모든 것을 쉽게 제어할 수 있도록 하이 레벨High Level 언어를 개발하는 것이 목표였다.

---

4 http://golang.org
5 http://www.haskell.org/ghc/

얼랭이라는 이름은 파스칼Pascal[6]이나 오캄Occam[7]과 같은 언어처럼 덴마크의 수학자 Anger Krarup Erlang[8]에서 따왔다. 얼랭 팀의 리더였던 Joe Armstrong은 얼랭을 개발할 때 패턴 매칭Pattern matching과 문법Syntax은 Prolog에서 영향을 받았고, 메세징 부분은 Smalltalk에서 영감을 받았다고 한다. 그 밖에도 영향을 받은 언어들은 ML, Miranda, Lisp, Ada, Modula, Chill 등 다양하다.

얼랭에 대해 이야기하는 사람들 중에는 액터 모델Actor model을 언급하는 경우가 있다. 얼랭이 액터 모델을 구현한 것도 아니고 실제 구현에서도 얼랭과 조금 다른 부분도 있지만[9] 얼랭의 프로세스 개념을 이해하는 데 도움이 될 것 같아서 소개하겠다. 액터 모델은 작업을 Actor들에게 나누어서 작업하는 방식이다. 아시다시피 Actor는 배우라는 뜻이다. 수많은 배우들이 연극을 공연하는 것을 상상해보자. 각자 맡은 역할에 따라서 서로 유기적으로 대사를 주고 받으며 시나리오를 진행한다.

Actor는 자기만의 작업을 가지고 있고, 자신의 작업 영역은 다른 Actor들이 침범할 수 없다. 다만 서로 메시지 교환을 통해서 정보를 주고 받는다. 앞서 설명한 철수와 친구들이 빵을 만드는 것에 비유하면 철수와 영희 같은 사람들을 Actor라고 볼 수 있다. 철수는 자기의 생각(메모리)과 업무를 가지고 있고, 영희의 생각(메모리)과 업무에 침범할 수 없다. 다만 대화(메시지)를 통해서 이런 저런 업무를 지시할 수는 있을 것이다.

얼랭에서 Actor 개념과 대응되는 것은 초경량의 프로세스light-weight process이다. 이 프로세스는 운영체제에서 말하는 프로세스와 다르게 매우 가벼운 프로세스이다. 상황에 따라서 수백, 수천, 수백만 개 이상의 프로세스를 생성하여 작업들을 처리할 수 있다. 얼랭의 프로세스는 자기만의 메모리를 가지고 있고, 다른 프로세스의 메모리 영역에 침범할 수 없다. 데이터를 전달하려면 상대방 프로세스에게 메시지를 보내고,

----

6 Blaise Pascal (1623~1662) 프랑스의 수학자, 철학자

7 William of Occam (1287~1347) 영국의 신학자, 철학자

8 Anger Krarup Erlang (1878~1929) 덴마크의 수학자

9 Actor model을 만든 Carl Hewitt는 2014년 논문에서 Actor model을 설명하면서 Erlang에 대한 항목에 자신이 만든 이론과 일치하는 부분과 맞지 않는 면들을 언급하였다. Actor model은 컴퓨팅 이론일 뿐이라서 실제 성능으로 생각했을 때 효율적이라고 볼 수는 없기 때문에 큰 의미는 없다. 더 자세히 알고 싶은 사람은 http://arxiv.org/ftp/arxiv/papers/1008/1008.1459.pdf를 참조하라.

해당 프로세스의 메일박스mailbox에 메시지가 도착하면 프로세스가 받아서 처리한다. 이것이 얼랭의 Concurrent Programming 방법이다. C나 Java로 구현할 때와 다르게 공유 메모리에 Lock을 걸고 풀고를 신경 쓸 필요가 없다. C++로 서버를 만든다면 Worker Thread 몇 개를 띄워놓고 모든 유저의 접속 처리를 위해 커다란 루프loop를 돌면서 처리된 데이터를 저장하는 공유 메모리 관리에 신경을 써야 하겠지만, 얼랭에서는 유저 접속자 한 명 당 프로세스 하나씩 혹은 그 이상을 띄워놓고 프로세스마다 각자의 메시지 처리 루프를 만들어 처리하게 된다.

그렇게 되면 유저 접속 숫자만큼의 프로세스가 생성되는 거 아니냐, 컨텍스트 스위칭 context switching 부하가 엄청날 텐데, 라고 놀라는 분이 있을 수도 있겠다. 하지만 얼랭 내부의 프로세스는 OS의 프로세스가 아니라 초경량의 프로세스이다. 초경량의 프로세스들은 수만, 수십만 개 이상 생성하고 동작하는 데 아무런 문제가 없다. 컨텍스트 스위칭도 빠르고, 가볍게 동작한다.

얼랭으로 구현하는 Concurrency는 우리의 실제 행동과 흡사하다. 얼랭에서는 모든 것이 프로세스에서 동작한다. 프로세스를 사람에 대응하거나 게임 캐릭터에 대응해봐도 좋다. 캐릭터 하나하나 NPC 하나하나 프로세스를 생성하여 아이템을 교환할 때도 실제로 사람이 말을 주고 받고 물건을 교환하듯이 프로세스끼리 아이템 메시지를 교환하게 하여 구현할 수 있다. 게임 로직 그대로를 프로그램 코드로 구현할 수 있는 것이다. 프로그램을 작성하다 보면 실제 문제와 그것을 해결하는 코드를 작성하는 것과 아주 큰 괴리감이 있을 때가 많은데, 얼랭으로 작성하면 코드가 하는 일이 훨씬 더 명확하게 와닿는 것을 느낄 수 있다. 실제로 Erlang process를 다루는 것은 6장 유저 세션에서 공부하게 될 것이다.

얼랭의 첫번째 핵심이 Concurrency라면 두 번째는 **Fault tolerance**다. 얼랭에는 "Let it crash"라는 철학이 있다. 100% 에러가 없는 프로그램은 존재하지 않는다. 그렇다면 에러를 감추려고 하지 않고 오히려 에러가 발생하도록 놔두는 것이 버그를 찾는데 더 쉽지 않겠는가? 그래서 얼랭은 에러를 복구하는 시스템이 잘 갖추어져 있다. 어떤 프로세스에서 발생한 에러로 인해 프로세스가 죽으면, 다른 프로세스가 이를 복구하는 방식이다. 이것은 Exception을 의미하는 것은 아니다. Exception은 프로그래머가 어떻게 처리할지 이미 예상한 이벤트이고 에러가 아니다. 에러는 프로그래머가 예상하지 못한 버그이다.

얼랭의 Fault tolerance는 마치 분산 서버 시스템에서 한 서버가 죽었을 경우 다른 서버가 대체하고, Crash로 인해 죽은 서버는 빠르게 죽고, 빠르게 다시 살리는 것과 같다. 얼랭에는 시스템에 에러가 발생하는지 지켜보고 있는 프로세스가 있다. 프로세스는 물리적으로 같은 서버에 있을 수도 있고, 다른 서버에 있을 수도 있다. 여러분은 얼랭의 Fault tolerance를 통해서 영원히 다운되지 않는 서비스의 개발에 가까워질 수 있다.

3-2 기본 모바일 서버 만들기

실제 개발 작업에서 클라이언트와 연동을 위해 먼저 해야 할 것은 프로토콜Protocol을 정의하는 것이다. 여러분은 서버 프로그래머를 지망하고 있으므로, TCP/IP 스택stack에 대해서는 이미 알고 있다고 가정하겠다. 프로토콜 정의 이후에는 그에 맞추어 프로그램 코드를 작성하고 클라이언트와 기본적인 통신을 성공하면 이번 장의 임무는 완료된다.

3-2-1 컴퓨터 네트워크

프로토콜 정의에 앞서서 네트워크에 대해 간단하게 설명하고 넘어가겠다. 컴퓨터 네트워크는 넓게 보면 컴퓨터와 컴퓨터 사이를 통신망으로 연결한 모든 것을 의미하지만, 일반적으로는 대중적으로 가장 많이 사용하고 있는 인터넷Internet 즉 TCP/IP라 불리는 네트워크를 의미한다.

OSI Model	TCP/IP	예
Application	Application	HTTP, SMTP, DNS
Presentation		JPEG, MIME
Session		Sockets
Transport	Transport	TCP, UDP
Network	Internet	IP, ICMP
Data link	Network Access	Ethernet
Physical		구리선, 광케이블

OSI 7 Layer는 네트워크 이론 수업에서 한 번쯤은 접해본 단어일 것이다. OSI 각각의 7개 계층은 위 표와 같이 TCP/IP의 4개 계층으로 분류할 수 있다.

OSI 7 Layer에서 가장 아랫단의 Physical layer(물리 계층)와 Data Link layer(데이터 링크 계층)는 구리선 혹은 광케이블을 통해 전달된 디지털 신호를 랜카드 혹은 NIC_{Network Interface Card}라고 불리는 장치를 통해 컴퓨터 메모리에 패킷으로 저장하는 것까지를 의미한다.

이 부분은 IEEE 802 Network Standards에 잘 정의되어 있다. 최초에는 10Mbps에 불과했던 속도도 현재는 100Mbps, 1Gbps, 10Gbps, 40Gbps, 100Gbps까지 나온 상태이다.

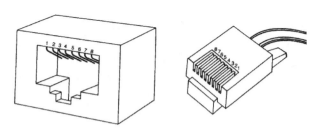

[그림 3-4] Cable connector - IEEE 802.3 발췌

Network(네트워크 계층)와 Transport(전송 계층)는 OS에서 구현한 TCP/IP 스택을 뜻한다. NIC Driver에서 처리한 패킷을 실제의 TCP/IP 데이터로 처리하는 역할을 한다. 그 이후 계층은 유저가 만든 어플리케이션의 프로토콜 영역이다. TCP/IP 기반의 다양한 어플리케이션이 이 영역에 속한다.

3-2-2 프로토콜 정의

프로토콜Protocol은 전송규약이다. 클라이언트와 서버간의 데이터 즉 패킷Packet을 어떤 모양으로 주고 받을지 정하는 것이 프로토콜이다. 우리는 인터넷 환경에서 통신을 하게 되므로 TCP/IP 기반에서 동작하는 프로토콜을 작성해야 한다.

우선 IP layer에서 프로토콜을 구현하는 것을 생각해보자. Raw socket을 이용하는 방식인데, 불가능한 것은 아니지만 모바일 게임과는 맞지 않고, 가능하더라도 해야 할 일이 너무 많다. 그럼 IP layer 상단의 Transport layer에서 프로토콜을 구현해야 한다. 다시 말하면 TCP를 사용할 것인지 UDP를 사용할 것인지가 될 것이다.[10]

TCPTransmission Control Protocol는 connection 기반의 프로토콜로 data stream을 순서대로 전송하기 위해 만들어졌다. TCP Header를 보면 Sequence number가 있는데, Length가 없는 것을 알 수 있다. TCP는 data stream의 분실은 방지하지만 stream 기반이다 보니 하나의 메시지를 구분할 수가 없다는 것을 알 수 있다. IP의 Length만 가지고 패킷이 조립되는 것이다. 따라서 메시지를 정확히 구분할 필요가 있다면 TCP 위의 Application layer에서 따로 Length를 만들어서 관리해 주어야 한다. UDP Header에는 Length가 있어서 따로 프로그래밍 하지 않아도 메시지를 분리해서 받을 수 있다. 하지만 UDP는 connection 기반이 아니다 보니 패킷의 순서를 보장할 수 없고, 분실이 발생할 수 있다.

모바일 게임의 경우 클라이언트와 서버간의 패킷의 신뢰성을 보장해야 하므로 TCP를 선택하는 것이 맞다. UDP에 비해서 Latency가 조금 높을 수는 있지만 특별한 경우가 아니라면 큰 문제는 없을 것이다.

....
10 다른 프로토콜도 있겠지만 범용성을 생각하면 TCP와 UDP 밖에 없다.

Latency란?

응답속도 혹은 반응속도, 지연시간 등을 의미하여, 높으면 높을수록 사용자 입장에서는 속도가 느리게 인식된다. 세분화하면 Ping latency, Connection latency, First-Byte latency 등으로 나뉠 수 있으며 서버의 성능을 측정할 때 자주 언급된다.

Transport layer에서는 TCP를 기반으로 작성하기로 하였고, 그럼 이제 Application layer에서는 어떤 프로토콜을 사용하는 것이 좋을까? 성능을 중시한다면 자체적인 프로토콜을 작성하는 것을 추천한다. 무엇을 만드느냐에 따라서 최적화된 프로토콜을 만들 수 있다. 혹은 이미 기존에 존재하는 프로토콜을 조금 변형하는 것도 좋은 방법이다.

예전에 텍스트 머드Mud[11] 게임은 전부 텔넷Telnet 프로토콜 기반으로 만들어졌었다. 텔넷 프로토콜은 RFC 854[12]에 정의되어 있다. 옛날 PC 통신도 전부 Telnet을 기반으로 하고 있었다. 아주 작은 문자를 주고 받는 데 알맞지만, 데이터가 크면 효율적이지 못하고, 모바일처럼 네트워크가 자주 끊어질 수 있는 상황에서는 맞지 않다.

모바일 서버에 어울리는 프로토콜은 HTTP이다. 무엇보다도 프로토콜이 텍스트Text 기반이라서 사람이 이해하기가 쉽다. 그리고 RESTRepresentational State Transfer 같은 인터페이스 구조가 등장하면서 각종 웹 서비스의 연동에 많이 쓰인다. 구글, 애플, 페이스북, 네이버, 다음, 카카오톡 등 IT 업체들의 각종 서비스를 연동하기 위한 API들이 모두 HTTP(REST) 기반의 오픈 API로 제공되고 있다.

모바일 게임 서버는 오픈 API를 제공하기 위함이 아니므로, REST 인터페이스 구조를 따를 필요는 없다. 다만 HTTP의 장점은 그대로 이용해서 사용할 수 있을 것이다.

---

11 Multi User Dungeon
12 http://tools.ietf.org/html/rfc854

3-2-3 HTTP

HTTP는 Hypertext Transfer Protocol의 약자로 1.1 버전이 RFC 2616[13]에 정의되어 있다. 클라이언트는 TCP를 이용해서 해당 포트에 접속하여 요청을 보낸다, 서버는 요청에 대한 응답 코드와 데이터를 전송하고 접속을 끊는다.

웹 브라우저의 동작은 모두 HTTP를 기반으로 하고 있다.

〈클라이언트에서 웹서버로의 요청〉

```
GET /index.html HTTP/1.1
```

일반적인 브라우저의 요청은 이런 식이다. 웹 서버에 index.html의 내용을 보내 달라고 요청하는 것이다. 더 자세히 본다면 Host나 Content-Type 등의 Header가 붙어있을 것이다.

〈웹서버에서 클라이언트로의 응답〉

```
HTTP/1.1 200 OK
Date: Mon, 20 May 2014 21:00:34 GMT
Server: Apache/2.0 (Linux)
Last-Modified: Wed, 08 Jan 2014 20:00:55 GMT
ETag: "3f80a-1b2-4e1cb03b"
Content-Type: text/html; charset=UTF-8
Content-Length: 131
Accept-Ranges: bytes
Connection: close

<html>
<head>
  <title>An Example Page</title>
</head>
<body>
  Hello World, this is a very simple HTML document.
</body>
</html>
```

---

13 http://tools.ietf.org/html/rfc2616

HTTP/1.1 다음에 200이 바로 응답 코드이다. 웹 서버는 index.html이라는 파일이 있는지 확인하고, 있다면 그 내용을 웹 브라우저로 전송한다. 파일이 없었다면 응답 코드로 404를 보냈을 텐데 아무 이상이 없었으므로 200이 전송되었다. 그 밑에 붙어 있는 Date, Server 등이 Header 부분이고, <html>로 시작하는 부분이 Body이다.

우리가 만들 모바일 서버는 특정한 파일을 요청 받고 그 파일을 보내주는 것이 아니라 우리가 원하는 대로 정의해서 행동하도록 할 것이다.

〈Hello World API〉

```
GET /hello/world
```

이런 요청 값이 웹 서버로 들어왔다면 /hello/world라는 파일로 접근하려고 하겠지만, 우리는 JSON JavaScript Object Notation 형식의 문자열을 전송하도록 하자. JSON은 XML 보다 사이즈가 작으면서도 사람이 보기에 편한 구조로 되어 있다. 또한 JavaScript 의 구문이라 웹 환경과 연동하는 데 편리하다. 최근에 많은 프로젝트에서 JSON을 기본 데이터 구조로 사용하고 있다.

여기서는 우선 응답 값으로,

```
{result: Hello world!}
```

라고 전송하도록 구현하겠다.

3-2-4 얼랭의 HTTP Server

HTTP Server로 가장 유명한 것은 Apache와 IIS가 있다. 그것들을 사용하지 않고 Erlang으로 작성된 HTTP Server(Web Server)를 사용하는 것은 어떤 장점이 있을까?

예를 들어 Apache의 경우 유저의 요청 작업을 몇 개의 worker process(thread) 에서 처리한다. 메모리를 공유하기 때문에 특정 에러는 전체 웹 서버에 영향을 미칠 수 있다.

Erlang의 경우는 일반적으로 유저 한 명 당 프로세스 하나가 담당하여 처리한다. 프로세스 하나하나가 모두 웹 서버이다. 각각의 프로세스가 독립적으로 동작하기 때문에 결국 웹 서버가 독립적으로 동작한다는 의미이고, 어디서 에러가 난다고 해서 다른 프로세스에게 영향을 미치지 않는다. 동시접속자수가 수천명이라면 유저 하나의 세션을 담당하는 웹서버들이 수천 개 존재한다. **유저의 세션 하나당 웹 서버가 하나씩 동작하는 것이 상상이 가는가? 이것이 얼랭의 방식이다.**[14]

얼랭에는 자체적으로 HTTP Server가 내장되어 있다. 얼랭 모듈인 inets의 http server[15]인데, 간단한 기능만 제공하기 때문에 우리는 사용하지 않겠다. 대신 오픈소스 프로젝트 중에서 하나를 선택할 것이다.

얼랭으로 만들어진 HTTP Server는 매우 많이 있지만, 그 중 몇 개만 언급한다.

- Cowboy
  홈페이지 http://ninenines.eu/
  소스코드 https://github.com/ninenines/cowboy

- Yaws
  홈페이지 http://yaws.hyber.org/
  소스코드 https://github.com/klacke/yaws

- Mochiweb
  소스코드 https://github.com/mochi/mochiweb

Cowboy는 성능 면에서 가장 뛰어나며, Yaws는 기능이 가장 많다. Mochiweb은 단순한 것이 장점이다. 세 프로젝트 모두 엔터프라이즈 급 서버 운영에 쓰이고 있기 때문에, 어느 것을 선택해도 큰 문제는 없지만, 여기서는 향후 지속적으로 발전 가능성이 높은 Cowboy를 이용하도록 한다.

----

14 물론 개념적으로 그렇다는 것이지 웹 서버가 OS 차원에서 무식하게 정말 여러 개 뜨는 것이 아니다. 메모리에 웹 서버는 하나이다.

15 http://www.erlang.org/doc/apps/inets/http_server.html

3-2-5 Cowboy 사용하기

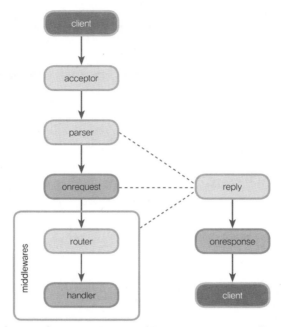

[그림 3-5] Cowboy 처리 흐름도 (출처: Cowboy User Guide)〉

Cowboy의 흐름도를 보면 client에서 받은 HTTP 요청을 처리하는 순서를 알 수 있다. acceptor에서 클라이언트의 접속을 수락하면서, Erlang 프로세스를 생성한 다. 클라이언트의 요청 패킷 하나당 Erlang 프로세스 하나가 생성되는 것이다. 그 다음 parser에서 socket을 읽어 패킷을 처리하게 된다. 특별한 에러가 발생하지 않는 다면 onrequest, router, handler를 거쳐서 클라이언트로 응답 패킷을 전달한다. 이중에서 우리가 신경 써야 할 부분은 middlewares라고 표시되어 있는 router와 handler이다.

3-2-5에서 작성하게 될 코드가 바로 이 부분으로, 각종 기능들을 이 부분을 통해서 연동시킬 것이다.

코드 작업을 하기 전에 Cowboy 소스를 받아와서 project에 연동시켜야 한다.

IntelliJ를 실행시켜 앞서 작성했던 mon project를 불러온다. 그리고 rebar.config 라는 파일을 프로젝트에 추가하고, deps 항목에 cowboy[16]를 추가해준다.

```
1 {deps, [
2     {cowboy, ".*", {git, "git://github.com/extend/cowboy.git", {tag, "0.10.0"}}}
3 ]}.
```

메뉴에 **Run-Edit Configurations**…를 클릭하여 Erlang Rebar 항목에 이전에 compile 을 추가하듯이 다음과 같이 추가해준다.

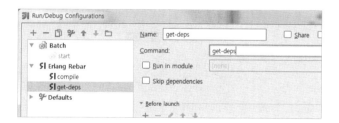

그 다음에 바로 Run에서 get-deps를 실행해보자.

....
16   2015년 현재 cowboy의 최신 버전은 1.0.1이다. 0.10.0 대신 1.0.1을 사용해도 된다.

하단 창에 Cowboy와 관련된 코드들을 자동으로 다운 받는 것을 확인할 수 있다.

프로젝트 디렉토리에 자동으로 deps라는 폴더가 생성되고 cowboy, cowlib, ranch가 추가된다. cowboy만 받았는데, cowlib, ranch는 무엇일까? 우리가 cowboy 코드를 받아오는 것처럼 cowboy application도 내부적으로 cowlib와 ranch의 코드를 받아 오는 것이다. cowlib는 cowboy에서 사용하는 각종 유틸리티들의 모음이고, ranch는 cowboy에서 사용하는 TCP socket 라이브러리이다. 우리는 cowboy만 사용하면 되므로 특별히 신경 쓰지 않아도 지장이 없다.

mon project에서 모듈들을 사용하기 위해서는 추가된 deps의 모듈들을 실행 스크립트에 적어 주어야 한다. start.bat 파일을 다음과 같이 수정한다.

```
1 werl -args_file vm.args
```

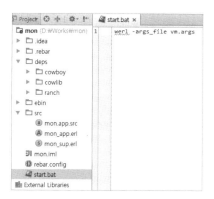

werl을 실행할 때에 인자 값으로 vm.args 파일의 내용을 포함시키라는 뜻이다.

그 다음에는 vm.args 텍스트 파일을 추가하고 다음과 같이 작성한다. 기존에 설정 값들을 vm.args 파일로 만들어서 관리하기 쉽도록 하는 것이다.

```
1 -pa ./ebin
2 -pa ./deps/cowboy/ebin
3 -pa ./deps/cowlib/ebin
4 -pa ./deps/ranch/ebin
5 -eval "application:start(mon)"
```

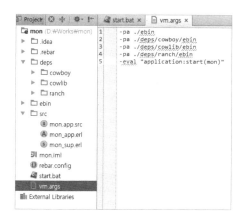

이제 컴파일을 하고, 실행해보자. **Run-Run-Compile**을 선택해서 컴파일하고, **Run-Run-Start**를 실행하면 실행된다. 변한 것은 아무것도 없겠지만, cowboy module을 실행할 수 있는 모든 준비가 된 상태이다. 서버가 실행된 것은 아니지만, mon application은 실행된 것이다.

cowboy module이 정상적으로 로딩되었는지 확인하려면 module_info() 함수를 실행해보면 된다. 모든 명령어의 끝에는 마침표(.)를 붙이는 것을 잊지 말자.

cowboy:module_info()의 리턴값을 살펴 보면 전체는 대괄호 []로 묶여 있어서 리스트 구조인 것을 알 수 있다. 그 안은 중괄호 {}로 묶인 튜플이 여러 개 있고, 또 안에 리스트와 튜플이 섞여 있다. 얼랭 프로그래밍을 하다 보면 이런 형식으로 된 데이터를 많이 볼 수 있을 것이다. 튜플의 첫번째 값은 주로 Key 값을 나타낸다. 즉 cowboy 모듈에서 export된 함수들은 start_http,4부터 쭉 module_info,1까지 7개가 있다는 것을 알 수 있다. 옆에 있는 숫자는 인자 값의 개수다. 그 밖에 imports, attributes, compile 정보가 나열되어 있는 것을 볼 수 있다.

만약 존재하지 않는 모듈의 함수에 대해서 module_info를 실행하려고 하면 다음과 같이 에러가 나올 것이다.

```
2> hello:module_info().
** exception error: undefined function hello:module_info/0
3>
```

해당 모듈의 함수가 정의되어 있지 않아서 exception error가 발생하였다.

3-2-6 Cowboy Router, Handler 작성

실제로 Cowboy HTTP Server를 실행시키기 위해 router와 handler 부분을 작성해보자.

mon_app.erl 파일을 다음과 같이 수정 한다.

```erlang
38  start(_StartType, _StartArgs) ->
39      %% 필요한 어플리케이션 실행
40      ok = application:start(crypto),
41      ok = application:start(cowlib),
42      ok = application:start(ranch),
43      ok = application:start(cowboy),
44
45      %% Cowboy Router 설정
46      Dispatch = cowboy_router:compile([
47          {'_', [
48              {"/hello/world", mon_http, []}
49          ]}
50      ]),
51      %% HTTP Server 실행
52      {ok, _} = cowboy:start_http(http, 100, [{port, 6060}], [
53          {env, [{dispatch, Dispatch}]}
54      ]),
55      case mon_sup:start_link() of
56          {ok, Pid} ->
57              io:format("start ok~n"),
58              {ok, Pid};
59          Error ->
60              Error
61      end.
```

지금 설명하는 부분들은 이해하지 못해도 크게 중요하지 않다. Erlang의 문법에 익숙하지 않은 사람은 더더욱 어렵게 느낄 수 있지만 사실 알고 보면 굉장히 간단하다. 우선은 어떤 데이터가 들어간다 라고만 대충 알아두면 좋겠다.

crypto는 암호화 관련된 어플리케이션으로 cowboy를 실행시키려면 미리 실행시켜주어야 한다. crypto에 대해서는 10장에서 설명하니 우선 넘어가겠다.

cowlib, ranch, cowboy를 순서대로 실행시킨 후에는 Cowboy의 Router를 설정한다. 이를 위해서는 cowboy_router 모듈의 compile이란 함수를 실행하면 되며, 형식은 다음과 같다.

```
cowboy_router:compile(Routes)
```

cowboy_router:compile의 인자값은 Routes라는 하나의 변수인데, List 형식으로 다음과 같이 여러 개의 Host 데이터를 입력하면 된다.

```
Routes = [Host1, Host2, … HostN].
```

Host 값은 클라이언트의 Host 주소와 URL을 나타내는 Path로 되어 있다. 형식은 튜플이다.

```
Host1 = {HostMatch, PathsList}.
```

PathsList는 여러 개의 Path들의 리스트이다.

```
PathsList = [Path1, Path2, … PathN].
```

각각의 Path들은 PathMatch 그리고 해당 PathMatch와 일치했을 때 동작할 Handler 모듈 그리고 옵션으로 3개의 값을 튜플 형식으로 구성하면 된다.

```
Path1 = {PathMatch, Handler, Opts}.
```

이것을 종합하면 다음과 같은 형식이 될 것이다.

```
cowboy_roputer:compile([{HostMatch, [{PathMatch, Handler, Opts}]}]).
```

HostMatch 값에는 '_'이라고 적어준다. 이것은 모든 Host에 대해서 Matching되도록 하기 위함이다. 어떤 Host이든 상관 없다는 뜻이 된다. PathMatch에는 우리가 만들 API인 /hello/world를 적어준다. 그리고 Handler 부분에는 /hello/world라는 요청이 들어왔을 때 처리를 할 Handler 모듈 이름인 mon_http를 적어주면 된다. Opts는 옵션 값을 적어주면 되는데, 특별히 없으므로 빈 리스트인 []를 적어주면 된다.

cowboy:start_http 함수는 실제로 소켓을 열고 서버를 구동하는 부분이다. 포트번호를 6060으로 http server를 실행시킨다는 뜻이다.

이제 클라이언트의 요청을 처리할 Handler 모듈을 작성해보자. src 아래에 mon_http.erl 파일을 추가한다.

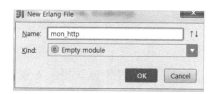

그리고 아래와 같이 코드를 작성한다.

```
12  %% API
13  -export([init/3, handle/2, terminate/3]).
14
15  init(_Type, Req, []) ->
16      {ok, Req, no_state}.
17
18  handle(Req, State) ->
19      {ok, Req2} = cowboy_req:reply(200, [
20          {<<"content-type">>, <<"text/plain">>}
21      ], <<"{\"result\":\"Hello world!\"}">>, Req),
22      {ok, Req2, State}.
23
24  terminate(_Reason, _Req, _State) ->
25      ok.
```

init, handle, terminate 이렇게 3개의 함수를 만들었다. 맨 앞에 export는 외부에서 실행 가능한 함수의 리스트를 의미한다. 옆에 있는 숫자의 의미는 인자값의 수이다. 함수의 선언부 첫줄 끝에 있는 -> 이후부터 . 까지가 함수의 내용을 의미한다. 한 함수에서 마침표(.)는 마지막에 딱 한번 쓰고, 그 전에는 쉼표(,)를 써야 한다.

init, handle, terminate는 모두 cowboy에서 자동으로 실행하는 함수이다. 가장 간단한 구조로 동작할 수 있는 callback 함수를 추가한 것이다.

callback 함수는 미리 정의된 함수로 cowboy에서 패킷을 받아서 처리할 때에 자동으로 실행된다.

init 함수는 패킷을 받을 때 최초로 실행되는 callback 함수이다. 첫번째 인자값은 Transport의 프로토콜 모듈을 정의할 때 사용한다. 그런데 Type이 아니라 _Type으로 되어 있는 점이 신경 쓰일 것이다. 변수의 앞에 _를 붙이면 해당 변수는 그 값이 무엇이든 간에 신경 쓰지 않는다는 것을 의미한다. 사용하지 않는 변수에 컴파일러의 warning을 피하고 싶을 때 사용한다. 지금은 특별한 Type을 설정하지 않으므로 _를 붙였다. 두 번째 Req는 클라이언트에서 전송 받은 요청 데이터가 입력되어 있는 객체이다. 세번째 []는 옵션값인데 옵션 설정을 하지 않기 위해 빈 리스트가 입력되어 있다.

init 함수의 리턴값은 튜플 구조로 3개의 값을 담는다. 첫번째 값은 초기화한 결과값으로 특별한 이상 없이 계속 처리하려면 ok를 입력하면 된다. 초기화를 강제로 종료하려면 shutdown을 입력한다. 요청 받은 데이터를 다음 callback 함수로 전달하기 위해서 Req를 그대로 적는다. 3번째는 State 값을 넣으면 되는데, 사용하지 않으므로 no_state 라고 작성하였다.

handle 함수에서 실제로 클라이언트의 요청을 처리하고 응답 데이터를 작성하여 전달하면 된다. Req 객체를 다루는 모듈인 cowboy_req의 reply 함수를 이용해서 클라이언트에서 받은 요청값에 대해서 무조건 200 OK를 보내고 Body 값에는 아까 우리가 보내기로 했던 {result : Hello world!}를 등록하였다. 앞으로 우리는 mon_http 모듈을 수정, 보완하여 더 많은 API를 등록할 수 있도록 할 예정이다.

terminate 함수는 init와 반대로 요청에 대한 모든 처리가 끝난 후에 실행되는 함수이다. 특별히 처리할 내용이 있으면 이 함수에 적어주면 된다.

상단에 **%%%**의 항목은 얼랭의 주석을 의미한다. 주로 **%**를 하나 이상 맨 앞에 써주면 주석을 의미하는데, 보통 **%%**이나 **%%%**을 많이 사용한다. @author, @copyright 등은 edoc에서 문서를 생성할 때 참조하는 항목이다.

그 밑에 **-module(모듈 이름)**은 모듈을 선언하는 부분으로, 파일의 이름과 일치해야 한다. 얼랭에서는 파일의 이름과 모듈의 선언이 동일해야 한다.

컴파일하고 실행해 보자. 이미 실행했던 창이 있다면 닫고 실행한다. 실행하면 윈도우의 경우 방화벽 경고가 뜰 수도 있는데 수락하도록 한다.

간단한 테스트를 해보기 위해서 웹 브라우저를 실행시킨 후 URL에 다음과 같이 입력한다.

```
http://IP주소:6060/hello/world
```

IP 주소 부분은 자기 PC의 IP를 입력한다. IP를 모를 경우 Windows라면 CMD에서 ipconfig를 입력하거나 리눅스라면 ifconfig, 혹은 얼랭 창에서 inet:getif(). 함수를 실행해도 알 수 있다. 이 PC의 경우는 192.168.0.7이 외부에서 접근 가능한 IP인 것을 알 수 있다. 127.0.0.1은 기본적인 루프백 디바이스loopback device이다.

```
2> inet:getif().
{ok,[{{127,0,0,1},undefined,{255,0,0,0}},
     {{192,168,0,7},undefined,{255,255,255,0}}]]}
3> █
```

내 PC의 IP가 192.168.0.7이므로, URL을 입력해서 보면 브라우저에 다음과 같이 표시될 것이다.

최초의 서버 통신을 완료하였다. 계속 브라우저를 이용해 테스트해 볼 수도 있지만, 좀 더 세밀한 테스트를 위해서는 curl[17]을 사용하는 것이 편리하다.

curl은 URL을 입력 받아서 서버로 전송해 주는 커맨드 라인 툴이다. 리눅스의 경우는 배포판에서 다운 받으면 되고, 윈도우의 경우는 홈페이지[18]를 통해서 다운 받으면 된다. 귀찮은 사람들을 위해서 아래에 링크를 공유한다.

http://www.confusedbycode.com/curl/#downloads

사용법은 간단하다. curl 다음에 원하는 URL을 적어주고 엔터를 누르면, 서버로부터 응답값을 받을 수 있다.

```
D:\>curl http://192.168.0.7:6060/hello/world
{"result":"Hello world!"}
D:\>
```

앞에 −i 옵션을 주면 보다 상세한 헤더를 볼 수 있어 편리하다.

....

17 http://curl.haxx.se/

18 http://www.confusedbycode.com/curl/

```
D:\>curl -i http://192.168.0.7:6060/hello/world
HTTP/1.1 200 OK
connection: keep-alive
server: Cowboy
date: Sun, 14 Sep 2014 14:39:03 GMT
content-length: 25
content-type: text/plain

{"result":"Hello world!"}
D:\>
```

앞으로 간단한 테스트는 curl을 이용해 진행할 것이다.

3-2-7 모바일 앱 연동

실제 테스트 클라이언트와도 연동을 해보자. 앱을 실행하고, 서버설정 항목에서 Server Address에는 서버의 주소를, Server Port 부분에는 포트 번호인 6060을 입력하도록 한다. 그리고 Send 버튼을 누르면 하단에 전송한 API와 함께 결과값이 표시될 것이다.

만약 위와 같이 TIMEOUT이 표시될 경우는 서버가 꺼져 있거나, 서버가 구동 중인 PC가 방화벽에 의해 접속이 막혀있을 가능성이 높다. 그때는 방화벽을 해제하고 테스트를 진행하면 정상적으로 동작하는 것을 확인할 수 있을 것이다.

curl로 테스트하는 것은 서버와 클라이언트가 동일한 컴퓨터라고 한다면 모바일 클라이언트는 다른 컴퓨터이기 때문에 방화벽과 같은 네트워크 부분을 염두에 두어야 한다.

4장
로그인

얼랭에서 데이터를 저장하는 방법은 매우 많지만 지금 우리가 사용해 볼 것은 ETS와 Dets 모듈이다. 사실 ETS와 Dets를 데이터베이스라고 하기에는 부족한 점이 있다. 얼랭에는 ETS와 Dets의 기능을 가지고, 트랜잭션과 분산 처리 기능을 추가해서 만든 Mnesia라는 꽤 쓸만한 데이터베이스가 내장되어 있다. Mnesia는 5장에서 살펴보기로 하고 지금은 ETS를 이용해서 유저의 아이디와 패스워드를 저장해보자.

4-1 로그인(Login)

모바일 게임 서버가 수행해야 할 중요한 기능 중 하나는 로그인Login 기능이다. 로그인은 클라이언트가 서버에 접속해서 자신이 특정 사용자임을 입증하기 위한 절차이다. 주로 아이디와 패스워드를 이용한 인증 과정을 의미한다. 이를 위해서는 아이디와 패스워드 등의 인증 정보를 서버에 저장하는 작업이 선행되어야 하고, 그것은 Sign-in(회원 가입) 과정을 통해서 이루어진다. 4장에서는 회원 가입과 로그인 기능을 개발해 보자.

4-1-1 API 설계

앞서 우리는 /hello/world라는 이름의 간단한 HTTP 기반의 API를 만들어 서버와 최초로 연동을 해보았다. 지금 만드는 API도 크게 다르지 않다. API는 기능에 따라 이름을 붙이는 것이 가장 편할 것이다.

```
/join
/login
```

간단히 생각해보면 위와 같이 만들면 될 것 같다. HTTP 기반이라 문자열로 만들면 되니까 매우 쉽다. 하지만 이번에는 아이디와 패스워드 값을 서버로 전달해야 한다.

---

id와 password 값을 전달하기

/login/id=myid&password=mypass

이 방법은 HTTP URLUniform Resource Locator에 Query String으로 변수를 포함시키는 방법이다. URL은 인터넷에 접속하기 위해 브라우저 창에 입력하는 부분이다. Query String은 HTML에서 서버로 컨텐츠를 전달할 때 사용하는 방법으로 field name = Value 형식을 &로 이어서 표현한다. 위의 예제는 id에 myid를 입력하고, password에는 mypass라는 값을 입력하여 전달한 것이다.

이 방법은 간단하게 우리가 원하는 값을 서버로 전달할 수 있는 방법이지만 한 가지 큰 단점이 있다. HTTP 1.1 정의 문서인 RFC 2616의 section 3.2.1을 보면 URL 의 길이는 특별히 제한이 없다고 되어 있긴 하지만, 실제로는 브라우저나 웹서버에 따라서 길이 제한이 존재한다. 명확히 몇 bytes가 제한이라고는 할 수 없지만, URL 은 2048bytes 이내로 사용하는 것이 문제 발생 소지를 미연에 방지할 수 있다. 지금 당장은 id와 password 정도의 짧은 문자열을 전달하는 것이니 아무런 문제 없이 구현이 가능하겠지만, 나중에 변수가 많아지고 입력해야 할 값이 많아지면 큰 제약이 될 것이다.

문제를 해결하는 방법은 간단하다. Query String를 URL에 포함시켜서 전달하지 말고 body에 넣어서 전달하면 된다. 지금까지는 HTTP GET Method를 사용했지만, POST Method를 이용하면 된다. 그 밖에도 HTTP에는 다양한 Method가 있다. 한번 무엇이 있는지 알아보자.

4-1-2 HTTP Method

HTTP Method는 요청한 URL을 서버에서 어떻게 처리해야 할지를 알려주는 부분이다. HTTP Method에는 다음과 같은 종류가 있다.

Method	Description
OPTIONS	해당 Method를 지원하는지 문의한다.
GET	URL에 해당하는 자료의 전송을 요청한다.
HEAD	URL에 해당하는 자료의 Body를 제외한 Head 정보만 요청한다.
POST	서버에 데이터나 메시지를 전송한다.
PUT	해당 URL에 자료를 저장한다.
DELETE	URL에 해당하는 자료를 삭제한다.
TRACE	요청한 메시지가 정상이면 클라이언트로 다시 전달한다.
CONNECT	Proxy에서 사용하도록 예약된 Method이다.

RFC에 정의되어 있는 HTTP Method의 스펙은 위의 표와 같지만, 우리는 HTTP를 기반으로 한 새로운 프로토콜을 만드는 것이므로 완벽하게 위 내용을 따를 필요는 없다. 하지만 클라이언트에서 사용하는 HTTP 라이브러리에 따라서는 커스터마이징이 잘 되지 않을 수 있으니, 어느 정도는 정의된 내용을 따르는 편이 구현하기가 수월할 것이다.

이제부터 사용할 POST는 GET처럼 URL에 포함하는 것이 아니라, HTTP에서 전송하는 메시지의 Body에 Query String을 포함한다. URL에 데이터를 포함시키지 않으니, 데이터의 길이에 신경 쓰지 않아도 된다. 데이터만 분리하면 되니까. 다음과 같은 형식이 될 것이다.

```
/login
id=myid&password=mypass
```

/login은 URL 부분이고 그 아래가 Body 부분이다. Body 부분의 형식은 여기서는 Key=Value로 데이터를 표현하는 방식인 application/x-www-form-urlencoded를 사용한다. POST를 사용한 기본 데이터 포맷이다.

4-1-3 API 정의

Method	API	Body Query String	Description	Return Data
POST	/hello/world		서버와 테스트 통신	result :: ANY
POST	/join	id :: 아이디 password :: 패스워드	회원 가입	result :: ok|fail
POST	/login	id :: 아이디 password :: 패스워드	로그인	result :: ok|fail

이와 같이 표 형태로 정리하면 클라이언트 개발자와 커뮤니케이션 하기에 편할 것이다. 추가로 클라이언트에 전송하는 Return Data도 정의하였다. JSON 형식으로 key는 result를 그대로 사용하고 성공하면 ok, 실패하면 fail을 포함하여 전송할 것이다.

4-2 기능 구현

이제 실제로 얼랭 프로그래밍으로 회원 가입과 로그인 기능을 구현해 보자. 3장에서 생성한 3개의 파일 중에서 우선 mon_app.erl을 수정해야 한다.

4-2-1 Cowboy router

앞서 설정한 Cowboy의 router는 하나의 Path에 대한 handler 모듈을 설정한 것이었다면, 이제는 여러 개의 Path에 대해 동작하도록 해야 한다. 3장에서 작성한 cowboy_router:compile 함수의 형식을 기억할 것이다.

```
cowboy_roputer:compile([{HostMatch, [{PathMatch, Handler, Opts}]}]).
```

HostMatch는 변함없이 모든 Host에 대해 동작하도록 '_' 그대로 두면 되고, Path를 더 추가해보자. 3장에서는 [{PathMatch, Handler, Opts}] 부분에

```
[{"/hello/world", mon_http, []}]
```

이렇게 해주었으니 추가하는 API도 쭉 적어서 여러 개의 Path를 등록하면 될 것 같다.

```
[{"/hello/world", mon_http, []},
 {"/join", mon_http, []},
 {"/login", mon_http, []}]
```

이런 식으로 3개의 API를 Path로 등록해도 정상적으로 동작할 것이다. 하지만 활용적인 측면에서 효율적이지 못하고, 코드도 예쁘지 않다. Cowboy의 Match syntax를 활용하면 코드를 보다 간소화하면서도 효율적으로 작성할 수 있다.

```
[{"/:api/[:what]", mon_http, []}]
```

위와 같이 설정하면, /A 혹은 /A/B로 설정한 API에 대해서 모두 handler로 설정한 mon_http module이 실행될 것이다. 그리고 A는 api라는 key에 바인딩binding 될 것이고, B 부분은 what이라는 key에 바인딩 될 것이다. what 부분을 대괄호로 묶은 이유는 생략이 가능하도록 하기 위해서이다. 바인딩된 값을 어떻게 활용할지는 mon_http.erl을 수정할 때 살펴보기로 하고 우선은 mon_app.erl을 수정해보자.

```
45    %% Cowboy Router 설정
46    Dispatch = cowboy_router:compile([
47        {'_', [
48            {"/:api/[:what]", mon_http, []}
49        ]}
50    ]),
```

변경된 부분은 48라인 한 줄뿐이다. **Run-Run-Compile**로 컴파일을 진행하고, **Run-Run-Start**로 서버를 실행시킨 후 테스트를 해보자. /hello/world가 정상으로 동작하는 것을 확인할 수 있을 것이다. 그리고 /join이나 /login 등 아무렇게나 입력해도 똑같이 동작하는 것을 볼 수 있다.

하지만 /a/b/c에는 동작하지 않는다. router pattern에 슬래시(/) 한 개 혹은 두 개까지 가능하도록 설정하였기 때문이다.

```
D:\>curl http://192.168.0.7:6060/hello/world
{"result":"Hello world!"}
D:\>curl http://192.168.0.7:6060/join
{"result":"Hello world!"}
D:\>curl http://192.168.0.7:6060/login
{"result":"Hello world!"}
D:\>curl http://192.168.0.7:6060/a/b/c

D:\>curl http://192.168.0.7:6060/a/b/
{"result":"Hello world!"}
D:\>
```

다시 코드를 다음과 같이 수정하고 해보자.

```
1    %% Cowboy Router 설정
2    Dispatch = cowboy_router:compile([
3        {'_', [
4            {"/:api/[:what/[:opt]]", mon_http, []}
5        ]}
6    ]),
```

컴파일하고, 서버를 다시 실행하는 것을 잊지 말자.

이번에는 /a/b/c에 대해서도 동작할 것이다. 이때 a는 api라는 key에, b는 what, c는 otp에 바인딩될 것이다. what과 opt 부분은 생략이 가능하다.

curl로 테스트 해보면 문제 없이 동작하는 것을 볼 수 있다.

```
D:\>curl http://192.168.0.7:6060/a/b/c
{"result":"Hello world!"}
```

이제는 바인딩된 값을 가져와서 정확히 지정해 놓은 API에 대해서만 동작하도록 handler 모듈로 설정한 mon_http를 수정해보자.

4-2-2 URL Parser

URL Parser는 /a/b/c 등의 URL 부분을 우리가 원하는 요청에 대해서 지정된 API를 실행하도록 분류하는 기능을 한다. 그렇게 하기 위한 기초 작업으로 방금 cowboy router를 수정하였고, mon_http.erl의 handle 함수를 다음과 같이 수정하여 실제로 Api, What, Opt 값을 얻어올 것이다.

```
18  handle(Req, State) ->
19      {Api, Req1} = cowboy_req:binding(api, Req),
20      {What, Req2} = cowboy_req:binding(what, Req1),
21      {Opt, Req3} = cowboy_req:binding(opt, Req2),
22
23      io:format("api=~p, what=~p, opt=~p ~n",[Api, What, Opt]),
24
25      {ok, Req4} = cowboy_req:reply(200, [
26          {<<"content-type">>, <<"text/plain">>}
27      ], <<"{\"result\":\"Hello world!\"}">>, Req3),
28      {ok, Req4, State}.
```

cowboy_req의 binding 함수를 이용해서, router에서 설정한 api, what, opt 값을 가져오고 해당값이 정확한지 실제로 값을 출력해보는 코드를 추가하였다. 여기서 잠깐, 코드를 수정한 후 기존 창을 닫고 IntelliJ를 이용해서 컴파일하고 실행하지 말고 이전에 실행해 놓은 얼랭 쉘을 그대로 두고도 컴파일을 할 수 있도록 얼랭의 Dynamic Code Loading 기능을 이용해보자.

4-2-3 Dynamic Code Loading

Dynamic Code Loading, 다른 말로는 Hot Code Loading이라고도 한다. 얼랭의 장점 중 하나로 **프로그램을 실행 중인 상태로 코드를 컴파일하고, 바로 프로그램에 적용할 수 있는 기능**을 말한다. 이 기능을 사용하면 실제 서버의 운영중에도 서비스의 중단 없이 실시간으로 업데이트가 가능하게 된다. 서버의 다운 시간을 현저하게 줄일 수 있다. 간단하게 직접 실습을 해보자.

얼랭 쉘로 가서 다음과 같이 입력한다.

```
Erlang/OTP 17 [erts-6.1] [64-bit] [smp:8:8] [async-threads:10]

Eshell V6.1  (abort with ^G)
1> start ok

1> c("src/mon_http.erl", [{outdir, "ebin"}]).
{ok,mon_http}
2>
```

함수 c()는 소스코드에서는 실행할 수 없고, 얼랭 쉘에서만 사용 가능한 Command Interface Module c[1]의 함수이다. 모듈 이름과 함수 이름이 같다. 모듈 이름인 c는 생략 가능해서, c()라고만 해도 되고, c:c() 이렇게 해도 된다. c()는 코드를 컴파일compile하고, 예전 버전의 모듈을 제거purge하고, 컴파일된 코드를 로드load하는 3가지 일을 동시에 해주는 기능을 한다.

c() 함수를 실행해서 방금 수정한 mon_http.erl을 컴파일하고, 예전에 있던 mon_http 모듈을 제거하고, 새로운 mon_http를 로딩한 것이다.

curl로 테스트 해보자.

```
D:\>curl http://192.168.0.7:6060/hello/world/
{"result":"Hello world!"}
D:\>curl http://192.168.0.7:6060/a/b/c
{"result":"Hello world!"}
```

얼랭 쉘 창에 다음과 같이 표시되면서 우리가 작성한 코드가 동작하는 것을 볼 수 있다.

....
1 http://www.erlang.org/doc/man/c.html

```
2> api=<<"hello">>, what=<<"world">>, opt=undefined
api=<<"a">>, what=<<"b">>, opt=<<"c">>
```

더 이해하기 쉽게 그림으로 설명하면,

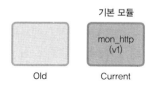

이렇게 mon_http 모듈이 존재하는 상태(편의상 버전을 v1이라 붙였다)에서, 새롭게 컴파일한 후 로딩하면, Current 버전의 모듈은 Old 버전이 되고, 새로 올라온 모듈이 Current module이 된다.

한번 더 리로딩Compile-Purge-Load하면 이전의 Current 버전의 모듈은 Old 버전이 되고, 새로운 모듈이 Current 버전이 된다. 처음에 존재했던 v1 버전의 mon_http는 아예 사라지게 된다.

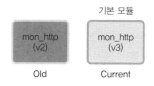

Dynamic Code Loading 기능을 잘 이용하면, 서버를 업데이트 할 때에 서버를 종료하지 않고 운영중인 상태로 업데이트를 진행할 수 있다. 서버의 다운타임downtime을 거의 제로에 가깝게 만들 수 있을 것이다. 이는 얼랭을 사용하면서 얻을 수 있는 큰 장점 중의 하나이다.

만약 컴파일은 IntelliJ에서 하고 얼랭 쉘에서는 로딩만 하고 싶다면 어떻게 하면 될까? 다음과 같이 함수 l()을 이용하면 된다.

```
2> l(mon_http).
{module,mon_http}
```

여러분 스스로 코드를 수정하고 IntelliJ에서 컴파일한 다음에 l()을 실행해보고 실제로 로딩이 되었는지 테스트 해보기 바란다. 함수 l()은 예전 버전의 모듈을 제거하고, 컴파일된 코드를 로딩하는 2가지 기능을 한다. 코드를 서버에서 컴파일하기 싫을 때에는 컴파일된 BEAM 파일만 가져다가 업데이트 하면 편리하다.

개발을 빠르게 진행할 때에는 계속 손으로 타이핑 하기가 귀찮을 때도 있다. 그럴 때는 프로그램이 알아서 컴파일을 하면 그것을 알아채고 모듈의 제거와 로딩을 자동으로 해주면 편리할 것이다. 직접 얼랭의 컴파일 관련 모듈을 이용해서 Code Reloading Module을 만들어 보자.

Module 이름은 mon_reloader로 정했다. 이제는 알아서 소스 디렉토리에 mon_reloader.erl 파일을 추가할 수 있을 것이라고 생각한다.

우선 현재 서버에 로딩된 모든 파일을 검사해서 모듈이 변경되었는지를 판단하는 함수를 만들 것이다. 이름은 check라고 짓자. 현재 서버에 로딩된 모든 파일은 `code:all_loaded()`라는 함수를 실행하면 알 수 있다.

```
3> code:all_loaded().
[{io,"c:/Program Files/erl6.1/lib/stdlib-2.1/ebin/io.beam"},
 {erl_distribution,"C:\\Program Files\\erl6.1/lib/kernel-3.0.1/ebin/erl_distribut
ion.beam"},
 {edlin,"c:/Program Files/erl6.1/lib/stdlib-2.1/ebin/edlin.beam"},
 {cowboy_clock,[100,58,47,68,114,111,112,98,111,120,47,87,
               114,105,116,105,110,103,47,50620,47021,51004,47196|...]},
 {zlib,preloaded},
 {error_handler,"C:\\Program Files\\erl6.1/lib/kernel-3.0.1/ebin/error_handler.be
am"},
 {io_lib,"c:/Program Files/erl6.1/lib/stdlib-2.1/ebin/io_lib.beam"},
 {ranch_app,[100,58,47,68,114,111,112,98,111,120,47,87,114,
             105,116,105,110,103,47|...]},
 {prim_eval,preloaded},
 {filename,"C:\\Program Files\\erl6.1/lib/stdlib-2.1/ebin/filename.beam"},
 {erts_internal,preloaded},
 {unicode,"C:\\Program Files\\erl6.1/lib/stdlib-2.1/ebin/unicode.beam"},
 {orddict,"c:/Program Files/erl6.1/lib/stdlib-2.1/ebin/orddict.beam"},
```

직접 실행해보면 Module과 Filename이 튜플로 나열된 리스트 형식의 리턴값을 확인할 수 있을 것이다. Filename에 있는 파일을 읽어서 변경 시간을 확인하고, 변경 시간이 바로 전에 체크한 시간보다 지나있다면 최근에 변경된 것이라고 보면 된다. 모듈에 따라서는 Filename이 아니라 다른 atom 값이 들어있는 경우가 있어서 Filename이 리스트 형식인지 확인해야 한다.

자동으로 진행되어야 하기 때문에 프로세스 형태로 계속 떠 있으면서, 특정 한 시간 단위로 지속적으로 전체 모듈을 체크해야 하는 기능이 필요하다.

-author("") 부분 아래부터 아래 코드를 추가하면 된다.

```
12  -include_lib("kernel/include/file.hrl").
13
14  %% API
15  -export([start/0, loop/1, reload/1]).
16
17  start() ->
18      Pid = spawn(mon_reloader, loop, [erlang:localtime()]),
19      timer:send_interval(timer:seconds(1), Pid, check).
20
21  loop(From) ->
22      receive
23          check ->
24              To = erlang:localtime(),
25              [check(From, To, Module, Filename)
26                  || {Module, Filename} <- code:all_loaded(), is_list(Filename)],
27              loop(To);
28          Other ->
29              io:format("~p~n",[Other]),
30              loop(From)
31      end.
32
33  check(From, To, Module, Filename) ->
34      case file:read_file_info(Filename) of
35          {ok, #file_info{mtime=MTime}} when MTime >= From, MTime < To ->
36              reload(Module);
37          _ ->
38              pass
39      end.
40
41  reload(Module) ->
42      io:format("Reloading ~p ...", [Module]),
```

```
43    code:purge(Module),
44    code:load_file(Module),
45    io:format(" ok. ~n").
```

〈mon_reloader.el 작성〉

아직 배우지 않은 부분들이 있어서 지금 당장 모든 코드를 이해하지 못해도 상관없다. 앞으로 계속 코드를 컴파일하고 새로 띄워야 하기 때문에 개발의 편의를 위해서 진도보다 앞선 부분들이 들어간 코드를 작성한 것이다. 찬찬히 살펴 보자.

-include_lib에서 file.hrl을 포함시킨 이유는 34라인에 #file_info 부분 때문이다. #을 붙인 것은 아직 설명하지 않은 Erlang의 record 형식인데 5장에서 자세히 설명할 테니 우선 넘어가겠다.

mon_reloader의 start, loop, reload 3개 함수는 외부에서 실행이 가능하도록 -export에 등록해 주었다.

start() 함수에서는 mon_reloader:loop(Erlang:localtime())를 프로세스를 생성해서 실행하도록 한다. 프로세스를 생성하는 함수는 spawn()인데, 보다 자세한 내용은 6장에서 설명할 예정이다. 생성한 프로세스에게 timer를 이용해서 1초 간격으로 check라는 메시지를 전송하게 된다. timer를 생성하지 않고 프로세스 자체적으로 1초 간격으로 스스로에게 메시지를 전송하는 것이 효율적이지만, 우선 이렇게 작성하였다. 6장에서 코드를 조금 효율적으로 변경해보도록 하자.

loop() 함수의 receive 부분이 프로세스의 동작을 의미한다. check라는 메시지를 받으면 code:all_loaded() 함수를 실행하되, Filename이 리스트 값인 것에 한해서 check() 함수를 실행하고, 다시 대기 상태로 들어간다. [구문 || 패턴 <- 데이터]은 Erlang의 list comprehensions[2] 중 하나이다. 어떻게 사용하는지는 아래 예제를 실행해보면 이해가 될 것이다.

```
1> [X || X <- [1,2,3,4,5], X > 3].
[4,5]
2> [{X+1, Y+1} || {X, Y} <- [{1,2}, {2,3}, {3,4}]].
[{2,3},{3,4},{4,5}]
```

....
2 http://www.erlang.org/doc/programming_examples/list_comprehensions.html

1라인은 [1,2,3,4,5]의 하나하나를 X에 대입하되, X는 3보다 큰 값들이라는 뜻이다. 2라인은 우리가 작성한 것과 비슷한데, 튜플 형식를 X, Y로 대입하고, 이를 하나씩 더하라는 뜻이다.

check() 함수는 모듈 beam 파일을 읽고 변경 시간을 계산해서 reload() 함수를 실행하는 역할을 한다. file_info record의 mtime이라는 항목을 이용한다.

reload()에서는 code:purge(Module)를 이용해서 모듈을 내리고, code:load_file(Module)을 실행해서 새로운 모듈을 로딩한다.

작성이 완료되었으면 mon_app.erl에 mon_reloader:start()를 실행하는 코드를 추가한다. 56, 57라인이다.

```
56      %% Code reloader 실행
57      mon_reloader:start(),
58
59      case mon_sup:start_link() of
60          {ok, Pid} ->
61              io:format("start ok~n"),
62              {ok, Pid};
63          Error ->
64              Error
65      end.
```

〈mon_app.erl 수정〉

컴파일을 한 뒤, Start를 실행해서 서버를 실행한다. 그리고 curl을 이용해서 테스트 해보자. 우선 curl을 이용해 패킷을 하나 전송해서 잘 동작하는지 보고, mon_http의 23~24라인 부분의 io:format("api=~p, what=~p, opt=~p ~n",[Api, What, Opt]), 부분을 수정해서 메시지를 바꾼 다음 컴파일을 해서 제대로 로딩이 되나 보자.

아래 예제는 io:format("Modified api=~p, what=~p, opt=~p ~n",[Api, What, Opt]), 라고 수정한 다음에 전송해보고, 다시 Modified라는 글자를 지우고 테스트 해본 결과 이다.

```
1> api=<<"hello">>, what=<<"world">>, opt=undefined
Reloading mon_http ... ok.
Modified api=<<"hello">>, what=<<"world">>, opt=undefined
Reloading mon_http ... ok.
api=<<"hello">>, what=<<"world">>, opt=undefined
```

코드를 수정하고 컴파일하면 해당 모듈을 바로 리로딩Reloading하는 것을 확인할 수 있다. 잘 동작하는지 여러 번 테스트 해본다. 앞으로는 특별한 경우가 아니고는 컴파일만 수행하면 바로 서버에 적용되어 편리할 것이다.

주의!

6장에서 프로세스를 생성하는 법을 배우겠지만, 관련된 부분이라 미리 설명을 해둔다. 만약 새로 컴파일 해서 로딩한 모듈이 이전에 프로세스로 띄워 있을 경우(예를 들어 mon_reloader.erl의 경우 같이 프로세스로 생성한 부분이 있는 경우)에는 주의해야 할 점이 있다. 컴파일을 해서 새로운 모듈이 올라가더라도 해당 프로세스는 예전 모듈을 참조하고 있기 때문이다.

Erlang은 한번에 Current 버전과 Old 버전의 모듈, 이렇게 두 개 버전의 모듈을 유지하고 있다. 첫번째 리로딩 후 처음에 있던 모듈이 Old 버전이 되고, 두 번째 리로딩을 진행할 경우 Old 버전이었던 모듈이 아예 사라지면서 해당 프로세스는 고아가 되고, 이 프로세스를 Erlang VM이 죽이게 되니 꼭 주의하도록 한다. 테스트 삼아서 mon_relaoder를 두번 컴파일 하면 mon_reloader가 동작하지 않을 것이다. mon_reloader 프로세스가 죽었기 때문이다. 이를 막으려면 그 프로세스에게 새로운 모듈을 참조하라고 메시지를 보내 주어야 한다.

프로세스가 새로운 모듈을 참조하려면 함수를 실행할 때 함수만이 아니라 모듈 전체의 이름을 포함해서 실행하면 된다. 즉 그냥 loop()이 아니라 mon_reloader:loop()을 실행하면 된다. 해당 부분의 코드를 추가해보자. 딱 두 줄이면 된다.

```
21 loop(From) ->
22     receive
23         check ->
24             To = erlang:localtime(),
25             [check(From, To, Module, Filename)
26                 || {Module, Filename} <- code:all_loaded(), is_list(Filename)],
27             loop(To);
```

```
28        update ->
29            ?MODULE:loop(From);
30        Other ->
31            io:format("~p~n",[Other]),
32            loop(From)
33    end.
```

〈mon_reloader.el 코드 추가〉

28, 29 라인에 해당 프로세스가 update란 메시지를 받게 되면 그냥 loop()을 실행하는 것이 아니라 ?MODULE:loop()을 실행하도록 했다. ?MODULE은 미리 정의된(pre-define)된 값으로 컴파일러가 mon_reloader로 대체한다. 즉 mon_reloader:loop()을 실행한 것이다. 이렇게 실행하는 것만으로 프로세스는 최신의 모듈 버전을 찾아서 실행하게 된다.

아직 완성된 것은 아니다. 프로세스에게 수동으로 update를 보내주어야 하는 단점이 있다. 이 부분은 6장에서 보완하도록 하고 다시 로그인 부분으로 돌아가자.

4-2-4 /login, /join

이제 바인딩한 값을 가지고 따로따로 함수를 분리해보자. /login과 /join 그리고 /hello/world 요청이 왔을 때 각각 다르게 동작하도록 함수를 작성하는 것이다.

```
1 handle(Req, State) ->
2     {Api, Req1} = cowboy_req:binding(api, Req),
3     {What, Req2} = cowboy_req:binding(what, Req1),
4     {Opt, Req3} = cowboy_req:binding(opt, Req2),
5
6     io:format("api=~p, what=~p, opt=~p ~n",[Api, What, Opt]),
7
8     Reply = handle(Api, What, Opt, Req3),
9
10    {ok, Req4} = cowboy_req:reply(200, [
11        {<<"content-type">>, <<"text/plain">>}
12    ], Reply, Req3),
13    {ok, Req4, State}.
14
15 handle(<<"login">>, _, _, _) ->
16     <<"{\"result\":\"login\"}">>;
17 handle(<<"join">>, _, _, _) ->
18     <<"{\"result\":\"join\"}">>;
```

```
19 handle(<<"hello">>, <<"world">>, _, _) ->
20     <<"{\"result\":\"Hello world!\"}">>;
21 handle(_,_,_,_) ->
22     <<"{\"result\":\"error\"}">>.
```

〈mon_http.erl 코드 추가〉

아래 부분에 인자값을 4개를 받는 handle(Api, What, Opt, Req3) 함수를 추가로 작성하였다. 이제는 요청한 값에 따라서 각각 다른 result 값을 받는다. 컴파일하고 테스트 해보자.

curl을 이용해서 테스트 한 결과값이다.

```
D:\>curl 192.168.0.7:6060/hello/world
{"result":"Hello world!"}
D:\>curl 192.168.0.7:6060/login
{"result":"join"}
D:\>curl 192.168.0.7:6060/join
{"result":"join"}
D:\>curl 192.168.0.7:6060/test
{"result":"error"}
```

다른 언어에서 흔히 볼 수 있는 if else 구문은 함수형 언어에서는 거의 사용하지 않는다. 일반적인 프로그래밍 언어에서도 if문을 남용하는 것은 문제를 발생시킬 수 있어 피해야 한다.[3] 얼랭에도 if 구문이 있긴 하지만 사용법이 조금 다르고, 일반적인 경우는 if else 대신에 함수를 직접 쓰는 것을 추천한다.

의사코드Pseudo code로 표현해보면 대략 이런 식일 것이다.

```
if (Api == join) {
    STATE1;
} else if (Api == join) {
    STATE2;
} else (Api == hello and What == world) {
    STATE3;
} else {
    ERROR;
}
```

....
3 http://antiifcampaign.com/

얼랭에서는 이렇게 작성한다. 아래 코드가 더 이해하기 쉽다.

```
f(login, _) -> STATE1;
f(join, _) -> STATE2;
f(hello, world) -> STATE3;
f(_,_) -> ERROR.
```

함수를 이용해 패턴 매칭 형식으로 코드를 작성하는 것이 얼랭의 방식이다. 패턴이 여러 개 있을 경우에는 함수의 끝에 세미콜론(;)을 붙이고, 마지막 부분에만 마침표 (.)를 붙인다.

handle/4[4] 함수 같은 경우가 이렇게 작성한 것이다. id와 password 데이터를 처리 하는 코드를 추가로 만들어 보자.

```
18  handle(Req, State) ->
19      {Api, Req1} = cowboy_req:binding(api, Req),
20      {What, Req2} = cowboy_req:binding(what, Req1),
21      {Opt, Req3} = cowboy_req:binding(opt, Req2),
22      %% 데이터 로딩
23      {ok, Data, Req4} = cowboy_req:body_qs(Req3),
24
25      io:format("api=~p, what=~p, opt=~p ~n",[Api, What, Opt]),
26
27      Reply = handle(Api, What, Opt, Data),
28
29      {ok, Req5} = cowboy_req:reply(200, [
30          {<<"content-type">>, <<"text/plain">>}
31      ], Reply, Req4),
32      {ok, Req5, State}.
33
34  handle(<<"login">>, _, _, Data) ->
35      Id = proplists:get_value(<<"id">>, Data),
36      Password = proplists:get_value(<<"password">>, Data),
37      case {Id, Password} of
38          {<<"testid">>, <<"testpass">>} ->
39              <<"{\"result\":\"ok\"}">>;
40          _ ->
41              <<"{\"result\":\"fail\"}">>
42      end;
```

....
4 handle(Req, State)처럼 인자값을 두개 받는 함수를 handle/2라고 표현하고, 그 아래에 인자값을 4개 받는 handle 함수 는 handle/4라고 표현한다.

23라인에 데이터를 읽어오는 부분이 추가되었다. cowboy_req:body_qs()는 HTTP의 Body 값을 읽어 온다. handle/4의 4번째 인자값도 Data로 변경되었고, 29 라인과 31, 32 라인도 같이 변경되었다.

/login을 처리하는 코드가 추가되었는데, Data에서 id와 password 값을 읽어오는 부분이다. proplists:get_value에서 첫번째 값은 key이고, 두번째 값이 Data이다. Data 중에서 key가 id인 것을 가져오라는 뜻이다. proplists는 {Key, Value} 형식의 튜플 값을 다루는 데 많이 사용한다. 예를 들어 [{apple, 4}, {orange, 3}]이 Data라고 했을 때 proplists:get_value(apple, Data)를 하면 4를 리턴한다. 얼랭 쉘 창에서 바로 테스트 해보면 이해가 쉬울 것이다.

```
1> Data = [{apple,4}, {orange, 3}].
[{apple,4},{orange,3}]
2> proplists:get_value(apple, Data).
4
3>
```

그렇게 받은 값을 각각 Id와 Password 변수에 넣고, case 구문으로 패턴매칭 해서 id와 password 값을 비교하였다. 테스트를 위해서 id는 testid라는 값일 때, password는 testpass라는 값일 때 로그인 성공 메시지를 보내주도록 작성해보았다. case 구문의 끝에는 end를 적는다.

컴파일 후 테스트 해보자. 데이터 값을 전송할 때는 curl에 -d 옵션을 이용하면 된다.

```
D:\>curl -d "id=testid&password=testp" 192.168.0.7:6060/login
{"result":"fail"}
D:\>curl -d "id=testid&password=testpass" 192.168.0.7:6060/login
{"result":"ok"}
```

테스트 아이디와 패스워드가 하드코딩 되었다는 것만 제외하면 모든 것이 잘 동작하는 것 같다. 실제 아이디와 패스워드를 이용하기 위해서 회원 가입 기능을 구현할 차례이다. 회원 가입 기능에는 필수적으로 아이디, 패스워드 데이터를 어딘가에 저장해야 할 필요성이 있다. 그래야 로그인할 때에 이를 비교해서 처리할 수 있기 때문이다.

얼랭에서 데이터를 저장하는 방법은 매우 많지만 지금 우리가 사용해 볼 것은 ETS와 Dets 모듈이다.

4-2-5 ETS와 Dets

ETS_{Erlang Term Storage}는 얼랭에 내장된 메모리 데이터베이스이다. 가볍고 빠른 Key, Value 방식의 NoSQL 데이터베이스로 Erlang VM에 내장되어 있다. Dets는 Disk ETS라고 생각하면 된다. ETS 기능을 파일 베이스로 만든 버전이 Dets다. ETS는 메모리에 데이터를 저장하기 때문에 서버가 꺼지면 데이터가 소멸되지만, Dets는 파일에 저장되기 때문에 데이터의 분실 위험은 사라진다. 다만 ETS에 비해서 속도가 느리고, 테이블 하나당 2GB의 용량 제한이 있다.

사실 ETS와 Dets를 데이터베이스라고 하기에는 부족한 점이 있다. 얼랭에는 ETS와 Dets의 기능을 가지고, 트랜잭션과 분산처리 기능을 추가해서 만든 Mnesia라는 꽤 쓸만한 데이터베이스가 내장되어 있다. Mnesia는 5장에서 살펴보기로 하고 지금은 ETS를 이용해서 유저의 아이디와 패스워드를 저장해보자.

ETS의 모든 기능은 ets 모듈에 BIFs_{built-in functions}로 구현되어 있다. BIFs는 얼랭 VM 내부에 내장된 함수들을 의미한다. 얼랭 모듈이지만 C언어로 작성되어 있어 속도가 빠르다. 예를 들면 is_list() 같은 함수들처럼 얼랭 모듈의 함수이지만, `erlang:is_list()`라고 하지 않고 앞에 `erlang:`을 생략해도 되는 함수들도 BIFs다. 얼랭 모듈은 자동으로 import 되어 있어서 함수 이름을 생략해도 된다. lists 모듈도 효율성을 위해서 BIFs로 구현되어 있고, ets도 그렇다. 그럼 원하는 사람은 아무나 C로 코드를 짜서 얼랭과 연동시킬 수 있을까? 그렇다. 특정 함수를 C로 작성하고 싶은 사람은 Erlang 소스코드를 고칠 필요 없이 NIFs[5]로 구현하면 된다. 이 책에서는 다루지 않으니 궁금한 사람은 주석의 링크를 확인하도록 한다.

ETS에 데이터를 저장하기 위해서는 먼저 테이블을 생성해야 한다. 테이블에는 얼랭의 튜플 형식만 저장할 수 있으며, 튜플에는 어떤 값이 들어가든 상관이 없다.

```
{Id, Password}
```

....
5 http://www.erlang.org/doc/tutorial/nif.html

우리는 이렇게 저장을 하면 된다. 기본적으로 튜플의 첫번째 값이 기본키primary key가 된다. 즉 여기서는 Id가 기본키이다.

ETS 테이블의 타입은 set, ordered_set, bag, duplicate_bag 이렇게 4가지가 있다.

set은 테이블에 오직 하나의 key에 대한 object만 허용된다. 예를 들어 튜플의 첫번째 값이 key라고 했을 때 {apple, 1}을 입력하고 나서 {apple, 2}를 입력하면 {apple, 1}은 지워지고 {apple, 2}만 남게 된다. apple이라는 key를 가지고 있는 데이터는 하나만 허용되는 것이다. ETS 테이블에 아무런 설정도 하지 않았을 때의 기본값이다. 쓰기, 지우기, 탐색에 대한 Time complexity는 O(1)이다.

ordered_set은 set과 마찬 기지로 하나의 key에 대한 object만 허용되지만, 테이블의 데이터들이 입력될 때 정렬된다. 작은 것부터 큰 순서대로 오름차순으로 정렬된다. set과 다르게 알고리즘 성능은 O(log n)이다.

bag은 같은 key에 대해서 중복 데이터가 가능하다. 하지만 전체 object가 허용되는 것은 아니다. {orange, 1, 500}, {orange, 2, 400} 이렇게는 입력이 되지만, {orange, 2, 400}을 또 입력했을 때는 무시된다.

duplicate_bag은 key에 대해서 중복 데이터가 가능하고, object 전체가 일치해도 상관이 없다. 완전히 동일한 object가 여러 개 입력이 가능하다.

또 한 가지 중요한 옵션으로 Access가 있는데, 접근 권한이라고 생각하면 된다. 기본적으로 테이블을 생성한 프로세스가 소유자가 된다. Access 옵션에는 public, protected, private이 있다.

public은 어떤 프로세스든지 해당 table에 읽고 쓰기가 가능하다.

protected는 해당 테이블의 소유자는 읽고 쓰기가 가능하지만, 다른 프로세스들은 읽기만 가능하다. ETS 테이블의 기본 설정값이다.

private는 해당 테이블의 소유자만 프로세스를 읽고 쓰기가 가능하다.

그 밖에 자주 사용하는 옵션으로는 named_table이 있는데, 해당 테이블에 특정한 이름을 부여하고 싶을 때 사용한다. named_table 옵션을 생략하고 ETS 테이블을 생성하면 숫자로 된 id 값을 이용해서 테이블에 접근해야 한다.

테이블 생성은 ets:new() 함수를 이용하고, 입력은 ets:insert() 함수이다. 값을 읽을 때는 ets:lookup()을 사용한다. 아래는 간단한 예제이다.

```
3> ets:new(test_table, [public, named_table]).
test_table
4> ets:insert(test_table, {apple, 1}).
true
5> ets:insert(test_table, {apple, 2}).
true
6> ets:lookup(test_table, apple).
[{apple,2}]
```

기본 설정이 set이기 때문에 {apple,1}은 삭제되고, {apple, 2}만 불러오는 것을 알 수 있다. 사용법이 아주 간단하니 바로 서버에 적용해보자.

ETS 테이블의 생성은 mon_app module에 작성하도록 한다. 테이블 이름은 users_list로 정한다. 오타에 주의하도록 한다.

```
56      %% Code reloader 실행
57      mon_reloader:start(),
58
59      %% ETS table 생성
60      ets:new(users_list, [public, named_table]),
```

〈mon_app.erl 코드 추가〉

회원 가입 부분을 작성한다. Id와 Password를 바로 받아서 users_list 테이블에 저장한다.

```
43 handle(<<"join">>, _, _, Data) ->
44      Id = proplists:get_value(<<"id">>, Data),
45      Password = proplists:get_value(<<"password">>, Data),
46      ets:insert(users_list, {Id, Password}),
47      <<"{\"result\":\"join\"}">>;
```

〈mon_http.erl 코드 추가〉

컴파일 후에 자동으로 리로딩되겠지만, 서버를 다시 실행해야 한다. mon_app 부분은 서버 시작 시 한번만 실행되는 부분이기 때문이다.

curl을 이용해 테스트 해본다.

```
D:\>curl -d "id=joe&password=mypass" http://192.168.0.7:6060/join
{"result":"join"}
```

Erlang 쉘에서 잘 동작했는지 확인해 보자.

```
Erlang/OTP 17 [erts-6.1] [64-bit] [smp:8:8] [async-threads:10]

Eshell V6.1  (abort with ^G)
1> start ok

1> api=<<"join">>, what=undefined, opt=undefined

1> ets:lookup(users_list, <<"joe">>).
[{<<"joe">>,<<"mypass">>}]
```

ets:lookup()으로 확인해 보면 제대로 입력된 것을 확인할 수 있다.

서버에 생성된 전체 ETS 테이블 리스트를 보고 싶으면 ets:i() 함수를 실행한다.

```
2> ets:i().
 id                   name              type size  mem    owner
 -----------------------------------------------------------------------
 13                   code              set  303   15495  code_server
 4110                 code_names        set  56    7357   code_server
 8207                 shell_records     ordered_set 0    93       <0.26.0>
 ac_tab               ac_tab            set  19    1503   application_controller
 cowboy_clock         cowboy_clock      set  1     316    cowboy_clock
 file_io_servers      file_io_servers   set  0     303    file_server_2
 global_locks         global_locks      set  0     303    global_name_server
 global_names         global_names      set  0     303    global_name_server
 global_names_ext     global_names_ext  set  0     303    global_name_server
 global_pid_ids       global_pid_ids    bag  0     303    global_name_server
 global_pid_names     global_pid_names  bag  0     303    global_name_server
 inet_cache           inet_cache        bag  0     303    inet_db
 inet_db              inet_db           set  23    492    inet_db
 inet_hosts_byaddr    inet_hosts_byaddr bag  0     303    inet_db
 inet_hosts_byname    inet_hosts_byname bag  0     303    inet_db
```

```
inet_hosts_file_byaddr inet_hosts_file_byaddr bag    0        303        inet_db
inet_hosts_file_byname inet_hosts_file_byname bag    0        303        inet_db
ranch_server       ranch_server       ordered_set 4      186        ranch_sup
timer_interval_tab timer_interval_tab set    2      343        timer_server
timer_tab          timer_tab          ordered_set 2      147        timer_server
users_list         users_list         set    1      322        <0.36.0>
ok
3>
```

맨 아래에 `users_list` 테이블이 생성되어 있는 것을 확인할 수 있다.

입력된 id와 password 값을 이용해서 로그인할 수 있도록 로그인 함수 부분도 수정하도록 한다.

```
34 handle(<<"login">>, _, _, Data) ->
35     Id = proplists:get_value(<<"id">>, Data),
36     Password = proplists:get_value(<<"password">>, Data),
37     case ets:lookup(users_list, Id) of
38         [{Id, Password}] ->
39             <<"{\"result\":\"ok\"}">>;
40         _ ->
41             <<"{\"result\":\"fail\"}">>
42     end;
```

〈mon_http.erl 코드 수정〉

컴파일하기 전에 테스트 해보고 컴파일 후 `Reloading mon_http … ok.`가 출력된 후에 테스트를 해본다.

```
D:\>curl -d "id=joe&password=mypass" http://192.168.0.7:6060/login
{"result":"fail"}
D:\>curl -d "id=joe&password=mypass" http://192.168.0.7:6060/login
{"result":"ok"}
```

성공적으로 동작하는 것을 확인하였다! 다른 id와 password로도 테스트 해봐도 좋다. 한 가지 빠진 부분이 있는데, 가입 명령어에서 Id 중복 확인 기능이 빠져 있다. Id 중복 확인을 하려면 `ets:insert()` 대신에 `ets:insert_new()` 함수를 사용하면 된다. `insert_new` 함수는 insert와 기능이 동일하지만 중복 Key가 존재할 때 데이터를 덮어쓰는 대신 false를 리턴하는 점이 다르다.

```
43 handle(<<"join">>, _, _, Data) ->
44     Id = proplists:get_value(<<"id">>, Data),
45     Password = proplists:get_value(<<"password">>, Data),
46     case ets:insert_new(users_list, {Id, Password}) of
47         false ->
48             <<"{\"result\":\"duplicated\"}">>;
49         true ->
50             <<"{\"result\":\"join\"}">>
51     end;
```

〈mon_http.erl Id 중복 확인 기능 추가〉

이미 알고 있겠지만, ETS는 모든 데이터를 메모리에 저장하기 때문에 서버를 종료하면 데이터도 사라진다. 데이터가 사라지는 것을 막기 위해서 Dets를 사용해보고자 하는 사람을 위해서 간단한 예제를 첨부한다. ETS와 사용법이 거의 비슷하다. 아래 예제를 참조해서 ets[6] 대신 dets[7]를 사용하도록 소스코드를 수정해봐도 좋은 공부가 될 것이다.

```
3> dets:open_file(test_table, [{type, set}]).
{ok,test_table}
4> dets:insert(test_table, {book, one}).
ok
5> dets:insert(test_table, {book, two}).
ok
6> dets:lookup(test_table, book).
[{book,two}]
7> dets:close(test_table).
ok
```

4-3 모바일 앱 연동

모바일 클라이언트를 이용해 지금까지 작성한 서버를 테스트 해보자. 특별히 설명하지 않아도 될 정도로 테스트는 간단하다.

....

6 http://www.erlang.org/doc/man/ets.html

7 http://www.erlang.org/doc/man/dets.html

회원가입 메뉴를 고르고, Username과 Password를 입력하여 JOIN을 눌러 가입하고, 완료되었다면 로그인 메뉴에서 접속이 되는지 테스트 해본다.

4-4 문제점

지금까지 작성한 서버는 몇 가지 문제점이 있다. 첫번째는 데이터베이스의 부재이다. ETS는 메모리에 저장되는 것이라 유저 데이터를 안전하게 저장하기에는 알맞지 않으며, 이를 해결하기 위해 파일에 저장하는 Dets를 쓰면 되긴 하겠지만, 테이블 하나당 2G Bytes의 제한 때문에 대량의 데이터를 처리하기에는 적절하지 못하다.

두 번째 문제는 유저의 세션이 없다는 것이다. 로그인하면 무한정 로그인 된 상태가되고, 로그아웃 개념이 없다. 게다가 동시에 같은 유저가 여럿이 접속을 해도 인식하지 못하고 있다. 이를 위해 세션 기능을 넣어야 한다.

데이터베이스는 5장에서 다룰 것이고, 세션을 추가하는 작업은 6장에서 살펴보도록 할 것이다.

5장
데이터베이스

얼랭은 다른 프로그래밍 언어와 마찬가지로 어떤 데이터베이스든 연동이 가능하다. 전통적인 관계형 데이터베이스부터 최근 나오는 NoSQL 데이터베이스까지 상황에 따라 선택하면 된다. 데이터베이스와 연동을 위해서는 ODBC를 사용해도 되고 , 관련된 데이터베이스 라이브러리들을 다운받아서 이용해도 된다.

사실 얼랭은 딱히 외부의 데이터베이스 프로그램을 찾지 않아도 된다. 4장에서 배운 ETS나 Dets를 사용해도 되고, 얼랭에 내장되어 있는 Mnesia라는 데이터베이스를 사용해도 된다. 이번에는 4장에서 ETS로 만든 부분을 Mnesia를 이용하도록 코드를 수정해보도록 하겠다.

4-1 데이터베이스란

웹 서버든 게임 서버든 대부분의 서버는 중요한 데이터를 어딘가에 어떤 방식으로든 저장해야 하고, 상용 서비스 수준의 많은 양의 데이터를 관리하기 위해서는 데이터베이스를 필수적으로 사용해야 한다.

몇 년 전만 하더라도 데이터베이스 하면 관계형 데이터베이스Relational Database, RDBMS만을 떠올리는 것이 일반적이었다. 관계형 데이터베이스는 관계형 모델을 기초로 한 데이터베이스를 말한다. 데이터를 표의 형태, 즉 테이블 형태로 표현하는 것이라고 생각하면 알기 쉽다.

상품 테이블의 예제이다. 세로축 가장 상단에 적힌 상품번호, 이름, 가격은 Column 이나 Field 혹은 Attribute라고 부른다. 표를 구성하는 항목들의 제목이다. 그리고 각각의 행을 Row나 Tuple 혹은 Record라고 부른다. 1, 사과, 5000은 하나의 Row이다. 이런 데이터의 집합을 Table 혹은 Relation이라고 부른다.

상품번호	이름	가격
1	사과	5000
2	배	10000
3	딸기	3000

이런 테이블을 여러 개 생성해서 다양한 연산을 할 수 있게 된다. 가령 아래와 같은 상품 할인 테이블을 만들어서 결합해서 사용할 수도 있다. 상품번호를 Key로 하여 사과는 1번이니까 사과의 가격은 5000원, 할인 가격은 1000원임을 알 수 있다.

상품번호	할인가격
1	1000
2	3000
3	4000

이런 식으로 관계형 데이터베이스는 데이터의 종류에 따라서 다양한 테이블을 생성해서 사용하게 된다.

테이블간의 관계는 E-R 모델(Entity-Relationship model, 개체-관계 모델)로 나타내는데, 위에서 예를 든 상품 테이블과 상품 할인 테이블의 관계는 1:1 관계이다. 데이터베이스를 설계하는 것, 흔히 정규화normalization라고 하는 과정에서 E-R 모델과 이것을 그림으로 표현한 E-R 다이어그램Entity-Relationship Diagram은 필수적으로 만들어야 하는 문서이다. 더 자세한 내용은 데이터베이스를 공부하면 알 수 있을 것이다.

관계형 데이터베이스의 종류는 꽤 다양해서 프로젝트의 예산과 규모에 따라 오라클Oracle이나 마이크로소프트 SQL서버, 오픈소스 진영에서 유명한 MySQL[1], PostgreSQL[2], MariaDB[3], 기타 Sybase나 CUBRID 등등 중에 선택을 하면 되었다. 프로그램의 종류에 따라서 다르기는 하지만 SQLStructured Query Language이라는 관계형 데이터베이스 전용 언어를 사용하고 있다는 공통점이 있다.

[그림 5-1] 다양한 RDBMS들에서 선택해야 한다.

21세기에 들어 데이터베이스 진영에 또 다른 선택지가 생겨났다. 바로 NoSQL이다. NoSQL은 어느 날 어떤 사람이 뚝딱 하고 만들어낸 것이 아니다. 인터넷과 소셜네트워크, 스마트폰의 발전으로 사용자수가 늘면서 데이터베이스가 처리해야 할 데이터의 양이 기하급수적으로 늘기 시작했다. 개발자들은 더 많은 데이터를 처리하기 위해서 이미 설명한 대로 컴퓨터의 CPU나 메모리 등을 업그레이드 하거나 (scale up 혹은 vertical scaling/수직 확장), 더 많은 수의 장비를 이용하는 (scale out 혹은 horizontal scaling/수평 확장) 방법을 사용해야 했다. 이렇게 많은 수의 장비를 하나의 장비처럼 묶음으로 이용해서 데이터를 처리하는 것을 클러스터링이라고 한다.

....
1 http://www.mysql.com/

2 http://www.postgresql.org/

3 https://mariadb.org/

여기서 문제가 생겼다. 관계형 데이터베이스는 애초에 클러스터링을 고려하지 않고 설계되었던 것이다. 지금까지 얼랭의 장점이라고 소개했던 분산처리라든가, 병렬처리 기능과 같이 복제replication나 분산 데이터 저장 기능을 관계형 데이터베이스에서는 생각하지 않고 만들어진 것이다. 오직 한대의 장비에서 동작하도록 만들어져 있다. 오라클 RAC Real Application Cluster이라든지 몇몇 제품에서 여러 방법을 통해 지원하고 있긴 하지만, 결국 거대한 하나의 공유 시스템이 필요하다는 것에서 한계가 있고, 제약이 존재한다. 게다가 서버가 늘어나면 시스템 자체의 비용과 라이선스 비용도 일반적인 벤처기업은 감당하기 힘들 정도로 비싸다.

물론 데이터를 특정 그룹으로 분리해서 서버 별로 따로 처리하도록 하는 샤딩sharding이라는 개념을 사용할 수 있다. 예를 들면 사용자 데이터는 1번 서버에, 결제 데이터는 2번 서버에 저장하거나, 혹은 사용자 A부터 J까지는 1번 서버에, K부터 T까지는 B서버에 저장하는 식이다. 단점은 어플리케이션이 모든 샤딩을 제어해야 한다는 점이다. 이를 지원하는 서드파티 프로그램들이 존재하기도 하지만 샤딩을 쓰면서 관계형 데이터베이스의 장점이라고 생각했던 쿼리, 트랜잭션 등을 제대로 사용할 수 없게 된다. 데이터베이스가 해야 할 일을 어플리케이션이 해야 하는 것이다.

아래 단락에서 설명하겠지만, 애초에 이론상의 문제인지라 앞으로도 이를 확실하고 효율적으로 해결할 방법은 없어 보인다. 프로그래밍 개발의 문제도 있다. 관계형 데이터베이스는 프로그램의 코드와 실제 데이터를 저장하는 방식에서 괴리감이 있다. 메모리에서는 하나의 객체로 깔끔하게 보이지만, 실제로 관계형 데이터베이스에 저장할 때는 정규화 과정에 따른 여러 테이블의 여러 행으로 쪼개져야 하기 때문이다. 그래서 관계형 데이터베이스의 테이블 관계 구조를 전문적으로 설계하는 DBA라는 직업이 존재하기도 한다.

이런 상황에서 새로운 데이터 저장 방법을 고려하지 않을 수가 없다. 구글에서 발표한 논문인 〈Bigtable: A Distributed Storage System for Structured Data〉[4]와 아마존에서 발표한 논문인 〈Dynamo: Amazon's Highly Available Key-value

....
4 http://goo.gl/Qj4rUc

Store〉[5]의 영향을 받은 오픈소스 데이터베이스 프로그램들이 생겨나기 시작했다. NoSQL은 새로운 데이터베이스에 대한 모임 이름이었다. NoSQL이 이런 새로운 데이터베이스들을 전체적으로 지칭하는 용어로 쓰이고 있지만, 새로운 데이터베이스들은 관계형 데이터베이스처럼 하나의 개념으로 설명할 수 없을 만큼 다양한 개념들이 존재한다.

Key-Value 기반의 데이터베이스에는 Riak[6], Redis[7] 등이 유명하고, Document 기반의 데이터베이스에는 MongoDB[8], Couchbase[9], CouchDB[10]가, 그래프 기반 데이터베이스는 Neo4J[11], 칼럼 기반 데이터베이스는 Cassandra[12], HBase[13] 등이 유명하다. 4가지로 분류는 했지만, 같은 항목이라고 해서 완전히 같지도 않고, 다른 항목이라고 완전히 다르지도 않다. Document 기반이라고 해서 Key-Value 구조가 안 쓰이는 것도 아니고, Key-Value 기반이라고 해서 Document 개념이 없는 것도 아니다. 각각의 제품마다 특성이 다르다.

굳이 NoSQL을 통합해서 말하면 관계형 모델을 쓰지 않고 분산 처리가 용이하여 클러스터로 동작이 가능한 오픈소스 데이터베이스다. NoSQL이라는 이름답게[14] SQL을 사용하지 않는 것이 대부분이지만, 편의성 차원에서 SQL 구문을 일부 지원하는 프로그램도 있어 이 말은 맞지 않는 것 같다.

....
5 http://www.allthingsdistributed.com/files/amazon-dynamo-sosp2007.pdf
6 http://basho.com/riak/
7 http://redis.io/
8 http://www.mongodb.org/
9 http://www.couchbase.com/kr
10 http://couchdb.apache.org/
11 http://www.neo4j.org/
12 http://cassandra.apache.org/
13 http://hbase.apache.org/
14 NoSQL을 Not Only SQL의 약자라고 하기도 한다.

[그림 5-2] 더 다양한 NoSQL 데이터베이스들

NoSQL은 관계형 데이터베이스로는 해결하기 힘든, 빅데이터 혹은 복잡한 관계를 가진 데이터의 처리, 실시간 어플리케이션의 데이터 저장 공간으로 점점 많이 사용되고 있다. 그렇다고 해서 NoSQL이 관계형 데이터베이스를 대체할 것이라고 생각하지는 않는다. 작은 쇼핑몰 사이트를 구축하는 데 굳이 NoSQL을 사용할 필요는 없다. 관계형 데이터베이스가 갖고 있는 안정성, 범용성, 쉬운 사용법, 다양한 툴의 지원 등은 우리가 데이터베이스를 선택해야 할 때 관계형 데이터베이스를 선택할 수 있는 이유 중 하나이다. 프로그래밍의 생산성 부분에서는 스키마를 정의할 필요가 없는 NoSQL 데이터베이스가 유리할 것이다. 그러나 제품마다의 특성을 정확히 파악해서 자신이 개발하는 프로그램에 맞는지를 먼저 살펴보는 것이 필요하다.

서버 개발자의 입장에서는 더 좋은 제품들이 나오는 것에 대해서 행복해 해야 할지, 아니면 연구해야 할 것이 늘어나서 괴로워해야 할지 복잡한 심정일 수 있겠지만, NoSQL은 데이터를 처리하는 데에 한 가지 옵션으로 앞으로 다양한 쓰임이 있을 것임은 틀림없다.

5-1-1 ACID 트랜잭션

ACID 트랜잭션Transaction이 무엇인지 모르고도 데이터베이스 연동 프로그래밍을 했던 사람들은 이번 기회에 알고 넘어가기 바란다. 간단한 업무를 수행하는 데에는 문제가 없을지 몰라도 서버 프로그래머는 이해하고 있어야 한다.

Atomicity
Consistency
Isolation
Durability

ACID 트랜잭션은 관계형 데이터베이스에서 여러 개의 SQL 연산을 하나의 단일 트랜잭션으로 처리하는 것을 의미한다. 여러 개의 테이블에 대해서 읽고 쓰고 하는 행동을 하나의 연산처럼 사용하는 것이다. **ACID라는 단어는 분해할 수 없이 원자적이고**Atomicity, **일관된 데이터를 유지하고**Consistency, **고립되어 다른 연산이 끼어들 수 없고**Isolation, **데이터가 영원히 반영된 상태로 있는**Durability 것을 의미한다. 다 비슷비슷한 느낌의 단어들이라 억지로 만든 용어처럼 보이지만, 관계형 데이터베이스의 트랜잭션이 뭐냐고 물었을 때 ACID라고 대답하면서 좀 있어 보이는 느낌을 주는 데 사용할 수 있다.

ACID 트랜잭션에서 가장 중요한 개념은 원자성Atomicity일 것이다. 여러 개의 SQL 연산이 하나의 연산처럼 동작해야 한다. 어느 것 하나라도 실패했다면 모든 연산이 실행되지 않아야 한다. 일관성Consistency은 같은 시점에 접속하는 클라이언트들은 항상 같은 데이터를 보고 있어야 한다는 것이다. 동일한 시간에 A와 B가 요청을 했을 때 A가 본 데이터와 B가 본 데이터가 다르다면 아주 기본적인 일관성이 보장되지 않은 것이다. 일관성은 기본적인 경우부터 아주 복잡한 상황까지 너무 많아서 여기서 다 설명하지 못한다. 고립성Isolation은 트랜잭션이 수행되는 동안에 다른 연산이 끼어들지 못한다는 것이다. 영속성Durability은 트랜잭션이 완료된 이후의 데이터는 업데이트된 상태 그대로 영원히 반영되어 있다는 뜻이다.

다른 예를 들어보겠다. 4장에서 사용한 ets:insert() 함수의 매뉴얼을 찾아보면 Atomicity와 Isolation을 지원한다고 적혀있다. ets:insert()는 하나의 함수로 내부적으로도 하나의 연산으로 동작한다. 중간 단계가 없으며 분해할 수 없다. insert가 반정도 되다가 종료되고 그런 것이 없다. 100% 완료되어 데이터가 insert 되었거나 실패했거나 둘 중 하나다. 그것이 Atomicity다. ets:insert() 함수가 시작되고 종료될 때까지 다른 누구도 insert되는 중간에 끼어들 수 없다. 이는 Isolation을 지원한다는 것을 의미한다. 트랜잭션 수준의 consistency는 ETS에서 지원하지 않는다. 따라서 4장에서 회원 가입에서 사용한 ETS 코드는 엄밀히 말하면 특정한 상황에서 문제가 될 수 있어 실제로 사용하려면 수정이 필요하다. 원하는 사람은 직접 수정해보도록 한다.[15] Durability는 ETS가 메모리 데이터베이스라서 종료되면 사라지기 때문에 지원하지 않는다고 볼 수 있다.

NoSQL 데이터베이스는 대부분 ACID 트랜잭션을 지원하지 않는다. 하나는 관계형 데이터베이스가 아니기 때문에 트랜잭션이 필요 없거나 성능상 일부러 사용하지 않는 경우가 많기 때문이고, 또 하나는 일관성 때문이다. 관계형 데이터베이스처럼 하나의 장비에 데이터를 저장하지 않고 여러 대의 장비에 저장하는 것을 기본으로 하기 때문에 강력한 일관성Strong consistent이 보장되지 않는다. 이 말은 일관성을 전혀 보장하지 않는 비일관성이라는 뜻이 아니다. ACID 트랜잭션에서 의미하는 개념의 일관성이 아닌 다른 일관성(예를 들면 결과적 일관성Eventually Consistent)을 지원한다는 의미이다. 하지만 강력한 일관성을 지원하는 NoSQL도 있고, 트랜잭션을 지원하는 NoSQL도 있다. 제품과 버전에 따라 다르기도 하고 너무 빠르게 발전하고 있어서 정확히 말할 수 없긴 하다.

소규모의 관계형 데이터베이스만 사용해본 사람이라면 트랜잭션을 지원하지 않는다는 점에서 기겁할지도 모른다. 엔터프라이즈급 서비스를 관계형 데이터베이스로 구축해 본 사람은 어플리케이션 레벨에서 트랜잭션을 구현한 경우가 많았을 테니 놀라지 않을 수도 있겠다. NoSQL을 사용해보면 알겠지만 데이터를 나누는 방법에 따라서 트랜잭션이 필요 없도록 설계가 가능하고, 지원하지 않는다고 해도 제한적으로 지원한다든지 방법은 많으니 연구해보도록 한다.

---

15 힌트를 주자면 ets:safe_fixtable/2 함수를 이용하면 ETS도 강력한 일관성을 보장할 수 있다. 혹은 프로세스를 사용해도 된다.

5-1-2 CAP 정리

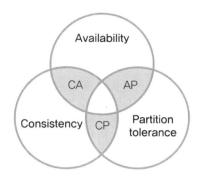

CAP 정리는 에릭 브루어Eric Brewer가 1998년 가을에 처음 작성하여 2000년에 PODC Principles of Distributed Computing에서 에릭 브루어의 추측으로 발표된 이론이다. 그 후 2002년에 세스 길버트Seth Gilbert와 낸시 린치Nancy Lynch가 증명하여, CAP 정리가 되었다.

CAP 정리에 의하면 시스템은 일관성Consistency, 가용성Availability, 분단 허용성Partition tolerance 세 가지 속성 중에서 두 가지만 가질 수 있다는 것이다. 위 그림에서 보이듯이 Consistency와 Availability를 합하면 CA, 혹은 Consistency와 Partition tolerance를 선택해서 CP, Availability와 Partition tolerance를 조합하면 AP가 된다. 세 가지 속성을 모두 포함한 시스템은 존재할 수 없다는 것이 CAP 정리이다. 피타고라스 정리처럼 증명이 된 정리이므로 죽었다 깨어나도 3가지 속성을 다 못 갖는다는 말이다. 그럼 각각의 속성을 하나씩 살펴보자.

일관성은 데이터를 저장하는 장비가 1대든 100대든 모든 장비에는 동일한 데이터가 저장되어 있어야 한다는 것이다. ACID 트랜잭션에서 의미하는 것이기도 하다. 어떤 데이터베이스의 속성에 C가 있다면 트랜잭션 기능 혹은 그와 비슷한 메커니즘이 존재한다는 뜻일 것이다.

가용성은 죽지 않은 상태의 모든 서버는 클라이언트에게 항상 정상 처리 응답을 보내주어야 한다는 것을 의미한다. 클라이언트가 읽기, 쓰기 요청을 하면 제대로 읽고 쓰는 작업을 해야 한다. 현재 시스템에 문제가 있어서 읽을 수 없다고 보내면 가용성이 보장되지 않는 것을 뜻한다. 이 이론에서 일반적으로 의미하는 가용성과 다른 점은 죽은 서버는 응답을 안 해도 된다는 것이다.

분단 허용성은 클러스터가 여러 대 동작하고 있을 때 해당 클러스터 사이에 접속이 단절되어 서로 통신을 할 수 없는 상황에서도 시스템이 잘 동작해야 한다는 것이다.

관계형 데이터베이스는 CA 시스템이다. 일관성(C)과 가용성(A)을 보장하되, 분단 허용성(P)은 보장하지 않는다. 이제 우리는 관계형 데이터베이스가 동시에 다량의 서버를 운용하는 클러스터링에 적합하지 않는 이론적인 이유를 설명할 수 있다.

10대의 서버 중에 5번 서버가 접속이 끊겨졌다고 생각해보자. CA라서 P는 지원하지 않으니까 전체 시스템이 잘 동작하지 않는 것은 이해가 간다. 그런데 CA를 지원하려면 연결이 끊어진 5번 서버 때문에 일관성과 가용성이 훼손되므로 아예 1번부터 10번까지 모든 서버를 중단시켜서 어떤 클라이언트도 서버와 통신할 수 없도록 해야 한다. 비효율적인 방법이고 거의 불가능한 방법이다. 네트워크는 때에 따라서 아주 작은 시간이라도 접속이 끊어질 수 있는 것이기 때문이다. 그래서 관계형 데이터베이스는 클러스터링으로 만들기가 어렵다.

해결책은? 간단하다. CA를 버리면 된다. CA를 버린다는 것이 극단적으로 일관성과 가용성을 버린다는 것은 아니다. 일관성은 true, false로 나타내는 것이 아니다. 1~100까지의 수치가 있는 것과 비슷하게 생각하면 된다. 100% 지원하던 것에서 60% 정도로 낮춘다든가 어느 정도 타협점을 찾으면 된다.

그 결과 대부분의 NoSQL 데이터베이스는 CA가 아닌 CP나 AP 시스템이다. 대용량의 분산 시스템을 구축하는 데에는 CP보다도 AP가 알맞다. C가 들어가서 강력한 일관성 즉, ACID 트랜잭션을 지원한다고 해보자. 예를 들어 하나의 쓰기 작업을 수행한다고 할 때, 2대의 장비라면 2대가 정상 응답할 때까지 Lock이 걸리겠지만, 100대라고 하면 너무 긴 시간 동안 Lock이 걸려서 응답 시간이 현저하게 떨어질 것이기 때문이다. CAP 정리에는 등장하지 않지만 실무에서는 응답 속도가 매우 중요한 요소이다. CAP 정리에서 두 개의 항목을 조합하는 것은 어떤 항목을 선택하느냐 그리고 어느 정도로 지원하느냐, 실제로 구현될 때는 어떻게 하느냐가 관건이 된다.

앞으로 세상이 어떻게 변할지 모르겠지만, CAP 이론은 향후 데이터베이스를 사용하는 데 있어서 중요한 이론이니 이번 기회에 확실히 이해가 되었기를 바란다.

5-1-3 얼랭과 데이터베이스

얼랭은 다른 프로그래밍 언어와 마찬가지로 어떤 데이터베이스든 연동이 가능하다. 전통적인 관계형 데이터베이스부터 최근 나오는 NoSQL 데이터베이스까지 상황에 따라 선택하면 된다. 데이터베이스와 연동을 위해서는 ODBC를 사용해도 되고[16], 관련된 데이터베이스 라이브러리들을 다운받아서 이용해도 된다. 인터넷을 통해서 쉽게 찾을 수 있다. 예를 들어 MySQL 데이터베이스 연동 작업을 위해서 ODBC를 사용하지 않고, native driver를 이용하고 싶다면 Emysql[17]을 사용하면 된다.

사실 얼랭은 딱히 외부의 데이터베이스 프로그램을 찾지 않아도 된다. 4장에서 배운 ETS나 Dets를 사용해도 되고, 얼랭에 내장되어 있는 Mnesia[18]라는 데이터베이스를 사용해도 된다. 이번에는 4장에서 ETS로 만든 부분을 Mnesia를 이용하도록 코드를 수정해보도록 하겠다.

5-2 Mnesia

Mnesia는 얼랭에 내장되어 있는 분산형 데이터베이스로, 다음과 같은 주요 특징이 있다.

- 관계형과 객체형의 하이브리드 데이터 모델을 사용한다.
  - 관계형 데이터베이스와 비슷하면서도 얼랭 데이터 구조를 바로 사용할 수 있다는 점에서 데이터 모델링이 쉽다.
- QLCQuery List Comprehensions이라는 쿼리 언어를 제공한다.
  - 솔직히 말하면 SQL에 비해서 복잡해서, 얼랭에 익숙한 사용자가 아니라면 사용하기 힘들다.

---

16 http://www.erlang.org/doc/apps/odbc/databases.html

17 https://github.com/Eonblast/Emysql

18 Mnesia를 어떻게 발음하는 것이 맞는지는 잘 모르겠다. 얼랭의 아버지라 불리는 Joe Armstrong에 따르면 처음에 만들었을 때는 Amnesia라고 이름을 붙였다고 하는데, 데이터베이스가 기억상실증이란 이름을 붙이는 것이 이상하다고 상사가 반대해서 A를 빼고 Mnesia가 되었다고 한다. 만든 사람이 스웨덴 사람이라 발음을 어떻게 해야 할지 더 알 수 없다. 앰니저 혹은 앰네시아라고 부르면 되지 않을까?

- 메모리와 디스크에 테이블을 선택적으로 저장할 수 있다.
  - 읽기는 메모리에서 읽고, 쓰기는 디스크에 해서 속도를 빠르게 할 수 있다.

- 여러 개의 얼랭 노드에 테이블을 복제replication해서 저장할 수 있다.
  - 분산 데이터베이스로 쉽게 활용할 수 있다.

- 트랜잭션을 지원한다.
  - Lost update problem[19]을 피할 수 있다.

- 굉장히 빠른 리얼 타임 데이터 검색이 가능하다.

- 시스템을 종료하지 않고 데이터베이스의 설정 변경이 가능하다.

Mnesia는 내부적으로 얼랭의 ETS와 Dets를 이용해서 구현되어 있다. CAP 정리로 분류하면 트랜잭션을 지원하는 CP 시스템이다. CA 시스템보다는 낮겠지만, 수십 대 이상의 규모로 Mnesia를 이용하는 것은 추천하지 않는다. 물리적으로 10대 이하의 분산 데이터베이스 시스템을 운용한다면 Mnesia는 괜찮은 선택이 될 수 있다. 그 이상일 경우에는 NoSQL 데이터베이스를 추천한다. 그리고 데이터의 양이 기하급수적으로 증가하는 시스템에는 맞지 않는다. 예를 들어 유저가 작성하는 텍스트나 바이너리 데이터를 무한대로 저장하는 SNS의 메인 데이터베이스로 활용하는 데에는 적합하지 않다.

Mnesia는 기하급수적으로 증가하지 않는 데이터, 예를 들어 모바일 게임에서 유저의 기본 데이터라든지, 고정되어 예상이 가능하고, 데이터의 크기가 크지 않을 때에 사용하는 것이 적합하다. 전체 데이터가 테라바이트 이상으로 넘어 갈 것으로 예상될 때는 빅데이터 처리에 좋은 NoSQL을 쓰는 것이 낫다. Mnesia를 이용해서 서비스가 불가능한 것은 아니지만, Mnesia의 특성과 일치하는 분야에서 사용하는 것이 원활한 서비스를 위해 도움이 될 것이다.

---

19 동시에 여러 개의 읽고 쓰는 연산이 진행될 경우 적당한 처리가 없다면 데이터가 유실될 수 있는 문제로 concurrency 를 다룰 때 점검해야 할 항목이다.

Mnesia를 사용했을 때의 가장 큰 장점은 개발자의 입장에서 어플리케이션에 데이터 베이스를 쉽게 내장할 수 있다는 것이다. 이점은 생산성을 높이는 데 큰 도움이 된다. 얼랭에서 사용하는 모든 데이터 구조를 변환 없이 그대로 저장할 수 있기 때문이다. ACID 트랜잭션을 지원하는 점도 Mnesia를 쓸만하게 해주는 장점이다.

관계형 데이터베이스와 비슷하게 Mnesia의 데이터 저장 공간은 테이블table을 기반 으로 한다. 그리고 테이블에 저장하는 데이터는 얼랭의 record 형식을 가지고 있어 야 한다. atom이나 list, tuple 형식은 배웠지만, record 형식은 처음 언급하는 것 이다. 우선 얼랭의 record에 대해 배워보자.

5-2-1 Record

4장에서 아이디와 패스워드를 저장하는 튜플을 {Id, Password} 이렇게 만들어서 사 용했었다. 해당 튜플의 첫번째 값은 Id이고, 두 번째는 Password 라고 임의적으로 정한 것이다. 예를 들어 아이디가 blue이고 패스워드가 sky면 {blue, sky} 이렇게 입력을 하면 되었다. 그런데 프로그램을 작성하다가 실수로 첫번째 값을 Password 라고 생각해서 Password에 blue가 대입되면 오류가 발생하게 될 것이다. 이런 오 류를 줄이기 위한 것이 record이다. 각각의 항목에 이름을 부여하는 기능이다. 예를 들어 {Id, Password}를 record 형식으로 만들어 보면 다음과 같다.

```
-record(users, {id, password}).
```

이것은 users라는 record 데이터 구조를 정의한 것으로 id와 password라는 필 드를 가지고 있다. 필드는 데이터베이스의 칼럼처럼 생각하면 이해가 쉬울 것이다. users는 테이블 이름이라고 생각하면 쉽다.

users라는 테이블에 id와 password라는 칼럼의 데이터를 표로 나타내면 다음과 같다.

id	password
blue	sky
space	moon

두 라인은 데이터를 의미한다. 이것을 얼랭에서 record 형식으로 표현하면 이렇게 된다.

```
#users{id=blue, password=sky}
#users{id=space, password=moon}
```

다음에 record 이름이 나오고 {} 안에 필드와 데이터의 값을 적으면 된다. 한번 코드를 작성해서 테스트를 해보도록 하자.

먼저 mon_record.hrl 파일을 생성한다. Empty module이 아니라 Header file로 선택해야 한다.

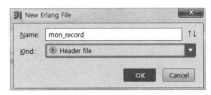

⟨mon_record.hrl⟩

mon_record.hrl에 users record를 정의해주고, 서버를 실행시킨다. 얼랭에서 record는 컴파일 타임에 적용되는 기능이라, 쉘에서 바로 사용할 수는 없다. 얼랭 쉘에 정의된 record 파일을 적용시키기 위해서는 rr(moduleName)을 이용해야 한다.

```
1> rr("src/mon_record.hrl").
[users]
2>
```

144

리턴값으로 정의된 record들의 리스트가 보인다. 여기서는 [users]가 리턴되었다. 이렇게 하면 쉘에서도 users란 record를 사용할 수 있게 된다.

```
2> U = #users{id=blue, password=sky}.
#users{id = blue,password = sky}
3> U#users.id.
blue
4> U#users.password.
sky
```

U에 users record의 데이터를 입력하였다. id와 password라는 필드를 따로따로 확인하기 위해서는 . 필드이름 형식을 사용하면 된다.

내용을 변경하고 싶다면, 새로운 변수값으로 대입시키면 된다. 아시다시피 변수 U의 값을 변경할 수는 없다. 여기서는 새로운 변수 U1을 정의하였다.

```
5> U = U#users{id=red}.
** exception error: no match of right hand side value #users{
                                          id = red,password = sky}
6> U1 = U#users{id=red}.
#users{id = red,password = sky}
```

패턴 매칭을 이용해서 각각의 값만 따로 빼내올 수도 있다. Id와 Password라는 변수에 각각 값을 할당해 보았다.

```
7> #users{id=Id, password=Password} = U.
#users{id = blue,password = sky}
8> Id.
blue
9> Password.
sky
```

record 필드의 값에 record를 대입하는 것도 가능하다. 필요할 경우 유용하게 사용할 수 있을 것이다.

```
10> U2 = U1#users{id=U}.
#users{id = #users{id = blue,password = sky},password = sky}
```

그리고 한 가지 더 알아두어야 할 것은 record 데이터 타입이 내부적으로는 튜플 형식이라는 것이다. 필드 이름은 따로 저장되고 튜플에는 record 이름과 값만 나타나게 된다.

```
11> U3 = {users, black, car}.
#users{id = black,password = car}
12> U3#users.id.
black
```

record의 정보를 확인할 수 있는 함수는 record_info가 있다. 해당 record의 튜플 사이즈나 어떤 필드가 있는지를 확인할 수 있다.

```
13> record_info(size, users).
3
14> record_info(fields, users).
[id,password]
```

앞으로 다양한 record를 정의해서 Mnesia 테이블을 생성하고 데이터를 입력하는 데 사용할 것이다.

5-2-2 Schema와 얼랭 노드

Mnesia를 사용하기 위해서는 먼저 schema를 생성해야 한다. 관계형 데이터베이스에서의 스키마와는 다른 뜻으로 사용되므로 혼동하지 않도록 한다. Mnesia schema의 생성은 Mnesia 데이터베이스를 초기화하는 과정이다. schema를 생성하기 위해서는 mnesia:create_schema(NodeList)를 실행하면 된다. schema를 생성하면 Mnesia의 데이터를 저장하는 디렉토리가 자동으로 생성된다. 인자값으로 입력하는 NodeList는 Mnesia를 초기화할 얼랭 노드들의 리스트를 의미한다.

얼랭 노드는 실행한 얼랭 런타임 시스템의 이름을 의미한다. 얼랭 시스템 하나하나가 얼랭의 노드라고 불린다. node()를 실행하면 현재 자신의 노드 이름을 알 수 있다.

```
15> node().
nonode@nohost
```

지금까지는 얼랭을 실행할 때 노드의 이름을 설정하지 않았기 때문에 nonode라고 이름이 붙여졌다. 이름을 설정하기 위해서는 실행할 때에 -sname 노드이름으로 설정을 해주면 된다. 혹은 -name을 사용해도 되는데, 차이는 -sname의 경우 물리적으로 하나의 서버에 있는 노드끼리 통신이 가능하고, -name으로 노드 이름을 설정해서 실행하면 네트워크를 통해서 노드들 간의 연결이 가능하게 된다. 우선은 -sname에 적절한 이름을 붙여 보자.

```
1 -pa ./ebin
2 -pa ./deps/cowboy/ebin
3 -pa ./deps/cowlib/ebin
4 -pa ./deps/ranch/ebin
5 -eval "application:start(mon)"
6 -sname node1
```

〈vm.args 파일 수정〉

그리고 서버를 다시 실행하면 다음과 같이 Windows 보안 경고 팝업이 뜰 수 있는데 액세스 허용을 클릭하도록 한다.

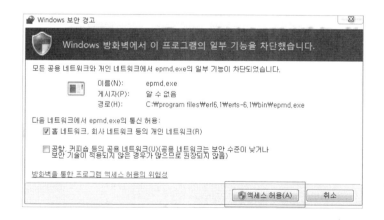

epmd.exe는 Erlang Port Mapper Daemon으로 얼랭 노드들 간의 TCP/IP 통신을 담당하는 역할을 한다. 기본적으로 4369번 TCP port를 사용한다. epmd가 실행되어 있지 않으면 여러 개의 얼랭 노드를 이용한 분산 시스템을 만들 수 없으니 기억하기 바란다.

위와 같이 vm.args에 -sname node1을 추가하고 서버를 다시 실행시키면 바로 차이점을 알 수 있을 것이다. 마치 Linux Shell처럼 현재 노드의 주소가 쉘에 표기된다.[20]

확인 차 node()를 실행해보면 바로 알 수 있다. 그것이 바로 현재 얼랭 시스템의 주소이다.

```
Eshell V6.1  (abort with ^G)
(node1@MiracleWorks)1> start ok

(node1@MiracleWorks)1> node().
node1@MiracleWorks
```

Mnesia를 초기화할 때에 mnesia:create_schema([node()]) 이렇게 자신의 노드이름만 입력해서 스키마를 생성하면 하나의 mnesia 서버를 운용하는 것이고, 여러 개의 노드를 적어주면 자동으로 데이터가 다른 노드로 복제되어, 분산 mnesia 서버를 운용하게 되는 것이다.

mnesia:create_schema()를 직접 실행한 얼랭의 노드가 Master 노드가 되며, NodeList에 적힌 자신을 제외한 다른 얼랭 노드들은 Slave 노드가 된다. mnesia가 동작 중일 때는 schema를 생성할 수 없다. 이유는 아시다시피, schema의 생성이란 곧 mnesia를 초기화한다는 의미이기 때문이다.

5-2-3 테이블 생성

테이블 생성은 mnesia:create_table(Name, Args) 함수를 사용한다. Name은 생성할 테이블 이름을 atom 형식으로 작성하면 되는데 record 이름을 사용하면 편리하다. Args에는 테이블의 타입과 각종 테이블 관련 설정값들을 {Key, Value} 형식의 튜플의 리스트로 입력한다.

Mnesia에서 생성할 수 있는 테이블에는 3가지 종류가 있다.

---

20 책에서는 코드 가독성을 높이기 위해 node가 표시되는 부분을 일부러 생략해서 표시한 부분이 있으니 참고바란다.

- ram_copies

  이 옵션으로 테이블을 생성하면 해당 테이블의 데이터는 모두 메모리에만 저장하게 된다. 마치 지난 ETS에 데이터를 저장하는 것과 마찬가지로 서버가 종료되면 데이터는 사라진다. 하나의 테이블에 저장할 수 있는 최대 사이즈는 시스템의 메모리 사이즈와 같다.

- disc_only_copies

  데이터를 디스크에만 저장하고 싶을 때 사용하는 옵션이다. 테이블의 최대 사이즈는 2GBytes로 제한된다. 이것은 Dets의 한계가 2GBytes이기 때문이다. disc_only_copies로 생성한 테이블들은 파일이 하나씩 생성되며, mnesia가 시작될 때 각각의 file descriptor를 open해서 가지고 있게 된다. 세 가지 종류 중에 가장 추천하지 않는 방식이다.

- disc_copies

  데이터를 디스크와 메모리에 동시에 저장한다. 실제 연산을 메모리에서 하기 때문에 속도가 빠르고, 백업은 디스크에 하기 때문에 안전하다. 최대 저장 공간은 메모리 사이즈와 같다. disc_only_copies에서는 데이터를 Dets를 이용해 파일에 통째로 저장하지만, disc_copies에서는 다른 로직을 사용해서 데이터 log를 백업하기 때문에 제한이 없다. 가장 추천하는 옵션이다.

mnesia:create_table 함수의 주요 설정값들은 다음과 같다.

- {attributes, List}

  테이블의 컬럼 이름을 리스트 형식으로 입력한다. 관계형 데이터베이스의 스키마가 이 부분이라고 생각하면 이해하기 쉬울 것이다. 테이블의 칼럼 정보는 record로 설정한 값을 그대로 사용할 것이기 때문에 하나씩 칼럼 이름을 적어주는 것보다는 record_info 함수를 사용하면 컴파일 때 자동으로 변환되어 입력된다. 예를 들어 아까 우리가 정의한 users라는 record를 사용하는 테이블이라면 {attributes, record_info(fields, users)}라고 작성하면 된다.

- {ram_copies, NodeList}

  {disc_only_copies, NodeList}

  {disc_copies, NodeList}

  분산 시스템을 운용할 경우에 하나의 테이블을 여러 개의 노드에 다른 형식으로 저장할 수 있다. 어떤 테이블은 Master 노드에는 disc_copies로 저장하고, Slave 노드에는 ram_copies로 저장하는 등의 설정이 가능하다.

- {type, Type}

  ETS Table의 Type과 같은 의미이다. set, ordered_set, bag 중에 선택할 수 있다. 기본값은 set이다.

- {index, Intlist}

  기본적으로 사용되는 record의 첫번째 값인 primary key를 제외하고, 다른 index를 추가하고 싶을 때 사용한다. Intlist에는 record의 필드 이름 혹은 몇 번째인지 숫자를 적어 주면 된다. index를 추가하면 메모리를 좀 더 차지하게 된다.

간단한 테이블 생성 예제를 살펴보자. users 테이블을 disc_copies 테이블로 생성한다면 다음과 같이 하면 된다.

```
mnesia:create_table(users, [{attributes, record_info(fields, users)},
                            {disc_copies, [node()]}])
```

리턴값으로 {atomic, ok}가 나오면 문제없이 테이블이 생성되었다는 뜻이다. 에러가 났을 경우에는 {aborted, Reason} 형식의 값이 리턴된다. mnesia:create_table 실행 시 주의할 것은 mnesia가 동작 중일 때만 테이블을 생성할 수 있다는 점이다.

5-2-4 쓰기 읽기

생성한 테이블에 값을 읽고 쓰는 것은 트랜잭션을 사용하느냐 안하느냐에 따라서 방법이 다르다. 트랜잭션 없이 간단하게 읽고 쓰려면 dirty 함수를 이용하면 된다.

```
mnesia:dirty_read(Table, Key) -> ValueList | exit({aborted, Reason})
mnesia:dirty_write(Table, Record) -> ok | exit({aborted, Reason})
mnesia:dirty_delete(Table, Key) -> ok | exit({aborted, Reason})
```

더 많은 함수들이 있지만, 주로 사용되는 것은 위 3개 함수일 것이다. 읽고, 쓰고, 지우고. dirty 함수들은 간단하고 빠른 장점이 있다. 하지만 트랜잭션이 적용되지 않는 단점이 있다. 트랜잭션 적용이 안 된다는 것은 ACID가 완벽하지 않다는 의미이기도 하니 적절한 용도에 따라 사용해야 한다.

트랜잭션은 다음과 같은 일반 함수들을 하나의 함수로 묶어서 실행하게 된다.

```
mnesia:read(Table, Key) -> transaction abort | RecordList
mnesia:write(Record) -> transaction abort | ok
mnesia:delete(Table, Key) -> transaction abort | ok
```

아래는 트랜잭션을 이용해서 특정 아이디에 해당하는 패스워드를 입력하는 예제이다.

```
Password = "test_password",
F = fun() ->
        [U] = mnesia:read(users, "test_id"),
        U1 = U#users{password=Password},
        mnesia:write(U1)
    end,
mnesia:transaction(F).
```

F라는 변수에 트랜잭션 함수를 저장한 후, mnesia:transaction(F)로 해당 함수를 실행하는 것이다. fun은 함수를 변수처럼 생성하고 사용하는 문법으로 다음 장에서 더 설명할 기회가 있을 것이다. 우선은 그대로 사용하면 된다.

```
mnesia:transaction(Fun [[,Args], Retries]) -> {aborted, Reason} | {atomic,
ResultOfFun}
```

트랜잭션이 실행되면서 에러가 있었다면 {aborted, Reason}이 리턴되면서, Reason 변수에 에러의 이유가 적혀있을 것이고, 성공했다면 {atomic, ResultOfFun}이 리턴될 것이다. ResultOfFun은 트랜잭션에서 실행한 함수들 중 마지막 함수가 리턴한 값이 들어가게 된다.

트랜잭션이 실행되면서 locking, logging, replication, checkpoints, subscriptions, commit의 단계를 거치게 되는데, 마지막에 commit까지 끝나면 디스크에 쓰는 것이 완료되는 것을 의미한다. 만약 분산 Mnesia 서버를 운영하고 있다면, mnesia:transaction() 함수가 정상적으로 리턴되었다는 것이 모든 분산 서버들이 데이터를 디스크에 썼다는 것을 의미하지는 않는다. Master는 디스크에 썼지만, 다른 Slave 노드들은 commit 바로 직전에 디스크에 쓴 것을 확인하지 않고 응답할 것이기 때문이다. 만약 필요에 의해서 디스크에 쓴 것까지 완벽하게 확인하고 싶다면 mnesia:transaction()이 아니라 mnesia:sync_transaction() 함수를 사용하면 된다. 다만 응답 속도는 조금 더 늦어질 것이다.

```
mnesia:activity(AccessContext, Fun [, Args]) -> ResultOfFun | exit(Reason)
```

같은 동작을 하는 함수도 있다. mnesia:transaction(F) 대신에 mnesia:activity(transaction, F)를, mnesia:sync_transaction(F) 대신에 mnesia:activity(sync_transaction, F)를 사용해도 된다. 차이는 정상 리턴값이 튜플 형식으로 {atomic, ResultOfFun}이나 아니면 그냥 ResultOfFun이냐 그리고 에러 메시지만 뿌리는가, 아니면 프로세스가 종료되는가, 그리고 따로 정의한 callback 함수를 호출할 수 있느냐의 차이이다. mnesia:activity 함수가 세밀한 활용성은 높다고 볼 수 있다. 우리는 callback 함수는 정의하지 않고 간단한 방식으로 mnesia:activity(transaction, F)를 사용하도록 하겠다.

5-3 DB 연동 구현

우리의 mon 서버에 Mnesia를 연동할 때가 왔다. users record를 살펴보면, 너무 빈약하다. 실제 서비스를 하는 것처럼 좀 더 풍성하게 만들어 보자.

```
11-record(users, {
12     id,
13     password,
15     token,
16     level=0,
17     exp=0,
18     point=0
19}).
```

〈mon_record.hrl 수정〉

152

id, password 밑으로 token, level, exp, point 칼럼을 추가하였다. token은 6장에서 사용하기 위해 미리 만들었고, 나머지는 게임에서 주로 사용하는 값들이라 추가해보았다. 혹시 record 이름을 user라고 하지 않고 users라고 s를 붙여서 만든 이유를 아는가? user라고 해도 큰 상관은 없다. 하지만 얼랭에 기본으로 존재하는 user라는 모듈과 이름이 중복된다는 점만 기억하면 된다. record 이름으로 사용할 때는 아무런 문제가 없지만 혹시나 모듈로까지 만들어서 호출한다면 나중에 충돌 문제가 생길 수 있다. 지금까지 생성한 모듈이름에 전부 mon_을 붙인 것도 혹시나 생길 수 있는 다른 어플리케이션과의 충돌 등을 미연에 방지하기 위해서다. 그런 경우가 발생한다면 컴파일러가 알려줄 테니 크게 걱정은 하지 않아도 된다.

데이터베이스 관련된 작업을 하는 모듈을 하나 생성하도록 하자. 이름은 mon_db.erl이 좋겠다.

export 함수로 데이터베이스를 초기화하는 install/0 함수와 데이터베이스를 제거하는 uninstall/0 함수를 만들 것이다. 데이터베이스의 제거는 함수로 만들지 않고 Mnesia 디렉토리를 삭제해도 된다.

말이 나왔으니 Mnesia에서 생성하는 디렉토리도 설정하도록 하자. 아무런 설정을 하지 않으면 현재 디렉토리에 바로 생성된다. 디렉토리를 설정하는 옵션은 -mnesia dir 이다. 큰따옴표 ""으로 묶고 작은 따옴표 ''으로 한번 더 감싸야 한다.

```
1 -pa ./ebin
2 -pa ./deps/cowboy/ebin
3 -pa ./deps/cowlib/ebin
4 -pa ./deps/ranch/ebin
5 -eval "application:start(mon)"
6 -sname node1
7 -mnesia dir '"./db"'
```

⟨vm.args에 – mnesia dir 추가⟩

이렇게 하면 앞으로 db라는 디렉토리 밑에 Mnesia와 관련된 파일들이 생성될 것이다. 데이터베이스를 삭제하거나 백업하려면 해당 디렉토리를 지우거나 카피하면 된다.

install/0과 uninstall/0의 구현은 다음과 같다.

```
09 -module(mon_db).
10 -author("이국현").
11
12 -include("mon_record.hrl").
13
14 %% API
15 -export([install/0, uninstall/0]).
16
17 install() ->
18     ok = mnesia:create_schema([node()]),
19     application:start(mnesia),
20     mnesia:create_table(users, [{attributes, record_info(fields, users)},
21                                 {disc_copies, [node()]}]),
22     application:stop(mnesia).
23
24 uninstall() ->
25     application:stop(mnesia),
26     mnesia:delete_schema([node()]).
```

〈mon_db.erl의 구현〉

12번 라인에 –include는 record 데이터를 사용하기 위해 헤더 파일을 추가한 것이다. 나머지는 위에서 설명한 그대로이다.

컴파일을 진행한 후, 서버를 실행시켜서 mon_db:install()을 실행한다.

```
Erlang/OTP 17 [erts-6.1] [64-bit] [smp:8:8] [async-threads:10]

Eshell V6.1  (abort with ^G)
1> start ok

1> mon_db:install().
ok

=INFO REPORT==== 11-Oct-2014::17:18:21 ===
    application: mnesia
    exited: stopped
    type: temporary
2>
```

프로젝트 디렉토리를 확인하면 db라는 폴더가 생기고 안에 아래와 같이 3개의 파일이 생성된 것을 확인할 수 있을 것이다.

Mnesia 데이터베이스가 초기화 되었으니 이제 서버가 시작될 때에 Mnesia도 실행시켜 주어야 한다. mon_app.erl에서 44 라인에 application:start(mnesia)를 추가하고, ETS 테이블을 생성했던 코드는 이제 더 이상 사용하지 않을 테니 삭제한다.

```
38 start(_StartType, _StartArgs) ->
39     %% 필요한 어플리케이션 실행
40     ok = application:start(crypto),
41     ok = application:start(cowlib),
42     ok = application:start(ranch),
43     ok = application:start(cowboy),
44     ok = application:start(mnesia),
45
46     %% Cowboy Router 설정
47     Dispatch = cowboy_router:compile([
48         {'_', [
49             {"/:api/[:what/[:opt]]", mon_http, []}
50         ]}
51     ]),
52     %% HTTP Server 실행
53     {ok, _} = cowboy:start_http(http, 100, [{port, 6060}], [
54         {env, [{dispatch, Dispatch}]}
55     ]),
56
57     %% Code reloader 실행
58     mon_reloader:start(),
59
60     case mon_sup:start_link() of
61         {ok, Pid} ->
62             io:format("start ok~n"),
63             {ok, Pid};
64         Error ->
65             Error
66     end.
```

⟨mon_app.erl 수정⟩

컴파일 후 서버를 다시 시작한다. 그냥 봐서는 Mnesia가 실행된건지 아닌건지 알길이 없다. mnesia:info()를 실행해본다.

```
Eshell V6.1  (abort with ^G)
1> start ok

1> mnesia:info().
---> Processes holding locks <---
---> Processes waiting for locks <---
---> Participant transactions <---
---> Coordinator transactions <---
---> Uncertain transactions <---
---> Active tables <---
schema         : with 2        records occupying 535      words of mem
users          : with 0        records occupying 303      words of mem
===> System info in version "4.12.1", debug level = none <===
opt_disc. Directory [100,58,47] is used.
use fallback at restart = false
running db nodes   = [node1@MiracleWorks]
stopped db nodes   = []
master node tables = []
remote             = []
ram_copies         = []
disc_copies        = [schema,users]
disc_only_copies   = []
[{node1@MiracleWorks,disc_copies}] = [users,schema]
2 transactions committed, 0 aborted, 0 restarted, 0 logged to disc
0 held locks, 0 in queue; 0 local transactions, 0 remote
0 transactions waits for other nodes: []
ok
```

현재 동작중인 Mnesia의 정보를 확인할 수 있다. Active tables에 보면 우리가 생성한 테이블과 아래쪽에 노드들이 보일 것이다. 아무 문제 없이 동작 중이다.

남은 구현 작업은 users 테이블에 쓰고, 읽는 부분이다. users 데이터를 관리하기 위해 모듈을 분리하는 것이 좋을 것 같다.

mon_users.erl을 추가한다. 회원 가입을 위한 join/2 함수를 만들어서 Id와 Password를 데이터베이스에 저장하면 될 것 같고, 로그인을 위한 login/2 함수를 만들어서 데이터베이스에서 해당값을 읽고 확인하면 될 것 같다.

```
09  -module(mon_users).
10  -author("이국현").
11
12  -include("mon_record.hrl").
13
14  %% API
15  -export([join/2, login/2]).
16
17  join(Id, Password) ->
18      F = fun() ->
19              case mnesia:read(users, Id) of
20                  [] ->
21                      %% 해당 Id로 가입된 데이터가 없으면 저장한다
22                      Users = #users{id=Id, password=Password},
23                      ok = mnesia:write(Users); %% 가입완료
24                  _ ->
25                      fail %% 가입 실패
26              end
27          end,
28      mnesia:activity(transaction, F).
29
30  login(Id, Password) ->
31      F = fun() ->
32              case mnesia:read(users, Id) of
33                  [U = #users{password=Password}] ->
34                      %% Id, Password 일치, 로그인 성공
35                      ok;
36                  _ ->
37                      %% 일치하는 데이터 없음, 로그인 실패
38                      fail
39              end
40          end,
41      mnesia:activity(transaction, F).
```

⟨mon_users.erl⟩

33 라인에 U는 할당만 하고 사용하지 않아서 컴파일 시 Warning이 뜰 수 있는데, 우선은 그냥 넘어가도록 한다.

mon_http에서 ETS를 사용하던 부분을 mon_users:join()과 mon_users:login()을 사용하도록 수정한다. 두 함수 모두 리턴값이 ok이면 성공이고, fail이면 실패를 의미하도록 작성하였다.

```
 1  handle(<<"login">>, _, _, Data) ->
 2      Id = proplists:get_value(<<"id">>, Data),
 3      Password = proplists:get_value(<<"password">>, Data),
 4      case mon_users:login(Id, Password) of
 5          ok ->
 6              <<"{\"result\":\"ok\"}">>;
 7          _ ->
 8              <<"{\"result\":\"fail\"}">>
 9      end;
10  handle(<<"join">>, _, _, Data) ->
11      Id = proplists:get_value(<<"id">>, Data),
12      Password = proplists:get_value(<<"password">>, Data),
13      case mon_users:join(Id, Password) of
14          fail ->
15              <<"{\"result\":\"duplicated\"}">>;
16          ok ->
17              <<"{\"result\":\"join\"}">>
18      end;
```

〈mon_http.erl〉 수정

이제 완료된 것 같다. 컴파일 후 서버를 띄우고, 4장에서 했던 대로 curl을 이용해서 회원 가입, 로그인 테스트를 해보자.

```
D:\>curl -d "id=kant&password=12345" http://192.168.0.7:6060/join
{"result":"join"}
D:\>curl -d "id=kant&password=12345" http://192.168.0.7:6060/login
{"result":"ok"}
D:\>curl -d "id=kant&password=12345" http://192.168.0.7:6060/join
{"result":"duplicated"}
```

문제 없이 동작하는 것을 확인하였다. 혹시 제대로 저장이 안 된 것은 아닐까? 서버를 껐다가 다시 켠 후 테스트를 진행해 본다. 데이터베이스에 해당 유저의 정보가 잘 저장되어 있다면 문제 없이 로그인이 될 것이다.

테스트를 하지 않아도 바로 확인하는 방법도 있다. 첫번째 방법은 직접 얼랭 쉘에서 mnesia 명령어를 통해서 데이터를 읽는 것이다.

```
1> mnesia:dirty_read(users, <<"kant">>).
[{users,<<"kant">>,<<"12345">>,undefined,0,0,0}]
2> rr("src/mon_record.hrl").
[users]
3> mnesia:dirty_read(users, <<"kant">>).
[#users{id = <<"kant">>,password = <<"12345">>,
        token = undefined,level = 0,exp = 0,point = 0}]
```

단순한 확인이므로 트랜잭션 기능이 없는 dirty 함수를 이용해서 데이터를 읽어 보았다. 처음에는 record 정보가 없어서 단순한 튜플 형태로 보이지만, rr() 함수로 record 정보를 읽은 후에는 users의 각각의 필드 내용까지 확인할 수 있다.

두 번째 방법은 얼랭의 디버깅 툴 중에 하나인 observer를 이용하는 것이다. 얼랭 쉘에서 observer:start()를 입력해보자.

```
4> observer:start().
ok
5>
```

그럼 프로그램이 하나 실행될 것이다. 창에 아무것도 안보이는 사람은 창 사이즈를 늘리거나 최대 화면으로 하면 내용이 보일 것이다.

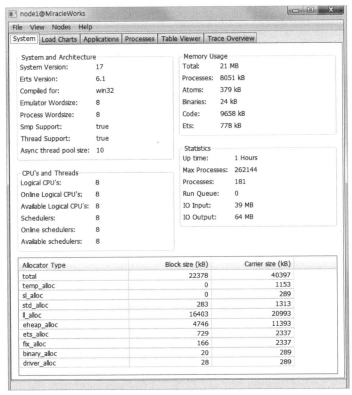

〈Observer 구동 화면〉

Observer를 이용하면 얼랭 시스템의 여러 가지 정보를 GUI를 통해서 확인할 수 있다. 우선 우리는 Mnesia의 테이블 정보를 확인하고 싶으니, 상단의 여러 가지 탭 중에서 Table Viewer를 선택하도록 한다.

Table Name	Table Id	Objects	Size (kB)	Owner
cowboy_clock		1	2	<0.54.
ranch_server		4	1	<0.48.

그 다음에는 메뉴에서 View를 클릭하고 나오는 항목 중에서 Mnesia Tables를 선택한다.

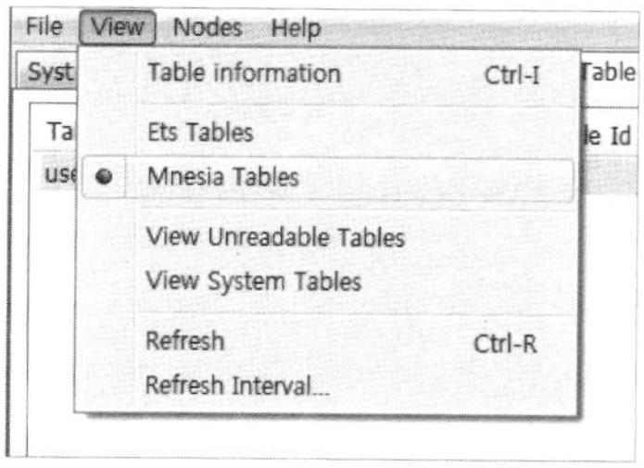

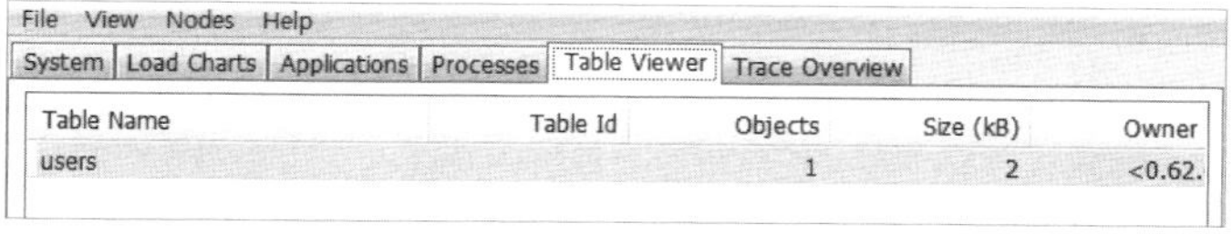

그럼 우리의 users 테이블이 보일 것이다. 테이블을 클릭하면 데이터까지 보일 것이다.

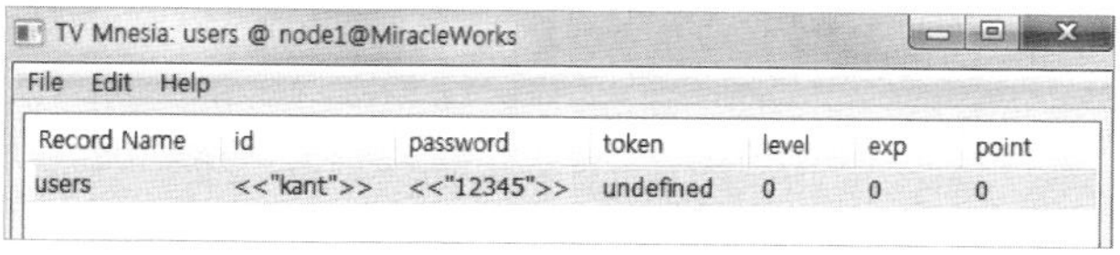

Edit 메뉴를 이용하면 Search나 Delete 등의 작업이 가능하니 마음대로 사용하기 바란다.

5-4 모바일 앱 연동

4장과 다른 점은 없으니 별도로 테스트해보기 바란다.

6장
유저 세션

얼랭은 다른 프로그래밍 언어와 다르게 하나의 OS 같다는 생각을 많이 하게 된다. 실제 OS의 프로세스보다 가벼

운 초경량의 프로세스는 수만, 수십만 개의 프로세스를 다룰 수 있게 해준다.

6-1 유저 세션

서버에서 세션은 유저가 접속한 이후에 로그인된 상태를 지속적으로 관리하기 위해 필요하다. 지금까지 우리가 만든 서버에는 세션 개념이 없었다. 모바일에서는 로그인 과 다르게 로그아웃은 서버에서 자동으로 관리해 주어야 한다. 로그인에 성공한 유저의 세션을 만들고, 해당 유저가 특정 시간 동안 아무런 행동을 하지 않는다면 자동으로 세션을 종료해서 로그아웃 되도록 하는 기능이 필요하다.

PC 기반의 어플리케이션 서비스였다면, TCP 소켓이 접속되고 끊어지는 것을 세션의 만료라고 볼 수도 있겠지만, 모바일이나, 혹은 웹 기반에서는 TCP 소켓의 connection으로 세션을 분류하는 것은 효율적이지 않다. 사용자의 행동과 서비스에 맞는 적절한 시간을 이용해서 세션의 만료를 판단해야 한다.

6장에서는 얼랭 프로세스Erlang process를 이용해서 유저의 세션을 만들 것이다. 다른 방법을 이용해서 구현할 수도 있겠지만, 유저의 세션이라고 하는 것은 접속한 유저마다 독립적으로 하나씩 필요한 것이고, 이것에 가장 잘 부합되는 것이 얼랭의 프로세스이다. Erlang concurrent programming의 핵심이 바로 프로세스를 잘 다루는데 있다.

6-1-1 얼랭 프로세스

얼랭에서의 프로세스라고 하는 것은 OS의 프로세스를 생각하면 안 된다. 3장에서 설명했다시피 얼랭의 프로세스는 얼랭 시스템 내부의 자체적인 프로세스이다. 사실 코드로 직접 구현은 하지 않았지만, 여러분은 얼랭을 실행시킨 것만으로도 얼랭 프로세스를 생성한 것이다.

얼랭에서 이루어지는 모든 연산은 프로세스 안에서 이루어진다. 프로세스 밖에서 실행되는 것은 없다. 심지어 지금까지 얼랭 명령어를 입력 받고 실행하던 터미널 자체도 여러 프로세스들의 유기적인 메시지 교환이다.

얼랭 프로세스는 각각 고유한 값인 Pid(process identifier)를 가지고 있다. 자신의 Pid를 확인하는 함수는 self()이다. 지금 얼랭 창에서 self() 함수를 실행해보면

ERTS에서 사용자로부터 명령어를 입력 받는 역할을 하는 프로세스가 확인될 것이다. 여기서는 ⟨0.38.0⟩이다. 유저로부터 얼랭 창에서 명령어를 입력 받아 실행을 담당하는 프로세스인 것이다.

```
1> self().
<0.38.0>
```

⟨0.38.0⟩ 이것이 Pid이다. OS의 Pid와 다르게 얼랭의 Pid는 형식이 조금 독특한데, ⟨A.B.C⟩[1]와 같은 모양을 가지고 있다. 좀 더 자세히 살펴보면,

A 부분의 숫자는 얼랭 node를 구분하는 고유 번호로 로컬 프로세스의 경우에는 위와 같이 0으로 설정된다. B 부분의 숫자는 프로세스의 인덱스 번호이고, 프로세스 인덱스 번호가 최대값을 넘어서면 C 부분의 숫자가 하나씩 증가한다.

프로세스 번호를 직접 입력할 일이 있을 경우에는 ⟨0.38.0⟩ 이렇게 적으면 안 되고, pid 함수를 이용해서 pid(0,38,0) 이렇게 해야 한다.

그밖에 현재 얼랭 시스템에서 동작중인 다른 프로세스들을 확인하고 싶으면 i() 함수를 실행한다.

```
2> i().
Pid                    Initial Call                    Heap    Reds   Msgs
Registered             Current Function                Stack
<0.0.0>                otp_ring0:start/2               2586    10731    0
init                   init:loop/1                        2
<0.3.0>                erlang:apply/2                  6772   646981    0
erl_prim_loader        erl_prim_loader:loop/3             6
<0.6.0>                gen_event:init_it/6             6772     2440    0
error_logger           gen_event:fetch_msg/5              8
<0.7.0>                erlang:apply/2                  4185    28388    0
application_controlle  gen_server:loop/6                  7
<0.9.0>                application_master:init/4        376       44    0
                       application_master:main_loop/2     6
<0.10.0>               application_master:start_it/4    233       69    0
                       application_master:loop_it/4       5
<0.11.0>               supervisor:kernel/1             1598     1791    0
kernel_sup             gen_server:loop/6                  9
```

....

1 https://github.com/erlang/otp/blob/maint/erts/emulator/beam/erl_term.h#L569

<0.12.0>	rpc:init/1	233	35	0
......				
<0.59.0>	supervisor:mnesia_sup/1	233	232	0
mnesia_sup	gen_server:loop/6	9		
<0.60.0>	gen_event:init_it/6	233	36	0
mnesia_event	gen_event:fetch_msg/5	8		
<0.61.0>	supervisor:mnesia_kernel_sup/1	376	594	0
mnesia_kernel_sup	gen_server:loop/6	9		
<0.62.0>	mnesia_monitor:init/1	2586	1870	0
mnesia_monitor	gen_server:loop/6	9		
<0.63.0>	mnesia_subscr:init/1	233	44	0
mnesia_subscr	gen_server:loop/6	9		
<0.64.0>	mnesia_sp:init_proc/4	233	124	0
mnesia_locker	mnesia_locker:loop/1	15		
(c)ontinue (q)uit -->				

여러분도 모르는 사이에 엄청난 숫자의 프로세스가 동작하고 있는 것을 알 수 있다. 그동안 mnesia 같은 다양한 얼랭 어플리케이션 모듈을 실행시켰기 때문이다. 맨 아래쪽 보이듯이 c 혹은 q를 선택해서 더 보거나 중단할 수 있다.

얼랭 내부에서 일어나는 모든 일은 프로세스에 의해 실행된다. 수많은 프로세스들이 각자의 일을 수행하고 있는 것이다.

출력된 내용을 자세히 살펴보자. 하나의 프로세스에 해당하는 정보는 두줄 씩이다. 첫번째 칼럼인 Pid는 3가지 숫자로 된 프로세스의 고유 번호process identifier이다. 운영체제의 프로세스마다 할당되는 PID와 동일한 개념이다. Pid 바로 아래에 있는 정보는 Registered이다. 비어있는 것도 있고, atom 형식의 영어로 되어있는 것도 있는데 Registered 프로세스 즉, 이름이 붙여진 프로세스라고 보면 된다. register(Name, Pid) 함수를 이용해 이름을 할당할 수 있고, 현재까지 이름이 붙여진 프로세스들의 목록을 알고 싶으면 registered() 함수 혹은 regs() 함수를 이용하면 된다. 만약 특정 이름의 프로세스에 해당하는 PID를 알고 싶다면 whereis(Name) 함수를 실행한다.

```
3> registered().
[cowboy_clock,mnesia_recover,mnesia_monitor,auth,erl_epmd,
 mnesia_locker,error_logger,mnesia_late_loader,
 mnesia_kernel_sup,disk_log_sup,dets_sup,erl_prim_loader,
 disk_log_server,mon_sup,dets,code_server,mnesia_event,
 application_controller,mnesia_controller,
 mnesia_checkpoint_sup,user_drv,standard_error,timer_server,
```

```
   standard_error_sup,ranch_sup,ranch_server,cowboy_sup,
   inet_db,rex|...]
4> whereis(mnesia_event).
<0.60.0>
5> regs().

** Registered procs on node node1@MiracleWorks **
Name                     Pid            Initial Call              Reds Msgs
application_controlle <0.7.0>       erlang:apply/2            29071     0
appmon_info           <0.19417.15> appmon_info:init/1       348133     0
auth                  <0.19.0>      auth:init/1                 869     0
code_server           <0.25.0>      erlang:apply/2         52884740     0
cowboy_clock          <0.54.0>      cowboy_clock:init/1      368443     0
cowboy_sup            <0.53.0>      supervisor:cowboy_sup/1     102     0
dets                  <0.68.0>      dets_server:init/1          141     0
dets_sup              <0.67.0>      supervisor:dets_sup/1       118     0
disk_log_server       <0.73.0>      disk_log_server:init/1      453     0
disk_log_sup          <0.72.0>      supervisor:disk_log_sup/1   391     0
erl_epmd              <0.18.0>      erl_epmd:init/1             268     0
erl_prim_loader       <0.3.0>       erlang:apply/2           958977     0
error_logger          <0.6.0>       gen_event:init_it/6        2470     0
file_server_2         <0.24.0>      file_server:init/1     828893474    0
global_group          <0.23.0>      global_group:init/1          59     0
global_name_server    <0.13.0>      global:init/1              5190     0
inet_db               <0.16.0>      inet_db:init/1              255     0
inet_gethost_native   <0.219.0>     inet_gethost_native:serve    90     0
inet_gethost_native_s <0.218.0>     supervisor_bridge:inet_ge    41     0
init                  <0.0.0>       otp_ring0:start/2         12347     0
kernel_safe_sup       <0.34.0>      supervisor:kernel/1         461     0
kernel_sup            <0.11.0>      supervisor:kernel/1        1791     0
mnesia_checkpoint_sup <0.84.0>      supervisor:mnesia_checkpo    59     0
mnesia_controller     <0.86.0>      mnesia_controller:init/1   9081     0
mnesia_event          <0.60.0>      gen_event:init_it/6          36     0
mnesia_kernel_sup     <0.61.0>      supervisor:mnesia_kernel_   594     0
mnesia_late_loader    <0.87.0>      mnesia_sp:init_proc/4       296     0
mnesia_locker         <0.64.0>      mnesia_sp:init_proc/4       124     0
mnesia_monitor        <0.62.0>      mnesia_monitor:init/1      1870     0
mnesia_recover        <0.65.0>      mnesia_recover:init/1     68242     0
mnesia_snmp_sup       <0.85.0>      supervisor:mnesia_snmp_su    59     0
mnesia_subscr         <0.63.0>      mnesia_subscr:init/1         44     0
mnesia_sup            <0.59.0>      supervisor:mnesia_sup/1     232     0
mnesia_tm             <0.66.0>      mnesia_sp:init_proc/4      5726     0
mon_sup               <0.196.0>     supervisor:mon_sup/1         41     0
net_kernel            <0.20.0>      net_kernel:init/1         13373     0
net_sup               <0.17.0>      supervisor:erl_distributi   285     0
observer              <0.214.0>     gen:init_it/6             15152     0
ranch_server          <0.49.0>      ranch_server:init/1          51     0
ranch_sup             <0.48.0>      supervisor:ranch_sup/1      191     0
rex                   <0.12.0>      rpc:init/1                   35     0
standard_error        <0.27.0>      erlang:apply/2                9     0
```

```
standard_error_sup    <0.26.0>     supervisor_bridge:standar        41    0
timer_server          <0.55.0>     timer:init/1                1149230    0
user                  <0.30.0>     group:server/3                   89    0
user_drv              <0.29.0>     user_drv:server/2             45634    0
wxe_master            <0.216.0>    wxe_master:init/1               706    0

** Registered ports on node node1@MiracleWorks **
Name                    Id          Command
ok
6>
```

계속 i()의 내용으로 넘어가서, 두 번째 칼럼의 Initial Call은 해당 프로세스가 띄워질 때 실행한 함수를 의미한다. 그 아래에 Current Function은 현재 실행하고 있는 함수이다.

세 번째 칼럼의 Heap과 Stack은 각각의 프로세스마다 사용하고 있는 메모리 사이즈이다. 예를 들어 가장 첫번째 프로세스인 〈0.0.0〉은 Heap에 2586bytes, Stack에 2bytes를 사용하고 있다.

그 옆에 Reds는 Reductions의 약자이다. Reduction은 해당 프로세스가 함수를 실행할 때마다 증가한다. Reduction이 약 2000에 도달하면 다시 스케줄링 된다. 이 부분은 프로세스 스케줄링에 대한 부분으로 아래에서 더 자세히 설명하겠다.

얼랭 프로세스는 각각 Mailbox라는 고유한 영역을 가지고 있다. 끝에 Msg는 messages의 약자이다. 해당 프로세스의 Mailbox에 도착한 메시지의 개수를 나타낸다. 프로세스들 간에 서로 보내는 메시지들은 상대 방의 Mailbox에 쌓여서 처리될 때까지 남아있게 된다.

특정 프로세스의 정보를 자세히 확인하는 방법은 erlang:process_info(Pid) 함수를 사용하면 된다.

```
7> erlang:process_info(self()).
[{current_function,{erl_eval,do_apply,6}},
 {initial_call,{erlang,apply,2}},
 {status,running},
 {message_queue_len,0},
 {messages,[]},
```

```
{links,[<0.32.0>]},
{dictionary,[]},
{trap_exit,false},
{error_handler,error_handler},
{priority,normal},
{group_leader,<0.31.0>},
{total_heap_size,9358},
{heap_size,2586},
{stack_size,24},
{reductions,190505},
{garbage_collection,[{min_bin_vheap_size,46422},
                     {min_heap_size,233},
                     {fullsweep_after,65535},
                     {minor_gcs,18}]},
{suspending,[]}]
```

못보던 항목들이 있을 것이다. links 부분을 보면 〈0.32.0〉이라는 프로세스와 link 된 상태임을 알 수 있다. 프로세스가 죽으면 exit 정보를 link 된 프로세스에게 시그널 혹은 메시지로 전달하게 된다. 여기서는 〈0.32.0〉으로 전달한다는 것을 알 수 있다.

현재 얼랭 시스템에 떠있는 모든 프로세스의 개수를 파악하려면 erlang:system_info(process_count) 함수를, 시스템의 최대 프로세스 개수 설정을 가져오려면 erlang:system_info(process_limit) 함수를 사용한다. 최대 프로세스 개수는 얼랭 실행시 +P 옵션으로 원하는 대로 설정할 수 있다.

```
8> erlang:system_info(process_count).
166
9> erlang:system_info(process_limit).
262144
10>
```

이제 Erlang 프로세스에 대해 조금 더 깊이 알아보고, 그 다음 실제 코드를 작성하면서 테스트 해보도록 하자.

6-1-2 프로세스 내부 구조

지금부터 설명할 부분은 얼랭 프로세스의 내부 구조와 얼랭 가상 머신의 핵심 구조를 설명할 것이다. 이론적인 내용이고, 얼랭 그 자체를 어떻게 구현했는가를 다루다보니 다소 어렵게 느껴질 수 있다. 초보자들은 이해가 안 된다면 그냥 넘어가도 좋지만, 얼랭으로 대규모의 시스템을 구축할 사람이라면 이해하고 있는 것이 도움이 될 것이다.

얼랭 프로세스는 경량Lightweight 프로세스이다. OS의 프로세스가 아닌, 얼랭 VM 내부에 존재하는 메모리 영역일 뿐이다. 각각의 프로세스는 크게 4가지로 구분되는 메모리 영역을 가지고 있다. PCBProcess Control Block와 Stack, Heap, Mailbox이다.

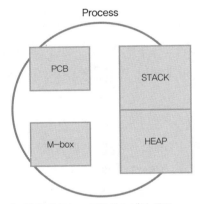

[그림 6-1] Erlang 프로세스 내부 구조

Mailbox는 Message Queue로 다른 프로세스에서 전달받은 메시지가 쌓이게 된다. 메시지 개수는 시스템에서 허락하는 메모리 크기만큼 무한대로 쌓을 수 있다. 프로세스의 Heap은 프로세스 내부에서 큰 데이터를 다룬다면 더 커지게 되며, 그것은 GCGarbage Collector가 프로세스마다 동작해서 조절하게 된다.

GC는 말 그대로 쓰레기 수집가다. 사용하지 않는 메모리를 지우고, 필요한 메모리를 확보한다. 얼랭의 장점은 GC에도 있다. Java의 JVM의 경우 GC가 동작해서 쓰레기를 수집하는 순간에 JVM 시스템 전체가 정지된다. 이를 stop-the-world라고 한다. 보통의 경우라면 눈치 채지 못할 정도의 시간이라 문제가 없는 것처럼 보일지라도, 오랫동안 동작한 시스템이라면 눈에 띄게 멈추거나 버벅 거리는 현상이 발생할 수 있다.

얼랭의 GC는 전체 시스템을 정지하지 않는다. 오직 하나의 프로세스만 아주 잠깐 정지할 뿐이다. 전체 시스템이 항상 빠른 반응 속도를 보여야 하는 서버의 경우 아주 큰 강점이 된다.

프로세스 내부는 4가지 메모리 영역을 관리하고, 실행하기 위한 pointer(메모리 주소 값)들도 가지고 있는데, instruction pointer, stack pointer, heap top, reduction counter, X registers 등이다. 이 정도까지는 얼랭 VM을 튜닝하는 것이 아니면 몰라도 상관 없다.

얼랭 VM 내부의 모든 것이 프로세스로 동작하는 것은 알고 있을 것이다. 그럼 얼랭은 어떻게 멀티 프로세스 환경에서 적합하도록 모든 CPU의 core를 사용하는 것일까? 이 부분을 이해하려면 얼랭 프로세스 스케줄러의 동작을 이해해야 한다.

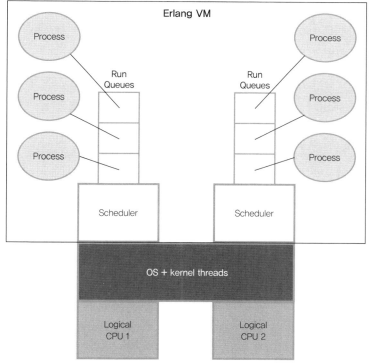

[그림 6-2] Erlang VM 내부 구조

얼랭의 process scheduler는 논리적 CPULogical CPU당 하나씩 쓰레드로 생성되는 것이 기본 설정이다. 논리적 CPU는 가상 CPUVirtual CPU라고도 불리는데, 운영체제에서 인식하는 CPU를 의미한다. 운영체제에서는 CPU의 Hardware thread[2] 등으로 생겨난 CPU instance들도 하나의 독립적인 CPU로 인식한다. 만약 CPU가 Dual Core 프로세스로 2개의 논리적 CPU를 가지고 있다면 위 그림처럼 각 CPU당 하나씩 바인딩 되는 스케줄러 쓰레드가 생성된다.

```
Erlang/OTP 17 [erts-6.1] [64-bit] [smp:8:8] [async-threads:10]
```

얼랭을 실행할 때마다 위와 비슷한 메시지를 보았을 것이다. 4번째에 보이는 [smp:8:8] 부분이 스케줄러 쓰레드와 논리적 CPU의 개수가 표시된 것이다. 그 옆에 async_threads는 file I/O 전용으로 생성되는 쓰레드 풀thread pool이다.

이 시스템의 CPU는 인텔 쿼드 코어 프로세서라서 4개의 Core를 가지고 있지만 하나의 Core당 Hyper Thread가 동작하기 때문에 2개의 CPU가 되어 운영체제는 전체 8개의 CPU로 인식을 하고 있다.

스케줄러는 각각의 Run Queue를 가지고 있고, Run Queue에는 할당 받은 프로세스들이 있다. Run Queue에 있는 프로세스들은 함수를 호출하거나, 메시지를 전달하거나 등등, 연산을 할 때마다 reduction이 증가하며, 약 2000정도가 되면 새롭게 스케줄링 되어 자신의 연산을 계속 할 수 있다. 그리고 어떤 경우에서든 스케줄러는 강제로 프로세스의 작업을 중단시킬 수 있는 선점형Preemption 방식으로 동작한다. OS에서 실제 프로세스를 스케줄링 하는 것과 아주 흡사하게 보인다. OS 안에 또 하나의 OS가 있는 것과 같은 느낌이다. 그림에서 자세히 보이지는 않지만 OS + kernel threads라고 표시한 부분은 운영체제 부분인데 운영체제 안에서도 CPU 마다 Run Queue가 있고, Thread를 할당 받아서 동작 시키고 있다.

얼랭 VM의 Scheduler들은 각각 Run Queues에 있는 프로세스들을 실행시키는데, 만약 한쪽 scheduler가 일을 다 했는데, 다른 scheduler는 바쁘게 일하고 있

---

[2] Hardware thread는 인텔의 Hyper-Threading 기술처럼 하나의 Core 안에 병렬로 동작하는 멀티 쓰레드를 의미한다. 운영체제는 각각의 Hardware Thread를 독립적인 CPU로 인식한다.

다면, 바쁜 쪽의 일을 훔쳐와서 실행시킴으로써 성능을 높인다. 프로세스가 다른 scheduler로 새롭게 할당되는 것이 context switch인데 얼랭 VM에서는 현재 process struct를 가리키는 pointer를 변경하는 정도의 간단한 작업들이다.

프로세스의 상태는 다음과 같이 변화할 수 있다.

- waiting
- running
- runnable
- free
- exiting
- suspended
- hibernating
- garbage_collecting

waiting과 suspended 프로세스는 비활성 상태의 프로세스이고, running, runnable 프로세스는 활성 상태의 프로세스이다. waiting 상태의 프로세스에 메시지가 도착하면 runnable 상태가 되고, 그럼 스케줄러의 Run Queue에 들어가서 running 상태로 실행하게 된다. waiting 프로세스는 non-busy wait로 동작한다. running 프로세스는 스케줄러에 의해 block되지 않는다. suspended 상태는 필요에 의해서 프로세스를 잠시 중단시켜야 할 때 사용한다. 예를 들어 프로세스의 코드를 바꾸고 싶을 때 sys:suspend(Pid) 함수로 중단시켰다가, 다시 sys:resume(Pid)으로 동작 시키면 된다.

이미 느낀 사람도 있을지 모르겠지만 얼랭은 다른 프로그래밍 언어와 다르게 하나의 OS 같다는 생각을 많이 하게 된다. 실제 OS의 프로세스보다 가벼운 초경량의 프로세스는 수만, 수십만 개의 프로세스를 다룰 수 있게 해준다. 다음 절부터는 실제로 어떻게 프로세스를 생성하여 프로세스들 사이에 메시지를 주고 받으며 작업을 할 수 있는지 배워보도록 하자.

6-1-3 프로세스 생성

우리는 서버에 로그인하는 유저 한명당 하나의 프로세스를 생성할 것이다. 수만 명이 접속하면 수만 개의 프로세스가 생성되도록 할 것이다. 수만 개의 프로세스가 잘 동작할지에 대한 것은 앞에서 설명한 대로 얼랭 시스템에 맡기고 우리는 잘 사용하기만 하면 된다. 우선 프로세스를 어떻게 생성하는지에 대해 알아보자.

프로세스를 생성하는 함수는 spawn BIF이다.

```
spawn(Module, Function, Arguments)
```

spawn을 실행하면 (spawn을 실행하는 주체도 프로세스이다), 해당 프로세스에서 새로운 프로세스를 Module:Function(Arguments)를 실행하여 생성한다.

```
1> self().
<0.38.0>
2> Pid = spawn(io, format, ["hello"]).
hello<0.198.0>
3> Pid.
<0.198.0>
4> erlang:process_info(Pid).
undefined
```

io:format("hello")를 실행하는 프로세스를 생성한 예제이다. 새로운 프로세스의 Pid는 〈0.198.0〉이고, 그 프로세스는 hello를 출력하였다. 그 다음 생성된 프로세스 정보를 확인하였으나 undefined가 리턴되었다. 이미 io:format("hello")를 실행하고 프로세스가 종료되었기 때문이다.

```
5> Pid2 = spawn(timer, sleep, [15000]).
<0.207.0>
6> erlang:process_info(Pid2).
[{current_function,{timer,sleep,1}},
 {initial_call,{timer,sleep,1}},
 {status,waiting},
 {message_queue_len,0},
 {messages,[]},
 {links,[]},
 {dictionary,[]},
 {trap_exit,false},
```

```
{error_handler,error_handler},
{priority,normal},
{group_leader,<0.31.0>},
{total_heap_size,233},
{heap_size,233},
{stack_size,2},
{reductions,1},
{garbage_collection,[{min_bin_vheap_size,46422},
                     {min_heap_size,233},
                     {fullsweep_after,65535},
                     {minor_gcs,0}]},
{suspending,[]}]
```

이번에는 좀 오랫동안 떠있도록 sleep 함수로 프로세스를 생성하였다. Pid2는 15초 동안 sleep을 실행하는 프로세스다. process_info로 확인해보면 timer:sleep으로 초기화하였고, 지금도 실행 중이며, 상태는 waiting으로 메시지를 받기를 기다리고 있는 상태인 것을 알 수 있다.

spawn(function()) 이런 식으로 함수 자체를 입력해도 된다. 함수를 변수로 정의하는 방법은 fun() -> 내용 end. 형식을 사용하면 된다.

```
7> F = fun() -> io:format("sleep~n"), timer:sleep(15000) end.
#Fun<erl_eval.20.90072148>
8> Pid3 = spawn(F).
sleep
<0.198.0>
9> erlang:process_info(Pid3).
[{current_function,{timer,sleep,1}},
 {initial_call,{erlang,apply,2}},
 {status,waiting},
 {message_queue_len,0},
 {messages,[]},
 {links,[]},
 {dictionary,[]},
 {trap_exit,false},
 {error_handler,error_handler},
 {priority,normal},
 {group_leader,<0.31.0>},
 {total_heap_size,376},
 {heap_size,376},
 {stack_size,2},
 {reductions,83},
 {garbage_collection,[{min_bin_vheap_size,46422},
                      {min_heap_size,233},
```

```
              {fullsweep_after,65535},
              {minor_gcs,0}]},
   {suspending,[]}]
```

F라는 변수에 sleep을 출력하고 15초간 sleep하는 함수를 입력하였다. 그리고 F
를 실행하는 프로세스를 생성한 것이다. 이름없는 함수를 변수에 저장해서 사용하는
방법을 람다 표현식_{Lambda Expression}이라고 한다. 얼랭에서는 fun이라는 키워드를 사용
한다.

```
10> F().
sleep
ok
11>
```

위에서처럼 변수를 함수처럼 실행할 수도 있다. 그리고 더 복잡한 함수를 정의하는
것도 가능하다. 예를 들어 1을 입력하면 hi를 리턴하고 2를 입력하면 hello를 리턴
하는 함수를 정의한다면 다음과 같을 것이다.

```
11> F2 = fun Say(1) -> hi; Say(2) -> hello end.
#Fun<erl_eval.30.90072148>
12> F2(1).
hi
13> F2(2).
hello
```

fun 내에 Say라는 이름을 붙인 함수를 정의해서 구현해본 것인데, OTP 17.X 버전 부
터 포함된 기능이다. 당장은 이해가 안 되어도 이후 코드를 이해하는 데 지장은 없다.

6-1-4 메시지 전달 및 받기

프로세스는 서로에 대해 완벽하게 독립적이다. OS에서 프로세스들이 각각 독립적으
로 동작하듯이 얼랭 프로세스도 서로 공유하는 것은 아무것도 없다. 특정 프로세스가
죽었다고 해서 얼랭 시스템이 죽거나 하는 일은 발생하지 않는다.

그렇다면 프로세스들 사이에는 어떻게 통신을 할까? 3장에서 설명한 대로 서로간에 메시지를 교환하여 정보를 주고 받는다. 사람들이 서로에게 말을 해서 일을 시키고 응답을 받듯이, **프로세스들 사이에 뭔가를 전달하고 받으려면 메시지를 사용**한다.

특정 Pid의 프로세스로 메시지를 전달하는 방법은 아래와 같다.

Pid ! Message

Pid를 적고 느낌표(!) 다음에 메시지 내용을 적으면 된다. f()를 실행해서 지금까지 얼랭 셸에서 사용했던 변수들을 초기화하고 아래 예제를 입력해본다.

```
1> f().
ok
2> Pid = self().
<0.38.0>
3> Pid ! hi.
hi
4> flush().
Shell got hi
ok
5> Pid ! melong.
melong
6> flush().
Shell got melong
ok
```

자기 자신에게 hi라는 메시지를 보내고, flush()를 실행해서 도착한 모든 메시지를 출력하도록 하였다. 그 다음 라인도 마찬가지다.

프로세스에 도착한 메시지는 mailbox에 저장된다. observer:start()를 실행해서 observer tool을 이용해보자. Process 탭에 여러분의 얼랭 셸에서 표시된 Pid를 찾아보자.

찾은 프로세스를 더블클릭하면 `erlang:process_info`를 실행한 것과 비슷한 상세 정보가 나올 것이다.

Pid	Name or Initial Func	Reds	Memory	MsgQ	Current Function
<0.19.0>	auth	0	8728	0	gen_server:loop/6
<0.20.0>	net_kernel	7	7024	0	gen_server:loop/6
<0.21.0>	inet_tcp_dist:accept_loop/2	0	2672	0	prim_inet:accept0/2
<0.22.0>	net_kernel:ticker/2	2	2600	0	net_kernel:ticker_loop/2
<0.23.0>	global_group	0	2704	0	gen_server:loop/6
<0.24.0>	file_server_2	309874	16672	0	gen_server:loop/6
<0.25.0>	code_server	25130	601736	0	code_server:loop/1
<0.26.0>	standard_error_sup	0	2744	0	gen_server:loop/6
<0.27.0>	standard_error	0	2744	0	standard_error:server_loop/1
<0.28.0>	supervisor_bridge:user_sup/1	0	5760	0	gen_server:loop/6
<0.29.0>	user_drv	0	24616	0	user_drv:server_loop/5
<0.30.0>	user	0	2784	0	group:server_loop/3
<0.31.0>	group:server/3	0	16744	0	group:more_data/5
<0.32.0>	erlang:apply/2	0	176328	0	shell:get_command1/5
<0.33.0>	kernel_config:init/1	0	2704	0	gen_server:loop/6
<0.34.0>	kernel_safe_sup	0	7096	0	gen_server:loop/6
<0.38.0>	erlang:apply/2	0	26304	0	shell:eval_loop/3
<0.41.0>	application_master:init/4	0	2744	0	application_master:main_loop/2
<0.42.0>	application_master:start_it/4	0	5648	0	application_master:loop_it/4
<0.46.0>	application_master:init/4	0	2744	0	application_master:main_loop/2
<0.47.0>	application_master:start_it/4	0	2640	0	application_master:loop_it/4
<0.48.0>	ranch_sup	0	5792	0	gen_server:loop/6
<0.49.0>	ranch_server	0	2776	0	gen_server:loop/6

Process Information | Messages | Dictionary | Stack Trace | State

Overview

Initial Call:	erlang:apply/2
Current Function:	shell:eval_loop/3
Registered Name:	
Status:	waiting
Message Queue Len:	0
Group Leader:	<0.31.0>
Priority:	normal
Trap Exit:	false
Reductions:	3609
Binary:	{51905776,2,3}
Last Calls:	false
Catch Level:	4
Trace:	0
Suspending:	
Sequential Trace Token:	
Error Handler:	error_handler

Links

<0.32.0>

Monitors

Memory and Garbage Collection

Memory: 25 kB

이렇게 창을 띄워놓은 상태에서 자기 자신에게 메시지를 보내보자.

```
7> observer:start().
ok
8> Pid ! test1.
test1
9> Pid ! test2.
test2
```

그리고 아까 프로세스 정보 창에서 Ctrl-R을 눌러서 Refresh하면 다음과 같이 될 것이다.

Message Queue에 2개의 메시지가 도착한 것을 알 수 있다. 아직 처리되지 않은 메시지가 2개가 있는 것이다. 상단에 Message 탭을 클릭하면 어떤 메시지가 있는지 확인할 수도 있다.

이때 flush()를 실행해서 메시지를 모두 가져오면, Message Queue의 크기가 다시 0이 될 것이다.

```
10> flush().
Shell got test1
Shell got test2
ok
```

상세한 디버깅을 원한다면 observer 툴을 잘 사용하도록 하자. 사실 flush()를 이용해서 메시지를 전부 가져오는 것은 디버깅 같은 특별한 경우에나 사용하는 방법이고, 실제로는 메시지를 받아서 제대로 처리하는 코드를 사용한다.

아래는 기본적인 메시지를 받아서 처리하는 receive 구문이다. when 다음의 Guard 부분은 생략이 가능한 부분으로 if 형식처럼 제한을 둘 수 있다.

```
receive
    Pattern1 when Guard1 -> Expr1;
    Pattern2 when Guard2 -> Expr2
end
```

메시지 패턴을 받아서, Guard 부분의 형식에 맞는지 비교하고 맞으면 Expr을 실행하는 구문이다. 간단한 예제를 확인해보자.

```
receive
    Num1 when Num1 < 10 -> io:format("Low ");
    Num2 when Num2 >= 10 -> io:format("High ")
end
```

위 코드는 받은 메시지가 10보다 작으면 Low를 출력하고, 10보다 같거나 크면 High를 출력하는 예제이다. 테스트 해보자.

```
11> M1 = fun() -> receive
12> Num1 when Num1 < 10 -> io:format("Low ");
13> Num2 when Num2 >= 10 -> io:format("High ")
14> end
15> end.
#Fun<erl_eval.20.90072148>
16> MPid1 = spawn(M1).
<0.9641.4>
17> MPid1 ! 5.
Low 5
18> MPid1 ! 4.
4
```

M1 함수를 이용해서 생성한 프로세스 MPid1은 5라는 메시지를 받고 Low를 출력한 뒤 종료되었다. 뒤에 4를 전달했을 때는 프로세스가 종료한 이후라서 4만 출력되었다. 종료하지 않고 계속 메시지를 받아서 처리하도록 하려면 loop 함수 형식으로 만들어야 한다.

얼랭 쉘에서 함수를 만들어서 프로세스를 생성하는 것보다 코드로 작성하는 편이 이해하기가 쉽긴 할 텐데 테스트만 해보도록 하자. 당장은 이해하지 못해도 괜찮다.

```
19> M2 = fun L() -> receive
20> Num1 when Num1 < 10 -> io:format("Low ");
21> Num2 when Num2 >= 10 -> io:format("High ")
22> end,
23> L()
24> end.
#Fun<erl_eval.44.90072148>
25> MPid2 = spawn(M2).
<0.217.0>
26> MPid2 ! 5.
Low 5
27> MPid2 ! 10.
High 10
28> MPid2 ! 4.
Low 4
```

이번에 만든 프로세스는 계속 동작하면서 메시지를 처리한다. L()을 종료되기 전에 다시 실행시키도록 하였다. 종료 관련 코드가 없으니 영원히 동작할 것이다. 외부에서 종료시키려면 exit(Pid, kill)을 실행하면 된다.

이번에는 메시지를 받으면 보낸 프로세스에게 그대로 전달해 주는 Echo 프로세스를 만들어 보자. 코드는 비슷하다. 다만, 메시지 형식에서 조금 다르다. 메시지를 보낼 때 보낸 사람의 Pid를 마치 우편 봉투에 보낸 사람 주소를 적듯이 함께 첨부해서 보내야 한다. 그럼 받은 사람은 보낸 사람의 Pid를 확인하고 그 Pid로 그대로 메시지를 전달하면 된다. 대략 다음과 같은 형식이다.

```
receive
    {Pid1, Message} -> Pid1 ! Message
end
```

```
29> Echo = fun E() -> receive
29> {Pid1, Message} -> Pid1 ! Message
29> end,
29> E()
29> end.
#Fun<erl_eval.44.90072148>
30> EchoPid = spawn(Echo).
<0.241.0>
31> EchoPid ! {self(), hi}.
{<0.38.0>,hi}
32> EchoPid ! {self(), there}.
{<0.38.0>,there}
33> flush().
Shell got hi
Shell got there
ok
34> EchoPid ! {self(), bye}.
{<0.38.0>,bye}
35> flush().
Shell got bye
ok
```

메시지를 튜플로 만들어서 자기 자신의 Pid를 self() 함수를 이용해서 전달하였다. 만약 {Pid, Message} 형식이 아니라 다른 메시지를 보내면 어떻게 될까? 패턴매칭에 맞지 않는 메시지는 message_queue에 그대로 남아 있게 된다.

```
36> EchoPid ! 5.
5
37> EchoPid ! {self(), hello}.
{<0.38.0>,hello}
38> flush().
Shell got hello
ok
39> erlang:process_info(EchoPid).
[{current_function,{prim_eval,'receive',2}},
 {initial_call,{erlang,apply,2}},
 {status,waiting},
 {message_queue_len,1},
 {messages,[5]},
 {links,[]},
 {dictionary,[]},
 {trap_exit,false},
 {error_handler,error_handler},
 {priority,normal},
 {group_leader,<0.31.0>},
 {total_heap_size,609},
 {heap_size,233},
 {stack_size,14},
 {reductions,414},
 {garbage_collection,[{min_bin_vheap_size,46422},
                      {min_heap_size,233},
                      {fullsweep_after,65535},
                      {minor_gcs,3}]},
 {suspending,[]}]
```

5와 {self(), hello}를 보냈는데, 5는 message_queue에 그대로 남아있는 것이 확인될 것이다. messages 내용과 message_queue_len을 찾아 보자. observer로 확인해봐도 좋다.

프로세스를 스스로 종료되도록 하려면 몇 가지 방법들이 있다. 물론 exit(Pid, kill) 함수를 사용해도 되겠지만 프로세스 스스로 종료하도록 하는 것이 나을 것이다.

stop 메시지를 받으면 종료되도록 하는 방법

```
receive
  {Pid, Message} -> Pid ! Message;
  stop -> true
end
```

예를 들어 5초 후에 자기 자신에게 stop 메시지를 보내는 코드는 아래와 같다.

erlang:send_after(5000, self(), stop).

유저 세션을 실제로 프로세스를 이용하여 구현하는 부분에서 session의 timeout을 체크할 때 위 방법을 이용해 보도록 하겠다.

프로세스에 이름을 부여하려면 register(RegName, Pid) 함수를 사용한다.

```
40> register(echo_proc, EchoPid).
true
41> echo_proc ! {self(), hey}.
{<0.38.0>,hey}
42> flush().
Shell got hey
ok
```

6-1-5 Links

얼랭 쉘에 다음과 같이 입력해 보자.

```
1> X = 6.
6
2> X + 7.
```

```
13
3> self().
<0.38.0>
```

간단한 숫자 연산이다. 이런 코드는 문제 없이 동작하겠지만, 숫자가 아닌 값에 숫자를 더하면 어떻게 될까? 현재 프로세스는 ⟨0.38.0⟩이었다는 것을 기억해둔다.

```
4> Y = z.
z
5> Y + 17.
** exception error: an error occurred when evaluating an arithmetic expression
     in operator  +/2
          called as z + 17
6> self().
<0.201.0>
```

에러가 발생하였다. 그리고 프로세스가 종료되고, 얼랭 쉘은 자동으로 새로운 프로세스를 생성하여 얼랭 쉘의 Pid가 ⟨0.201.0⟩으로 변경되었다. 만약 이런 코드가 프로세스 실행 중에 있다고 하면 해당 프로세스는 에러를 내면서 종료될 것이다. 프로세스에 대한 간단한 에러 처리를 배워 보자.

프로세스와 프로세스는 서로 연결될 수 있다. 이를 link라고 하는데, 프로세스를 생성한 후에 link(Pid) 함수를 이용해서 자신의 프로세스와 연결하거나, 프로세스를 생성할 때에 spawn 대신에 spawn_link 함수를 이용하면 연결이 된다.

link된 프로세스는 상대방 프로세스가 종료되면 종료 시그널을 전달받게 된다. 코드를 작성해 보자.

```
7> Error = fun() -> receive A -> A*5 end end.
#Fun<erl_eval.20.90072148>
8> ErrorPid1 = spawn(Error).
<0.207.0>
9> ErrorPid1 ! a.
a

=ERROR REPORT==== 26-Oct-2001::11:00:00 ===
Error in process <0.207.0> on node 'node1@MiracleWorks' with exit value: {badarith,[
{erlang,'*',[a,5],[]}]}
```

```
10> self().
<0.201.0>
11> flush().
ok
```

프로세스 내에서 에러가 발생했을 때 시스템 ERROR REPORT가 출력되었지만, 프로세스도 그대로이고 메시지가 도착하지도 않았다. 이번에는 link 시킨 후 다시 해보자.

```
12> ErrorPid2 = spawn_link(Error).
<0.212.0>
13> ErrorPid2 ! b.

=ERROR REPORT==== 26-Oct-2001::11:00:07 ===
Error in process <0.212.0> on node 'node1@MiracleWorks' with exit value: {badarith,[
{erlang,'*',[b,5],[]}]}

** exception exit: badarith
     in operator  */2
         called as b * 5
14> self().
<0.214.0>
15> flush().
ok
```

이번에는 spawn_link를 사용해서 서로의 프로세스는 연결된 상태였다. 변한 점을 눈치 챘는가? 에러가 발생한 프로세스가 죽으면서 종료 시그널이 연결된 자신의 프로세스에게도 전달되어 자기 자신도 종료되었다. 그래서 프로세스 id가 〈0.214.0〉으로 변경된 것을 확인할 수 있을 것이다.

에러 처리 방법에 따라서 같이 종료되는 것이 맞을 수도 있고, 아니면 다른 처리를 하고 싶을 수도 있을 것이다. 프로세스가 종료되면 link된 프로세스로 exit signal을 보내게 되는데, exit signal이 아닌 메시지 형태로 변환하면 같이 종료되지 않는다. exit signal을 메시지 형태로 변경시키는 함수는 process_flag(trap_exit, true)이다.

이번에는 trap_exit 플래그를 true로 켜고 해보자.

```
16> process_flag(trap_exit, true).
false
17> ErrorPid3 = spawn_link(Error).
<0.221.0>
18> ErrorPid3 ! c.
c

=ERROR REPORT==== 26-Oct-2001::11:00:17 ===
Error in process <0.221.0> on node 'node1@MiracleWorks' with exit value: {badarith,[
{erlang,'*',[c,5],[]}]}

19> self().
<0.214.0>
20> flush().
Shell got {'EXIT',<0.221.0>,{badarith,[{erlang,'*',[c,5],[]}]}}
ok
```

어떤가? 프로세스가 종료되지 않고, 대신 메시지를 전달 받았다. 해당 프로세스가 어떤 에러로 죽었는지에 대한 메시지다. 이 방법을 이용해서 프로세스들 사이의 에러처리를 쉽게 구현할 수 있다.

6-1-6 API 추가

오랜 만에 API를 하나 추가해보자. 유저의 점수를 저장하는 API이다. /users/point로 전송하는데, session_key를 포함해서 전달해야 한다. session_key는 로그인할 때에 서버에서 전달하도록 추가한다.

Method	API	Body Query String	Description	Return Data
POST	/hello/world		서버와 테스트 통신	result :: ANY
POST	/join	id :: 아이디 password :: 패스워드	회원 가입	result :: ok|fail
POST	/login	id :: 아이디 password :: 패스워드	로그인	result :: ok|fail session_key ::
POST	/users/point	session_key :: point :: 점수	유저의 점수 저장	result :: ok|fail

6-2 구현하기

유저가 로그인을 성공하면 유저 세션User Session 역할을 하는 프로세스를 생성할 것이다. 점수를 저장하는 API는 핸들러에서 처리시 해당 세션 프로세스에게 메시지를 전달해서 결과값을 받아 오도록 한다.

6-2-1 유저 세션 프로세스 생성

mon_users 모듈에 new_session/1, loop/1, make_session_key/2 함수를 만든다. 대략적인 동작을 가늠해 볼 수 있도록 프로세스 생성 부분만 만들고 나머지는 함수 껍데기만 작성하였다.

```erlang
14 %% API
15 -export([join/2, login/2]).
16
17 join(Id, Password) ->
18     F = fun() ->
19         case mnesia:read(users, Id) of
20             [] ->
21                 %% 해당 Id로 가입된 데이터가 없으면 저장한다
22                 Users = #users{id=Id, password=Password},
23                 ok = mnesia:write(Users); %% 가입완료
24             _ ->
25                 fail %% 가입 실패
26         end
27     end,
28     mnesia:activity(transaction, F).
29
30 login(Id, Password) ->
31     F = fun() ->
32         case mnesia:read(users, Id) of
33             [U = #users{password=Password}] ->
34                 %% Id, Password 일치, 로그인 성공
35                 SessionKey = new_session(Id),
36                 {ok, SessionKey};
37             _ ->
38                 %% 일치하는 데이터 없음, 로그인 실패
39                 fail
40         end
41     end,
42     mnesia:activity(transaction, F).
43
```

```
44  %% 유저 세션 프로세스 생성
45  new_session(Id) ->
46      Pid = spawn(mon_users, loop, [Id]),
47      make_session_key(Id, Pid).
48
49  %% session loop
50  loop(Id) ->
51      receive
52          _ -> pass
53      end.
54
55  %% 세션 키 생성
56  make_session_key(Id, Pid) ->
57      pass.
```

login() 함수 안에서 로그인 성공 후 new_session(Id) 함수를 호출해서 세션 프로세스를 생성하도록 하였다. session loop는 지금은 아무 동작도 하지 않는 코드이다.

6-2-2 세션 키

세션 키Session Key를 저장하기 위해 ETS를 이용해보자. session_list라는 이름의 ETS 테이블을 생성한다.

```
57      %% Code reloader 실행
58      mon_reloader:start(),
59
60      %% Session Table 생성
61      ets:new(session_list, [public, named_table]),
62
63      case mon_sup:start_link() of
64          {ok, Pid} ->
65              io:format("start ok~n"),
66              {ok, Pid};
67          Error ->
68              Error
69      end.
```

〈mon_app.erl 수정〉

세션 키를 만드는 것은 서버에서 중복되지 않는 고유한 키여야 한다. 얼랭에서는 해시 키hash key를 만드는 함수로 erlang:phase2(Term)을 사용할 수 있다. 그리고 랜덤 값을 얻을 때는 random:seed(A1, A2, A3)로 seed를 만들고, random:uniform(N) 함수로 1부터 N까지의 숫자 중 하나를 랜덤으로 얻을 수 있다. A1, A2, A3는 integer 형식이어야 한다.

```
55 %% 세션 키 생성 및 저장
56 make_session_key(Id, Pid) ->
57     %% 시드 초기화
58     {A1, A2, A3} = now(),
59     random:seed(A1, A2, A3),
60
61     %% 1~10000까지 숫자 중 하나를 랜덤 선택
62     Num = random:uniform(10000),
63
64     %% Id를 이용한 Hash 생성
65     Hash = erlang:phash2(Id),
66
67     %% 두개의 값을 16진수로 조합하여 session key 생성
68     List = io_lib:format("~.16B~.16B", [Hash, Num]),
69     SessionKey = list_to_binary(lists:append(List)),
70
71     %% 세션 키 저장 및 리턴
72     ets:insert(session_list, {SessionKey, Pid}),
73     SessionKey.
```

〈mon_users.erl 세션 키 생성 및 저장 함수 작성〉

지금까지는 따로 JSON 라이브러리를 사용하지 않았는데, 클라이언트에게 세션 키를 전달하기 위해 Return Data 구조가 복잡해지므로 적당한 JSON 라이브러리를 추가하도록 하자.

```
1 {deps, [
2     {cowboy, ".*", {git, "git://github.com/extend/cowboy.git", {tag, "0.10.0"}}},
3     {jsx, ".*", {git, "git://github.com/talentdeficit/jsx.git", {tag, "v2.1.1"}}}
4 ]}.
```

〈rebar.config 어플리케이션 추가〉

```
1 -pa ./ebin
2 -pa ./deps/cowboy/ebin
3 -pa ./deps/cowlib/ebin
4 -pa ./deps/ranch/ebin
5 -pa ./deps/jsx/ebin
```

```
6  -eval "application:start(mon)"
7  -sname node1
8  -mnesia dir '"./db"'
```

〈vm.args 수정〉

두 개의 파일을 수정한 후에는 get-deps를 실행해서 패키지를 다운 받아 온 후 컴파일해서 실행하도록 한다.

jsx의 사용법은 간단하다. JSON 데이터를 생성하기 위해서는 jsx:encode, 그 반대로 JSON 데이터를 파싱해서 얼랭 형식으로 변환하려면 jsx:decode를 사용한다. 간단한 예제는 다음과 같다.

```
1> Json = jsx:encode([{<<"result">>, <<"ok">>}]).
<<"{\"result\":\"ok\"}">>
2> jsx:decode(Json).
[{<<"result">>,<<"ok">>}]
```

jsx module을 사용해서 mon_http 모듈의 JSON 형식을 사용하는 부분을 모두 수정한다. SessionKey도 전달하도록 코드를 추가한다.

```
34 handle(<<"login">>, _, _, Data) ->
35     Id = proplists:get_value(<<"id">>, Data),
36     Password = proplists:get_value(<<"password">>, Data),
37     case mon_users:login(Id, Password) of
38         {ok, SessionKey} ->
39             jsx:encode([
40                 {<<"result">>, <<"ok">>},
41                 {<<"session_key">>, SessionKey}
42             ]);
43         _ ->
44             jsx:encode([{<<"result">>, <<"fail">>}])
45     end;
46 handle(<<"join">>, _, _, Data) ->
47     Id = proplists:get_value(<<"id">>, Data),
48     Password = proplists:get_value(<<"password">>, Data),
49     case mon_users:join(Id, Password) of
50         fail ->
51             jsx:encode([{<<"result">>, <<"duplicated">>}]);
52         ok ->
53             jsx:encode([{<<"result">>, <<"join">>}])
54     end;
```

```
55  handle(<<"hello">>, <<"world">>, _, _) ->
56      jsx:encode([{<<"result">>, <<"Hello world!">>}]);
57  handle(_,_,_,_) ->
58      jsx:encode([{<<"result">>, <<"error">>}]).
```

curl을 이용해서 테스트 해보자.

```
D:\>curl -d "id=kant&password=12345" http://192.168.0.7:6060/login
{"result":"ok","session_key":"6FF5BB01778"}
```

정상적으로 세션 키를 받아 오는 것을 확인하였다. 이제는 점수 저장 기능을 추가해
보자.

6-2-3 포인트 저장 기능 추가

mon_http 모듈에 API를 추가 한다. join 아래 쪽에 작성하면 된다.

```
46  handle(<<"join">>, _, _, Data) ->
47      Id = proplists:get_value(<<"id">>, Data),
48      Password = proplists:get_value(<<"password">>, Data),
49      case mon_users:join(Id, Password) of
50          fail ->
51              jsx:encode([{<<"result">>, <<"duplicated">>}]);
52          ok ->
53              jsx:encode([{<<"result">>, <<"join">>}])
54      end;
55  handle(<<"users">>, <<"point">>, _, Data) ->
56      SessionKey = proplists:get_value(<<"session_key">>, Data),
57      Point1 = proplists:get_value(<<"point">>, Data),
58      Point = binary_to_integer(Point1),
59      case mon_users:point(SessionKey, Point) of
60          ok ->
61              jsx:encode([{<<"result">>, <<"ok">>}]);
62          fail ->
63              jsx:encode([{<<"result">>, <<"fail">>}])
64      end;
65  handle(<<"hello">>, <<"world">>, _, _) ->
66      jsx:encode([{<<"result">>, <<"Hello world!">>}]);
67  handle(_,_,_,_) ->
68      jsx:encode([{<<"result">>, <<"error">>}]).
```

〈mon_http.erl /users/point API 추가〉

mon_users:point 함수를 호출하는 것이 전부다. 나머지는 mon_users 모듈에서 생성한 프로세스를 통해 점수 저장 작업을 수행해야 한다.

```erlang
14 %% API
15 -export([join/2, login/2, point/2, loop/1, make_session_key/2]).
16
17 join(Id, Password) ->
18     F = fun() ->
19             case mnesia:read(users, Id) of
20                 [] ->
21                     %% 해당 Id로 가입된 데이터가 없으면 저장한다
22                     Users = #users{id=Id, password=Password},
23                     ok = mnesia:write(Users); %% 가입완료
24                 _ ->
25                     fail %% 가입 실패
26             end
27         end,
28     mnesia:activity(transaction, F).
29
30 login(Id, Password) ->
31     F = fun() ->
32             case mnesia:read(users, Id) of
33                 [U = #users{password=Password}] ->
34                     %% Id, Password 일치, 로그인 성공
35                     SessionKey = new_session(Id),
36                     {ok, SessionKey};
37                 _ ->
38                     %% 일치하는 데이터 없음, 로그인 실패
39                     fail
40             end
41         end,
42     mnesia:activity(transaction, F).
43
44 point(SessionKey, Point) ->
45     case ets:lookup(session_list, SessionKey) of
46         [{SessionKey, Pid}] ->
47             Ref = make_ref(),
48             Pid ! {self(), Ref, save_point, Point},
49             receive
50                 {Ref, saved} ->
51                     ok;
52                 _ ->
53                     fail
54             after 3000 ->
55                 fail
56             end;
57         _ ->
```

```erlang
 58              fail
 59      end.
 60
 61 %% 유저 세션 프로세스 생성
 62 new_session(Id) ->
 63      Pid = spawn(mon_users, loop, [Id]),
 64      make_session_key(Id, Pid).
 65
 66 %% session loop
 67 loop(Id) ->
 68      receive
 69          {Pid, Ref, save_point, Point} ->
 70              save_point(Id, Point),
 71              Pid ! {Ref, saved};
 72          _ ->
 73              pass
 74      end,
 75      loop(Id).
 76
 77 %% 세션 키 생성 및 저장
 78 make_session_key(Id, Pid) ->
 79      %% 시드 초기화
 80      {A1, A2, A3} = now(),
 81      random:seed(A1, A2, A3),
 82
 83      %% 1~10000까지 숫자중 하나를 랜덤 선택
 84      Num = random:uniform(10000),
 85
 86      %% Id를 이용한 Hash 생성
 87      Hash = erlang:phash2(Id),
 88
 89      %% 두개의 값을 16진수로 조합하여 session key 생성
 90      List = io_lib:format("~.16B~.16B", [Hash, Num]),
 91      SessionKey = list_to_binary(lists:append(List)),
 92
 93      %% 세션 키 저장 및 리턴
 94      ets:insert(session_list, {SessionKey, Pid}),
 95      SessionKey.
 96
 97 %% 유저 점수 저장
 98 save_point(Id, Point) ->
 99      F = fun() ->
100          case mnesia:read(users, Id) of
101              [U] ->
102                  %% 유저 점수 저장
103                  Users = U#users{point=Point},
104                  ok = mnesia:write(Users);
105              _ ->
106                  fail %% 저장 실패
```

```
107        end
108    end,
109    mnesia:activity(transaction, F).
```

〈mon_users.erl 점수 저장 기능 추가〉

point(SessionKey, Point) 함수에서 이미 저장한 세션 키에 해당하는 프로세스의 Pid를 가져왔다. 그리고 해당 Pid로 점수를 저장하라는 메시지인 {self(), Ref, save_point, Point}를 전송한다. Ref는 메시지에 고유 번호를 첨부했다고 보면 된다. 해당 Pid로 여러 개의 메시지가 동시에 도착할 수 있기 때문에 메시지를 구분하는 고유한 번호를 make_ref() 함수로 만들어서 추가한 것이다.

그리고 프로세스에서 메시지를 받아서 처리하는 함수인 loop(Id)에서 메시지 패턴 {Pid, Ref, save_point, Point}을 만들고 save_point() 함수를 호출하도록 하였다. save_point() 함수 내부에서는 지난 장에서 배웠던 방식대로 mnesia 데이터베이스의 users 테이블에서 해당 유저의 데이터를 읽고 그 안에 포인트를 저장한다.

큰 구현은 끝난 것 같다. curl을 이용해서 테스트 해보자. /login을 전송하고 받은 결과 값에서 session_key 부분을 그 다음에 /users/point를 전송할 때에 포함해서 입력한다.

```
D:\>curl -d "id=kant&password=12345" http://192.168.0.7:6060/login
{"result":"ok","session_key":"6FF5BB0BCE"}
D:\>curl -d "session_key=6FF5BB0BCE&point=105" http://192.168.0.7:6060/users/point
{"result":"ok"}
```

문제없이 점수 저장 API가 동작하였다. 혹시 모르니 실제로 서버의 데이터베이스에 점수 105점이 저장되었는지 확인해본다. observer를 이용해도 좋고, 아래처럼 직접 얼랭 쉘에서 확인해도 된다.

```
1> rr("src/mon_record.hrl").
[users]
2> mnesia:dirty_read(users, <<"kant">>).
[#users{id = <<"kant">>,password = <<"12345">>,
        token = undefined,level = 0,exp = 0,point = 105}]
3>
```

6-2-4 자동 로그아웃

유저 프로세스는 로그인 후 만들어지고, 계속 유저 세션이 유지되는 동안 유저 프로세스는 종료되지 않는다. 유저가 무한정 접속하는 것이 아니기 때문에 일정 시간이 지나면 자동으로 세션을 끝내고, 유저 프로세스를 종료해야 한다.

제일 먼저 할 일은 유저로부터 명령이 도착했을 때의 시간을 저장하는 것이다. 그리고 그 시간과 현재 시간을 체크해서 일정 시간이 지났다고 판단하면 스스로 종료하는 코드를 넣으면 될 것이다.

```
erlang:send_after(Time, Dest, Msg) -> TimeRef
```

이 함수는 Time에는 밀리 세컨드 단위의 시간을, Dest에는 Pid를 입력한다. Msg에는 보내고자 하는 메시지를 적으면 Time 시간이 지난 후에 해당 프로세스로 메시지가 전송된다. 계속 보내는 것은 아니고 딱 한번 보내는 것이므로, 계속 보내고 싶다면 또 호출해주어야 한다.

```
erlang:now() -> Timestamp
```

현재 시간을 알아내는 함수는 많이 있지만, 지금은 now()를 사용해보겠다. Timestamp 는 {MegaSecs, Secs, MicroSecs}라는 3가지 숫자를 담은 튜플을 리턴한다. 일반적으로 사용하는 1970년 1월 1일을 기반으로 하는 타임 스탬프 값이다. 똑같은 역할을 하는 os:timestamp()라는 함수와 다른 점은 now()의 경우 유니크한 값을 리턴한다는 점이다. 동시에 now()를 호출할 경우 두 값은 동일하지 않다는 것이 보장된다. 흔히 한 시스템에서 절대 중복하지 않는 키를 만들고 싶을 때 자주 사용한다.

우선 프로세스를 생성하는 mon_users module의 new_sessino(Id) 함수에서 spawn 할 때에 Id와 함께 Timestamp를 전달한다. 그리고 1초 간격으로 {check} 메시지를 보내도록 코딩한다.

```
61 %% 유저 세션 프로세스 생성
62 new_session(Id) ->
63     Time = now(),
64     Pid = spawn(mon_users, loop, [Id, Time]),
```

```
65    SessionKey = make_session_key(Id, Pid),
66    erlang:send_after(1000, Pid, {check}),
67    SessionKey.
```

프로세스가 실행하는 loop 함수도 Time을 추가하고 명령을 받으면 Time을 갱신하고, {check} 메시지를 받았을 때는 현재 시간과 체크하는 기능을 추가한다. 시간의 비교는 timer:now_diff 함수를 이용하는데, 마이크로 세컨드 단위로 계산되므로 주의한다.

테스트를 위해서 명령 없이 10초가 지나면 유저 세션을 종료하고, 아니라면 다시 1초 후에 {check} 메시지를 전송하도록 한다.

```
14 %% API
15 -export([join/2, login/2, point/2, loop/2, make_session_key/2]).
```

```
69 %% session loop
70 loop(Id, Time) ->
71     Time1 =
72         receive
73             {Pid, Ref, save_point, Point} ->
74                 save_point(Id, Point),
75                 Pid ! {Ref, saved},
76                 now();
77             {check} ->
78                 Diff = timer:now_diff(now(), Time),
79                 %% Diff는 마이크로 세컨드 단위이다.
80                 %% 10초가 지났으면 세션 종료
81                 if (Diff > 10000000) -> delete_session_key(self());
82                     true -> erlang:send_after(1000, self(), {check})
83                 end,
84                 Time;
85             _ ->
86                 Time
87         end,
88     loop(Id, Time1).
```

ets 테이블에서 세션키를 제거하고, 프로세스를 종료하는 함수 delete_session_key(Pid)를 만든다. Pid는 Key가 아니기 때문에 ets:lookup 함수를 사용하지 않고, 패턴 매칭으로 검색하는 match_object 함수를 사용하였다. 패턴으로 {'_', Pid}를 넣은 것은 Key 부분은 아무 값이나 매칭하고, 뒤에 value 부분이 Pid인 object를 찾기 위한 것이다. Object를 찾은 후에는 ets 테이블에서 삭제하고 프로세스를 종료한다.

코드는 아래와 같다.

```
110 %% 세션 키 제거 및 프로세스 종료
111 delete_session_key(Pid) ->
112     [Obj] = ets:match_object(session_list, {'_', Pid}),
113     ets:delete_object(session_list, Obj),
114     exit(normal).
```

이제 테스트를 해보자.

```
D:\>curl -d "id=kant&password=12345" http://192.168.0.7:6060/login
{"result":"ok","session_key":"6FF5BB015D"}
D:\>curl -d "session_key=6FF5BB015D&point=100" http://192.168.0.7:6060/users/point
{"result":"ok"}
D:\>curl -d "session_key=6FF5BB015D&point=101" http://192.168.0.7:6060/users/point
{"result":"fail"}
```

로그인한 다음에 10초 이내에 /users/point 명령어를 보내서 ok를 받은 사람이 몇 명이나 있을 지 모르겠다. 10초가 지났다면 fail을 받았을 것이다. (아마 99%는 fail이 날라왔을 것이라고 확신한다.) 마이크로 세컨드로 10초가 10000000이니, 좀 더 숫자를 늘려서 느긋한 마음으로 테스트를 해보는 것이 좋을 것 같다.

6-3 모바일 앱 연동

이번 장에서는 모바일 앱을 이용해서 로그인하고 점수저장 메뉴까지 테스트해 볼 수 있다. 테스트 방법은 간단하므로 굳이 자세히 설명하지 않겠다.

로그인 후에 점수저장 메뉴를 누르면 세션 키가 입력되어 있을 것이다. 나머지는 자유롭게 테스트하면 된다.

6-4 코드 보완

지금 만들어진 서버는 보완해야 할 부분들이 있다. 지금은 로그인할 때마다 새로운 세션을 생성하고 있다. 로그인했을 때에 세션이 있다면 해당 세션을 이용하도록 코드를 수정해보면 공부가 될 것이다.

그리고 4장에서 만들었던 mon_reloader module을 보완해 보자. mon_reloader는 프로세스로 동작하고 있기 때문에 다른 모듈과 다르게 서버 다운 없이 코드를 자동으로 업데이트 하려면 누군가 mon_reloader 프로세스에게 update라는 메시지를 보내주어야 한다. 이 update 메시지를 수동으로 전송하는 코드까지 작성했을 것이다.

reload() 함수 이후에 만약 Module 이름이 mon_reloader라면 자기 자신에게 self-message로 update를 보내준다면 수동으로 update 메시지를 전송하는 수고를 덜 수 있을 것 같다. 간단한 부분이니 스스로 만들어 보기 바란다.

7장
푸시 알림

푸시 알림 기능은 빠르게 발전한 무선 이동통신 기술을 기반으로 원활하게 사용이 가능해진 TCP/IP 기술을 이용

하는 것뿐이다. 각 벤더마다 차이점이 있지만 핵심 내용은 비슷하다. 스마트폰에서 하나의 TCP Connection을 열

어 구글은 구글, 애플은 애플의 서버에 접속하고 그 소켓에서 전송되는 데이터를 받아서 처리하는 것이다.

7-1 푸시 알림이란?

예전에는 휴대폰에 알림 메시지라고 한다면 단문 메시지 서비스Short Message Service, SMS가 전부였으나, 스마트폰 시대에서는 푸시 알림Push Notification이 추가되었다.

푸시 알림은 스마트폰에 설치된 어플리케이션에서 보내는 알림 메시지를 말한다. 사용자들의 스마트폰은 SMS를 이용한 스팸문자에다가 어플리케이션들이 보내는 푸시 알림 메시지까지 더해져서 조용할 날이 없어졌다. 스마트폰에 알림 메시지 소리가 들려서 확인해보면 90%는 관심 없는 광고 메시지라서, 해당 앱의 푸시 알림 기능을 꺼놓기도 한다. 요즘은 그나마 회사들도 조금은 자제하는 것 같지만, 시끄러운 건 사실이다. 왜 휴대폰 시절에는 없던 것이 스마트폰이 생기면서 추가된 것일까?

스마트폰의 푸시 알림은 통신사에서 구현한 SMS와 다르게 스마트폰의 각 OS 벤더들이 구현한 자체 기능으로 구현된 것이다. 구글은 Google Cloud MessagingGCM이라는 이름으로 푸시 알림 기능을 안드로이드 OS에 내장시켰고, 애플은 Apple Push Notification serviceAPNs라는 이름으로 iOS에 내장시켰다. 모바일 어플리케이션 개발자들은 해당 기능을 잘 사용하고 있는 것일 뿐이다. 광고라고 욕은 먹을지언정 보내지 않는 것보다는 매출에 도움이 된다고 생각하는 것 같은데 여기서 논의할 대상은 아닌 것 같다.

기술적으로 푸시Push는 어떤 이벤트가 발생했을 때 서버에서 클라이언트로 바로 해당 이벤트를 전달하는 것을 의미한다. 이와 반대로 풀Pull은 클라이언트에서 서버로 자기에게 도착한 이벤트가 있는지 계속 확인하는 것을 의미한다. 예를 들어 푸시는 편지가 오면 우체부 아저씨가 곧바로 자신에게 편지를 가져다 주는 것을 의미하고, 풀은 우리 집에 편지가 왔나 안 왔나 주기적으로 편지함을 스스로 확인해 봐야 하는 것을 의미한다.

푸시의 장점은 서버에서 클라이언트로 메시지를 전송해야 한다고 했을 때 그 즉시 보내고 받아서 처리할 수 있다는 점이다. 특별히 푸시를 사용할 수 없는 경우[1]가 아니라

---

1 예를 들어 HTTP 웹서버의 경우, 클라이언트인 브라우저로 바로 서버 푸시를 보낼 수 있는 방법이 없다. 이를 구현하려면 HTML5에 포함된 Websocket 등의 다른 기술을 사용해야 한다. HTTP/2.0에서는 SPDY를 기반으로 이런 점들이 보완되었다.

면 풀보다는 푸시로 구현하는 것이 좋을 것이다.

애플이나 구글이 푸시 알림 기능을 OS 내에 포함시킨 이유 중 하나는 자사의 어플리케이션이나 시스템의 업데이트 알림을 보내는 데 있어서, 통신사의 SMS를 이용한다면 추가적인 요금이 발생하기 때문이다. 메일이 도착했다고 알려야 하는데, 사용자마다 메일이 도착했다고 SMS를 발송해 주어야 한다면 회사로서는 사용자가 많으면 많을수록 아주 큰 손해가 발생하게 된다.

통신사와 상관없이 무료로 메시지를 보낼 수 있는 기능, 더 나아가서 이미지라든가 음악을 포함시킬 수 있고, 다른 외부 개발자들도 쉽게 무료로 사용할 수 있게 하면 좋겠다는 생각으로 만들어진 것이 푸시 알림 기능이다.

그렇다면 어떤 원리로 푸시 알림 메시지가 스마트폰에 도착하는 것일까? 기능 구현을 위해 프로그래머가 알아야 할 기술은 각 벤더가 제공하는 문서만 읽으면 이해할 수 있을 정도로 간단하지만, 그 기반이 되는 무선 이동통신 기술은 간단하지 않다.

7-1-1 무선 이동통신

푸시 알림 메시지가 스마트폰 회사의 서버를 출발하여 어떻게 유저의 스마트폰에 도착하게 되는지를 이해하려면 무선 이동통신에 대해서도 알고 있는 것이 좋다. 최대한 간단하게 설명하겠다. 개념만 놓고 보면 무선 이동통신 기술은 라디오나 지상파 TV 방송과 크게 다르지 않다.

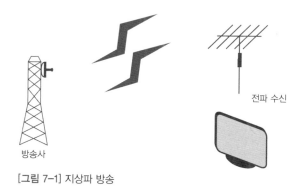

전파 수신

방송사

[그림 7-1] 지상파 방송

지상파 방송의 경우 방송사에서 전파에 이미지와 음성 데이터를 실어서 방송사 송신소를 통해 송출하면, 전파는 빛의 속도인 초속 30만km로 이동하여 전국 방방 곳곳에 도달하게 된다. 건물 밖에 있는 혹은 집에 있는 안테나를 통해서 전파를 수신하면 케이블을 통해 TV로 이어지고 TV에 있는 튜너에서 주파수 별로 이를 다시 원래의 이미지와 음성 데이터로 변환하여 볼 수 있는 것이다.

아날로그 방송 시절에는 각 방송 TV 채널마다 6MHz씩 사용해서, 예를 들어 KBS1은 174Mhz~180Mhz 대역으로 9번 채널, MBC는 198Mhz~204Mhz으로 11번 채널 등 이런 식으로 총 30Mhz~216MHz 사이를 채널 번호로 나누어서 사용하였다.

지금은 디지털 방송으로 전환되어 특정한 채널 번호의 의미가 사라졌다. 디지털 데이터를 전파에 담아서 송출하기 때문에, 하나의 주파수 대역 안에 여러 개의 방송 데이터를 압축해서 담을 수도 있고 디지털이라 어떤 방송인지 제목부터 내용에 대한 데이터까지 모두 담아서 어떤 방송인지 채널을 알지 못해도 구분이 가능하기 때문이다.

2014년 국내 디지털 지상파 방송은 470MHz부터 698MHz까지 사용하고 있다. 채널당 전송 대역은 동일하게 6MHz이다. 서울의 경우 관악송신소와 남산송신소가 디지털 방송을 송출하며, 그 밖에도 전국 곳곳에 기간국과 간이국으로 구분되는 송신소들이 있어, 전파가 닿지 않는 곳이 없도록 하고 있다. 예를 들어 관악송신소의 경우 EBS는 채널 18에 주파수는 497MHz이고, 남산송신소의 경우 EBS는 채널 46에 주파수는 665MHz를 사용한다.

전파는 주파수가 높을수록 직진하는 성질과 반사하는 성질이 강해지고, 주파수가 낮을수록 회절 현상이 강해진다. 전파가 만약 건물이나 산과 같은 장애물을 만났을 때 높은 주파수의 경우는 반사될 것이고, 낮은 주파수의 경우는 마치 방문을 닫아도 방 안의 소리가 들리듯이 회절될 것이다. 3MHz~30MHz 정도의 단파는 지구 반대편까지 도달하여 아마추어 무선 등에 사용된다.

사용할 수 있는 주파수는 한정적인데, 서로 낮고 큰 대역의 주파수를 사용하기를 원할 것이기 때문에 주파수 전쟁은 일어날 수밖에 없다. 국내에서 3G나 LTE에 사용되는 주파수는 800MHz, 1.8GHz, 2.1GHz, 2.6GHz 대역을 사용한다. 높은 주파수

대역이라서 디지털 TV보다도 훨씬 더 많은 송신소 즉 이동 통신에서 말하는 기지국이 필요할 것이다.

그리고 방송과 크게 다른 점은 방송의 경우 TV는 안테나를 통해서 수신만 하면 되는데, 우리가 들고 다니는 휴대폰은 수신도 하고 송신도 해야 한다는 점이다. 즉 휴대폰 자체가 수신기이면서 전파를 송신하는 장비이다.

작은 휴대폰이라도 수신은 문제 없겠지만, 송신은 문제가 된다. 전파를 멀리까지 보낼 수 없을뿐더러 휴대폰을 가지고 이동을 하는 것이 가장 큰 문제이다. 그래서 나온 여러 해결 방법 중에 하나가 전체 지역을 여러 개의 셀(세포) 모양으로 나누어서 각 셀마다 기지국을 배치하는 방법이다.

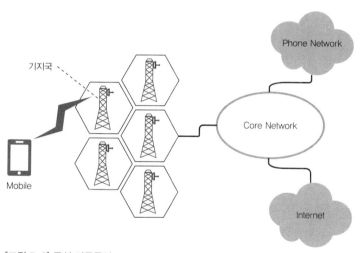

[그림 7-2] 무선 이동통신

휴대폰을 셀룰러폰cellular phone이라고 부르는 이유가 여기에 있다. 기지국에서 전파를 보내면, 휴대폰은 "나 여기 있다"고 전파를 보낸다. 그렇게 서로 전파가 왔다 갔다 하면서 특정 유저의 휴대폰 정보를 어떤 기지국에서 처리할지 결정하게 된다.

기지국에서 전송하는 데이터는 자기만을 위한 데이터가 아니라 수많은 사람을 위한 데이터이다. 지금도 여러분의 주변에는 다른 사람의 통화 정보가 계속 들어오고 있다. 휴대폰은 그런 것들을 걸러내서 자기것만 처리하도록 되어 있을 뿐이다.

무선 이동통신은 전파 간섭이 생길 수밖에 없다. 이런 문제를 해결하기 위한 방법이 CDMA, GSM 같은 기술이다. 흔히 2G라고 한다. 우리나라는 1996년에 도입되었는데, 2G가 그 전의 1G와 다른 점은 아날로그 방식이 아닌 디지털 방식을 이용했다는 것이다. 무선 이동통신과 인터넷의 결합이 가능해진 것인데, CDMA의 경우 이론적으로 2.4Mbps 정도의 다운로드 속도가 나올 수 있었다.

그 뒤로 3G WCDMA, 4G LTE까지 발전하면서 이론적으로는 20MHz 범위를 사용한다고 했을 때 다운로드 속도가 300Mbps, 업로드가 75Mbps까지 나온다. Wi-Fi 802.11n이 50m정도를 커버하면서 최대 속도 600Mbps인 것을 감안하면 LTE는 하나의 기지국에서 수십 km 단위로 커버를 하는 것이니 엄청나게 발전한 것을 알 수 있다.

한번 LTE에서 다운로드 속도가 어떻게 300Mbps가 나오는지 계산을 해보자. 20MHz 범위를 사용한다고 했는데, Hz라는 것은 진동수를 의미한다. 1Hz는 1초당 한번의 진동을 한다는 뜻이다. 무선 이동 통신에서는 주파수를 의미한다. 주파수를 전기적 신호로 나타내면 삼각함수의 사인sin 그래프와 같다

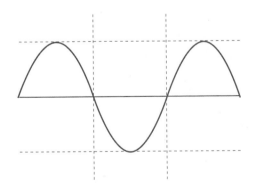

위 그림이 1초 동안의 파형이라면 1.5Hz라고 볼 수 있다. 20Mhz는 1초에 2천만개의 사인 파형이 있는 것이다. 20Mhz 만큼의 주파수에 디지털 데이터를 포함시켜서 전송하면 되는 것이다. 어떻게 하면 될지 상상해보자.

단순하게 생각해서 1Hz 안에 1bit인 0과 1을 구분할 수 있도록 보내면 20Mhz는 20Mbps가 된다. 같은 사인 그래프라도 좁게 그릴 수도 있고, 더 크게 그릴 수도 있

을 것이다. 그런 식으로 전파의 진폭과 위상의 변환을 이용해서 많은 데이터를 넣을 수 있도록 데이터를 전기적인 신호로 변환하는 것을 변조modulation라고 한다.

LTE의 경우 다운로드에서 64 QAM이라는 변조 방법을 사용할 수 있다. QAM은 하나의 신호당 6bit를 표현할 수 있다. 그것을 심볼이라고 하자. LTE는 20Mhz 대역폭에서 1개의 채널당 100개의 Resource Block을 갖는다. 1개의 Resource Block은 12개의 subcarrier를 갖고, 1개의 subcarrier는 0.5ms당 7개의 심볼을 전송할 수 있다. 1초는 1000ms이므로, 이것을 1초로 계산하면

$$100 * 12 * 7 * 2000 = 16,800,000$$

1초당 16,800,000개의 심볼을 전송한다는 뜻이 된다. 64QAM을 사용했을 때 1개의 심볼은 6bit를 표현할 수 있으므로,

$$16,800,000 * 6 = 100,800,000 \ bit \ /s = 100.8Mbps$$

LTE 1개의 채널에서 100.8Mbps를 전송한다는 뜻이 된다. 여기에 4T4R 기술을 접목해 송신 안테나 4개, 수신 안테나 4개를 이용하면 대역폭은 4배가 된다. 즉,

$$100.8 * 4 = 403.2Mbps$$

이 중에서 약 25% 정도는 데이터 시그널 관리 등에 사용하여 실제로는 최대 300Mbps 정도의 다운로드 속도가 나온다는 계산이 나온다.

이 정도의 인터넷 속도라면 인터넷을 사용하는 데에 불편함이 없다. 무선 이동통신에서도 TCP/IP 기반의 서비스를 원활하게 사용할 수 있게 된다. P2PPeer to Peer에 제약 사항이 있는 것 말고는 LAN이나 Wi-Fi와 차이점이 없다. 이 모든 것은 무선 이동통신 기술이 디지털과 접목하면서 가능한 것으로 이를 통해 푸시 알림도 전송할 수 있는 것이다.

7-1-2 푸시 알림

무선 이동통신 기술을 이해했으면, 푸시 알림을 이해할 차례이다. 스마트폰의 푸시 알림 기능 자체만 놓고 보면 특별히 어려운 기술은 없다. 앞서 설명한 대로 빠르게 발

전한 무선 이동통신 기술을 기반으로 원활하게 사용이 가능해진 TCP/IP 기술을 이용하는 것뿐이다. 각 벤더마다 차이점이 있지만 핵심 내용은 비슷하다. 스마트폰에서 하나의 TCP Connection을 열어 구글은 구글, 애플은 애플의 서버에 접속하고 그 소켓에서 전송되는 데이터를 받아서 처리하는 것이다.

뭔가 복잡한 기술을 생각했을 수도 있겠지만 예상보다 간단하지 않은가? 네트워크 프로그래밍을 하면서 가장 처음에 공부하는 바로 그것이다. 소켓을 열어 연결을 하고 데이터를 주고 받는다. 안드로이드나 iOS는 OS를 부팅하면 푸시 알림을 위해 자기들 회사의 서버로 TCP 소켓을 하나 열고서 데이터를 받기를 그대로 기다리고 있는다. 연결한 네트워크가 끊어지면 다시 연결을 시도한다. 그 TCP 소켓으로 푸시 알림이 도착하는 것이다.

네트워크나 시스템 프로그래밍을 잘 모르는 사람은 TCP connection이 시스템에 무리가 가는 작업이라고 생각할 수도 있겠지만, OS에서는 File descriptor[2]를 하나 열고 있는 것과 같다. 시스템에 어떤 부하도 일어나지 않는다. 실제 부하는 패킷을 주고 받는 과정에서 NIC의 커널 드라이버를 통해서 발생한다.

TCP connection이라는 것도 살펴보면 실제로 어떤 안 보이는 무언가가 각 기기간에 연결되어 있는 것이 아니다. 상상 속에서는 그렇게 가정해도 괜찮겠지만, 실제로는 개념적으로 연결된 것일 뿐이다. 예를 들면 서로 악수하면서 명함 주고 받고 헤어진 사람과도 같다.

더 명확하게 말하면 TCP connection은 three-way handshake[3]로 되어 있다. 말 그대로 세 부분으로 나뉜 악수이다. 접속을 시도하는 클라이언트와 접속을 받는 서버로 나누어서 살펴보자.

2 File descriptor는 특정 파일이나 입출력과 관련된 인터페이스에 접근할 수 있는 추상적인 Key를 의미한다.
3 TCP 연결을 끊는 부분은 four-way handshake로 되어 있다.

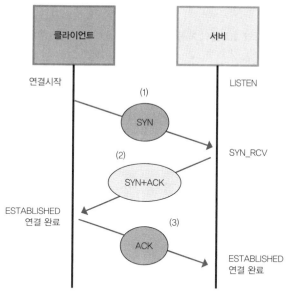

[그림 7-3] three-way handshake

클라이언트가 서버로 접속을 시도하는 TCP 패킷을 전송하는 것이 첫번째이다. 이 TCP 패킷의 헤더에는 여러 가지 Flag를 설정할 수 있는데 그 중에 SYN 부분을 1로 설정하면 연결을 요청하는 패킷이 된다. 서버가 SYN Flag가 설정된 패킷을 받으면 잘 받았다는 뜻으로 SYN과 ACK Flag를 1로 설정해서 클라이언트로 전송한다. 이 것이 두 번째이다. 클라이언트는 이 패킷을 받으면 연결이 완료되었다는 뜻으로 소켓을 ESTABLISHED로 설정하고 다시 서버로 ACK Flag만 설정해서 전송한다. 이 부분이 세 번째이다. 서버는 이 ACK 패킷을 받고 연결 완료 상태인 ESTABLISHED로 소켓을 설정한다.

클라이언트가 두번, 서버가 한번 패킷을 보낸 것만으로 연결이 완료된다. 드문 일이지만 만약 갑작스런 정전 등으로 한쪽이 꺼진다면 어떻게 될까? 다른 한쪽은 영원히 연결된 상태라고 생각하게 된다. 물론 패킷을 한번 보내보면 응답이 없으므로 연결이 끊어졌다는 것을 파악할 수 있지만 한번도 패킷을 보내지 않는다면 연결이 끊어졌는지 알 수 있는 방법은 없다. 이런 부분 때문에 네트워크 프로그래밍에서 socket descriptor 관리가 필요한 부분이기도 하다.

푸시 서비스를 위해 내부적으로 소켓을 열어 두는 것은 OS가 하는 일이고, **실제 푸시 서비스를 이용하려면 각각의 회사들이 제공하는 API를 사용해서 서버를 구현해야** 한다.

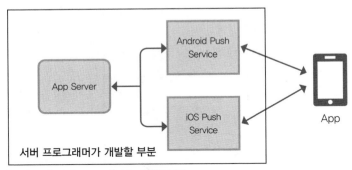

[그림 7-4] 서버 프로그래머가 개발할 부분

모바일 서버에서 구현해야 할 부분은 각 벤더의 푸시 서비스 서버와의 통신 부분이다. 보내고 싶은 알림 메시지가 있으면 모바일 서버에서 해당 벤더의 서버로 전달해야 한다. 그럼 해당 벤더의 서버에서 스마트폰으로 메시지를 전송하게 된다. 벤더의 서버에서 스마트폰으로 메시지를 전송하는 부분은 방금 말했듯이 TCP 소켓으로 전달되는 부분이라 우리가 구현할 필요는 없다. 전달 받는 것도 클라이언트 앱에서 처리할 부분이다.

특정 유저의 스마트폰으로 푸시 메시지를 전송하고 싶으면 우리가 제작한 모바일 서버에서 안드로이드나 iOS의 푸시 서비스 서버로 정해진 포맷의 패킷을 전송하면 되는 것이다. 전송하는 방법은 각 벤더 별로 차이가 있다.

실제로 Mon Server에 푸시 메시지 전송 기능을 만들기 위해 각 벤더 별 요구사항과 구현 방법을 알아보자.

7-1-3 Google cloud messaging

구글에서 제공하며 Android App을 개발하는 사람이라면 누구나 무료로 사용할 수 있는 푸시 기능으로 Google cloud messaging, 줄여서 GCM[4]이라고 부른다.

우리가 할 일은 고객의 안드로이드 스마트폰으로 보낼 알림 메시지가 있다면, GCM 서버로 푸시 알림 메시지 패킷을 만들어서 전송하는 것이다. 메시지 패킷을 보내면 나머지는 GCM 서버가 알아서 고객의 스마트폰으로 메시지를 전달해줄 것이다.

메시지는 HTTP 방식과 XMPP 방식 두 가지 중에서 선택하여 보낼 수 있다. XMPP 프로토콜을 이용해서 GCM Cloud Connection Serverccs로 전송하는 방법과 GCM HTTP Connection Server로 HTTP POST Request를 전송하는 방법이 있다.

GCM HTTP의 경우 HTTP POST의 Body에 JSON 형식의 메시지를 사용하며, CCS의 경우는 XMPP 안에 JSON 메시지를 포함시키면 된다. 둘 중 더 간단한 방법은 HTTP를 사용하는 방법이다. 우리도 HTTP를 사용해 구현할 것이기 때문에 GCM HTTP를 이용하는 방법을 자세히 알아볼 것이다.

GCM을 사용하기 위해서는 우선 구글 개발자 콘솔[5]에서 프로젝트를 생성하고 Project Number를 얻어 와야 한다. 그리고 GCM for Android 옵션을 켜고 API Key를 생성한다. 이런 사전 작업들은 안드로이드 개발과 관련된 사항이라 서버 프

---

4 https://developer.android.com/google/gcm/index.html
5 https://console.developers.google.com

로그래머가 신경 쓸 필요는 없다. 다른 안드로이드 개발자에게 서버 애플리케이션용 키Server API Key를 알려 달라고 하면 된다. 모른다고 하면 안드로이드 클라이언트 개발이 아직 진행되지 않은 것이라고 생각하면 될 것 같다(우리는 구현 및 연동 항목에서 MonTester를 가지고 푸시를 실제로 테스트 해 볼 수 있으니 걱정하지 않아도 된다).

안드로이드 클라이언트가 준비되었고, Server API Key가 있다면 서버에서는 다음과 같은 주소로 POST 요청을 해서 푸시 메시지를 전송할 수 있다.

https://android.googleapis.com/gcm/send

보안을 위해 http가 아니라 https 서버를 사용한다. Header에는 Authorization과 Content-Type의 값을 아래와 같은 형식으로 입력한다.

```
Authorization: key=SERVER_API_KEY
Content-Type: application/json 혹은
application/x-www-form-urlencoded;charset=UTF-8
```

Authorization 부분에는 구글 개발자 콘솔에서 받은 Server API Key를 key=API_KEY 형식으로 적어 주면 된다. Content-Type은 JSON 메시지의 경우 application/json 일반 텍스트 전송에서는 application/x-www-form-urlencoded;charset=UTF-8을 입력한다.

예를 들면 아래와 같다.

```
Content-Type:application/json
Authorization:key=AIzaSyB-1uEai2WiUapxCs2Q0GZYzPu7Udno5aA

{
  "registration_ids" : ["APA91bHun4MxP5egoKMwt2KZFBaFUH-1RYqx..."],
  "data" : {
    ...
  },
}
```

간단하지 않은가? Body에 있는 JSON 값을 살펴보자. 두 개의 객체가 있는데 우선 registration_ids는 구글에 등록된 스마트폰의 ID 문자열 리스트를 의미한다. 즉, 푸시 메시지를 보낼 대상의 리스트를 적어 주는 것이다.

registration_ids는 스마트폰의 디바이스 ID를 의미하는 것이 아니라 구글에서 받아와야 한다. registration_ids를 가져오기 위해서는 안드로이드 앱에서 구글에서 제공한 SDK를 이용하여 GCM 등록을 해야 한다. 즉 안드로이드 클라이언트 애플리케이션에서 해야 할 작업이다. 안드로이드 앱에서 GCM에 등록 요청을 하면 응답 값으로 registration_ids를 받게 된다. 그 값을 서버로 전달하면, 서버에서 registration_ids를 저장하고 있어야 한다. 그리고 푸시 알림을 보낼 일이 있을 때 해당 registration_ids를 사용하는 것이다.

다시 설명하면 다음과 같은 순서로 진행해야 한다.

1. 안드로이드 애플리케이션에서 Google Play Services SDK를 이용해 GCM에 스마트폰 디바이스를 등록한다.
2. 등록한 결과 값으로 GCM으로부터 registration_ids를 전달 받는다.
3. 전달 받은 registration_ids를 우리 쪽 서버로 전송한다.
4. 서버는 해당 값을 데이터베이스에 저장하여 향후 푸시 알림에 사용한다.

data 객체의 값에는 우리가 사용하고자 하는 값을 넣으면 된다. 푸시 메시지를 보여 주는 것은 클라이언트가 해야 할 일이므로, 클라이언트에서 작업하기 용이한 값으로 넣어주면 된다. JSON 형식만 유지하면 어떤 값이 오든 상관 없으며, 최대 사이즈는 4kb이다.

registration_ids는 리스트 형식으로 여러 개의 id를 넣어 줄 수 있지만, 한번에 1000개까지만 허용된다. 한번의 패킷 전송으로 1000명의 유저에게 푸시 알림을 보낼 수 있는 것이다.

전송 후에는 응답 값으로 성공과 실패 여부를 확인할 수 있다. 일반적인 HTTP Response 코드와 같이 200일 경우에는 메시지 전송이 성공된 것을 의미한다. 400이면 JSON 형식이 잘못된 것이고, 401은 서버 API Key 혹은 registration_ids가 잘못된 것이다. 5xx 값일 경우에는 서버의 특수한 에러의 경우로 자세한 결과값을 확인해서 디버깅해야 한다.

이상이 구글 GCM을 활용하여 푸시 알림을 보내기 위해 서버가 해야 할 가장 기본적인 내용이다. 이번에는 애플의 푸시 서비스를 알아보자.

7-1-4 Apple Push Notification Service

애플에서 제공하는 Push 서비스는 Apple Push Notification Server, 줄여서 APNs[6]라고 부른다. APNs도 기본적으로는 GCM과 비슷하다.

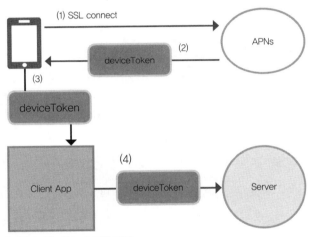

[그림 7-5] APNs 초기화 과정

서버 개발자가 구현해야 할 것은 (4)번뿐이다. 안드로이드와 마찬가지로 iOS SDK를 이용해서 클라이언트 개발 작업이 (1), (2), (3)번이다. APNs 서비스에 SSL 접속해서 자신의 기기를 등록하고, deviceToken을 얻어 오는 것이다. deviceToken은 구글의 GCM에서 받아왔던 registration_ids와 똑같은 개념이다. 푸시 서비스를 위한 기기 고유의 ID인 것이다. 일반적인 디바이스 UUID와 다른, 오직 푸시 서비스를 위한 고유한 ID이다.

....
6 https://goo.gl/cMkGbr

(4)번은 GCM에서 받아온 registration_ids를 저장했던 것과 똑같이 서버의 데이터 베이스에 해당 deviceToken을 저장하고 향후에 푸시 알림을 보낼 때 사용하게 된다.

이제는 푸시 알림을 APNs 서버로 전송하는 방법을 알아보자. GCM은 HTTPS를 사용해서 간단한 반면에 APNs는 TCP 소켓을 이용해서 TLS(or SSL)[7] 접속을 해야 한다. 패킷의 형식도 바이너리 형식으로 헤더를 만들고 내용만 JSON으로 입력하도록 되어 있다.

우선 접속해야 할 APNs의 주소는 다음과 같다.

gateway.push.apple.com, port 2195
gateway.sandbox.push.apple.com, port 2195

주소가 두 개인 것은 위의 것이 정식 서비스용 주소이고, 아래에 sandbox가 붙어있는 주소는 개발용으로 용도가 나누어져 있기 때문이다. 두 개로 나누어져 있어서 구현할 때도 각각 다른 인증 키를 사용해야 하기 때문에 잘 신경 써주어야 한다.

기본적인 APNs의 푸시 알림 패킷은 다음과 같다.

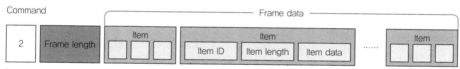

[그림 7-6] APNs 패킷 구조

이 패킷 구조는 애플에서 세 번째로 업데이트한 패킷 구조이다. 맨 앞에 Command에 숫자 2를 입력하도록 되어 있는데, 3번째 버전을 뜻한다. 0이 첫번째 Simple 버전이고, 1을 쓰면 Simple 버전에서 약간 강화된 버전이다. 현재도 사용이 가능하지만, APNs 공식 사이트에서는 최신 버전을 사용하는 것을 권장한다.

....

7 TLS(Transport Layer Security), SSL(Secure Sockets Layer)는 둘 다 프로토콜을 암호화하는 규약이다. SSL이 먼저 나왔고, SSL 3.0을 기반으로 표준화된 것이 TLS이다. RSA 같은 공개키 기반의 암호화를 사용한다. 엄밀히 말하면 다르지만, 업계에서는 SSL이란 단어를 더 많이 사용하고 있다.

Field name	Length	설명
Command	1 byte	패킷의 제일 처음 1 byte로 현재 패킷 구조의 버전인 숫자 2를 입력한다.
Frame length	4 bytes	그 다음 4 bytes는 뒤의 Frame data의 전체 크기를 입력한다.
Frame data	가변크기	실제 데이터 부분이다. 여러 개의 item을 입력할 수 있다.

전형적인 패킷 구조와 비슷하다. Command 다음에 data의 길이와 data 구조이다. data에는 여러 개의 item을 입력할 수 있는데, item의 구조는 다음과 같다.

Field name	Length	설명
item ID	1 byte	item을 구분할 수 있는 고유의 ID로 아래의 표를 참조한다.
item length	2 bytes	item data의 크기를 입력한다.
item data	가변크기	item data 부분은 item ID에 따라서 다양한 값이 올 수 있다.

item ID는 다음과 같은 값을 가질 수 있다.

item ID	item Name	Length	설명
1	Device token	32 byte	APNs 서비스에 등록된 기기의 고유한 ID
2	Payload	256 bytes 이하	JSON 형식의 푸시 메시지. null로 끝나서는 안 된다.
3	Notification identifier	4 bytes	푸시 메시지를 구분하기 위한 고유한 ID 에러 메시지를 구분하는 데 사용된다.
4	Expiration date	4 bytes	푸시 메시지를 APNs에 저장한다면 이 부분에 저장 만기 날짜를 입력해야 한다.
5	Priority	1 byte	푸시 우선 순위로 두 가지 값을 지정할 수 있는데, 10으로 할 경우 즉시 보내고, 5일 경우 기기가 푸시를 받을 수 있는 배터리 상태일 때만 보낸다.

하나의 Frame에는 최소한 두 개의 item이 필요하다. Device token 정보를 가지고 있는 item ID 1번과, 푸시 메시지 내용을 담고 있는 item ID 2번의 Payload이다. Device token은 받은 그대로 입력하면 되는데, Payload는 지정된 JSON 형식이 있다.

Payload JSON에는 aps라는 키 값의 오브젝트가 있어야 하며, 그 안에는 메시지의 내용이나 앱 아이콘 배지 번호 같은 아래의 Key 값이 있어야 한다.

Key	Value Type	설명
alert	string or dictionary	푸시 메시지 내용
badge	number	App icon의 배지 번호
sound	string	푸시가 도착했을 때 사용할 사운드 파일 이름
content-available	number	1로 설정하면 새로운 콘텐트가 도착했음을 표시

간단한 Payload의 예제는 다음과 같다.

```
[{"aps": [
    {"alert": "Message"},
    {"badge": 0}
  ]
}]
```

Message라는 문자열을 전송하는 푸시 메시지의 내용이다. 이를 조합해서 item에 넣고, Item들을 Frame으로 묶어서 APNs 서버로 전송하면, 서버가 해야 할 일은 끝났다. 아 물론 APNs 서버에서 패킷을 확인하고 문제가 없다면 아무런 응답값도 오지 않겠지만, 문제가 있다면 다음과 같은 형식의 에러 패킷을 리턴 받게 된다.

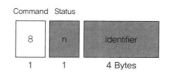

확인해야 할 것은 Status 부분의 숫자 코드값이다. 아래 테이블을 참조하여 어떤 에러인지 확인하고 디버깅하도록 한다.

Status code	설명
0	에러가 발생하지 않음
1	처리 중 에러
2	device token이 빠졌음
3	topic이 빠졌음
4	payload가 빠졌음
5	token size 오류
6	topic size 오류
7	payload size 오류
8	잘못된 token
10	APNs 서버가 종료됨
255	알 수 없는 에러

지금까지 GCM과 APNs의 상세한 스펙을 살펴보았다. 복잡해 보이지만 실제로 얼랭 코드로 구현하는 데에는 얼마 걸리지 않을 것이다.

7-2 구현하기

7-2-1 서버 API 추가

GCM의 `registration_ids`든 APNs의 `deviceToken`이든 클라이언트에서 서버로 그 값을 전달해 주어야 한다. 그러기 위해서는 클라이언트에서 사용할 API를 하나 추가 해야 할 것이다.

Method	API	Body Query String	Description	Return Data
POST	/hello/world		서버와 테스트 통신	result :: ANY
POST	/join	id :: 아이디 password :: 패스워드	회원 가입	result :: ok|fail
POST	/login	id :: 아이디 password :: 패스워드	로그인	result :: ok|fail session_key ::
POST	/users/point	session_key :: point :: 점수	유저의 점수 저장	result :: ok|fail
POST	/users/token	session_key :: token ::	푸시 서비스용 토큰 저장	result :: ok|fail

맨 아래 줄에 /users/token이라는 API를 추가하였다. 인자값으로는 session_key 를 받아서 유저를 구분하는 데 사용하고, token에는 실제로 푸시 서비스용 ID인 registration_ids 혹은 deviceToken을 입력한다. 서버에서는 이를 받아서 users 테이블의 token에 저장하면 된다.

7장을 끝으로 안드로이드 앱을 이용한 연동 테스트는 하지 않기 때문에 클라이언트 와 연동하는 API를 만드는 것은 이번 장이 마지막이다.

7-2-2 /users/token 구현

지금까지 했던 것과 마찬가지로 HTTP handler에 /users/token을 처리하는 함수 를 추가한다. mon_http 모듈에 추가 코드를 작성하자.

```
55 handle(<<"users">>, <<"point">>, _, Data) ->
56     SessionKey = proplists:get_value(<<"session_key">>, Data),
57     Point1 = proplists:get_value(<<"point">>, Data),
58     Point = binary_to_integer(Point1),
59     case mon_users:point(SessionKey, Point) of
60         ok ->
61             jsx:encode([{<<"result">>, <<"ok">>}]);
62         fail ->
63             jsx:encode([{<<"result">>, <<"fail">>}])
64     end;
```

```
65 handle(<<"users">>, <<"token">>, _, Data) ->
66     SessionKey = proplists:get_value(<<"session_key">>, Data),
67     Token = proplists:get_value(<<"token">>, Data),
68     case mon_users:token(SessionKey, Token) of
69         ok ->
70             jsx:encode([{<<"result">>, <<"ok">>}]);
71         fail ->
72             jsx:encode([{<<"result">>, <<"fail">>}])
73     end;
```

〈mon_http.erl 코드 추가〉

6장에서 작성했던 /users/point 핸들러와 거의 동일하게 작성하면 된다. 그때는 유저의 point를 전달 받아서 저장했던 것이라면 이번에는 토큰을 전달 받아서 저장하면 되기 때문이다.

proplists:get_value로 전달 받은 session_key와 token 데이터를 가져오고 이를 가지고 mon_users:token 함수를 실행하였다.

이제는 mon_users:token 함수를 작성할 차례이다. 마찬가지로 mon_users:point 함수와 거의 동일한 구조이다. 중복된 코드는 함수로 다시 만드는 것이 낫겠지만, 지금은 얼랭 코드와 흐름을 익히는 차원이므로 넘어가도록 한다.

```
14 %% API
15 -export([join/2, login/2, point/2, token/2, loop/2, make_session_key/2]).
```

〈mon_users.erl export 부분에 token/2 추가〉

```
44 point(SessionKey, Point) ->
45     case ets:lookup(session_list, SessionKey) of
46         [{SessionKey, Pid}] ->
47             Ref = make_ref(),
48             Pid ! {self(), Ref, save_point, Point},
49             receive
50                 {Ref, saved} ->
51                     ok;
52                 _ ->
53                     fail
54             after 3000 ->
55                 fail
56             end;
57         _ ->
```

```
58              fail
59      end.
60
61  token(SessionKey, Token) ->
62      case ets:lookup(session_list, SessionKey) of
63          [{SessionKey, Pid}] ->
64              Ref = make_ref(),
65              Pid ! {self(), Ref, save_token, Token},
66              receive
67                  {Ref, saved} ->
68                      ok;
69                  _ ->
70                      fail
71              after 3000 ->
72                  fail
73              end;
74          _ ->
75              fail
76      end.
```

ets의 `session_list` 테이블에서 SessionKey에 해당하는 유저의 Pid를 가져온 후, 해당 Pid로 메시지를 전송한다.

`Pid ! {self(), Ref, save_token, Token}`

위 부분이 해당 Pid로 메시지를 전송하는 부분이다. 튜플의 3번째 값과 4번째 값에 `save_token`과 토큰을 입력해서 받는 쪽에서 토큰을 저장할 수 있도록 한다. 그 후 응답값을 기다리고 에러와 Timeout을 체크한다.

이제는 유저 프로세스에서 해당 메시지를 처리하는 코드를 작성할 차례이다. 아래쪽 loop 함수 안에 메시지를 패턴 매칭 해서 처리하는 부분이 있다. 적절한 코드를 작성해보자.

```
86  %% session loop
87  loop(Id, Time) ->
88      Time1 =
89          receive
90              {Pid, Ref, save_point, Point} ->
91                  save_point(Id, Point),
92                  Pid ! {Ref, saved},
93                  now();
```

```
94              {Pid, Ref, save_token, Token} ->
95                  save_token(Id, Token),
96                  Pid ! {Ref, saved},
97                  now();
98              {check} ->
99                  Diff = timer:now_diff(now(), Time),
100                 %% Diff는 마이크로 세컨드 단위이다.
101                 %% 10초가 지났으면 세션 종료
102                 if (Diff > 10000000) -> delete_session_key(self());
103                     true -> erlang:send_after(1000, self(), {check})
104                 end,
105                 Time;
106             _ ->
107                 Time
108      end,
109  loop(Id, Time1).
```

〈mon_users.erl 코드 추가〉

receive 아래에 메시지 패턴을 입력하고 처리하는 코드를 추가하였다. 실제로 토큰을 데이터베이스에 저장하는 부분은 save_token이라는 함수에서 처리하도록 한다.

```
137 %% 유저 점수 저장
138 save_point(Id, Point) ->
139     F = fun() ->
140         case mnesia:read(users, Id) of
141             [U] ->
142                 %% 유저 점수 저장
143                 Users = U#users{point=Point},
144                 ok = mnesia:write(Users);
145             _ ->
146                 fail %% 저장 실패
147         end
148     end,
149     mnesia:activity(transaction, F).
150
151 %% 유저 토큰 저장
152 save_token(Id, Token) ->
153     F = fun() ->
154         case mnesia:read(users, Id) of
155             [U] ->
156                 %% 유저 토큰 저장
157                 Users = U#users{token=Token},
158                 ok = mnesia:write(Users);
159             _ ->
160                 fail %% 저장 실패
```

```
161         end
162     end,
163     mnesia:activity(transaction, F).
```

mnesia 데이터베이스의 users 테이블에 토큰값을 저장하였다. 이제는 저장한 토큰
을 이용해서 푸시 알림을 직접 전송해 볼 차례이다.

7-2-3 GCM 구현

GCM은 mon_gcm이라는 모듈로 구현하도록 하겠다. mon_gcm.erl을 코드에 추
가한다.

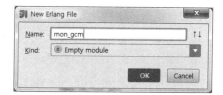

우선 export 할 함수는 push(Id, Message) 형식의 함수 하나면 될 것 같다. send(Id)
함수에서 유저의 Id를 입력 받아서 토큰을 가져오고 그 토큰과 메시지를 가지고 실제
패킷을 전송하는 send 함수를 만들 것이다. mon_gcm 모듈의 전체 코드는 아래와 같다.

```
 9  -module(mon_gcm).
10  -author("이국현").
11
12  -include("mon_record.hrl").
13
14  %% API
15  -export([push/2, send/2]).
16
17  push(Id, Message) ->
18      case mnesia:dirty_read(users, Id) of
19          [U] ->
20              send(U#users.token, Message);
21          _ ->
22              fail
23      end.
```

```
24
25  send(Token, Message) ->
26      Data = [
27          {<<"registration_ids">>, [Token]},
28          {<<"data">>, [
29              {<<"title">>, Message},
30              {<<"message">>, Message}
31          ]}
32      ],
33      GoogleKey = "key=AIzaSyAd4o_-bjAXptpiabjZrq3ZJxEnjAidRYM",
34      URL = "https://android.googleapis.com/gcm/send",
35      Header = [{"Authorization", GoogleKey}],
36      ContentType = "application/json",
37      Contents = jsx:encode(Data),
38      io:format("~ts~n",[Contents]),
39      httpc:request(post, {URL, Header, ContentType, Contents},
40          [{ssl, [{verify,0}]}, {timeout, 10000}], []).
```

설명할 필요가 없을 정도로 간단한 것 같다. Data에는 위에서 GCM 설명에 나온 대로 JSON 형식의 메시지를 만들어준 것이다. data 안에는 클라이언트와 약속된 값인 title과 message를 추가하였다. 실제로 서비스 구현 시에는 어떤 값을 사용할지 협의해서 결정하면 된다. 지금은 예제로 title과 message를 이용하도록 안드로이드 클라이언트 테스트 앱을 작성하였다.

GoogleKey는 ServerAPIKey로 구글 개발자 콘솔에서 받아온 것이다. 얼랭에서 HTTP 클라이언트 메시지를 전송하는 방법은 여러 가지가 있는데 내부 모듈인 httpc를 사용하도록 구현하였다. 실제 사용 방법도 위의 코드에서 한 것과 동일하다.

다른 것은 {ssl, [{verify, 0}]}이란 부분으로 https를 전송하기 위해서 추가한 옵션이다. {timeout, 10000} 부분은 10초 동안 응답이 없으면 타임아웃 에러가 발생하도록 설정하였다.

컴파일 후 아무런 이상이 없으면 문제 없는 것이다. 밑에서 안드로이드 테스트 앱과 연동할 때 실제로 테스트 해 볼 예정이다.

7-2-4 APNs 구현

APNs는 mon_apns라는 모듈로 구현한다. 코드를 추가하고 작성하는데 기본 함수의 이름은 동일하게 코딩한다. 다만 다른 점은 HTTP가 아닌 SSL을 사용하기 때문에

ssl 모듈을 이용해서 접속을 할 것이고. 그 다음에 바이너리 패킷을 만들어서 전송할 것이다.

mon_apns 모듈의 전체 코드이다.

```
 9 -module(mon_apns).
10 -author("이국현").
11
12 -include("mon_record.hrl").
13
14 %% API
15 -export([push/2, send/2]).
16
17 push(Id, Message) ->
18     case mnesia:dirty_read(users, Id) of
19         [U] ->
20             send(U#users.token, Message);
21         _ ->
22             fail
23     end.
24
25 send(Token, Message) ->
26     {Address, Cert, Key} =
27         {"gateway.push.apple.com",
28          "./key/apns-cert.pem",
29          "./key/apns-key.pem"},
30     Port = 2195,
31     Options = [{certfile, Cert}, {keyfile, Key}, {mode, binary},
32                {password, "MYPASSWORD"},
33                {verify, verify_none}],
34     Timeout = 10000,
35     case ssl:connect(Address, Port, Options, Timeout) of
36         {ok, Socket} ->
37             PayloadBin = create_payload(Message),
38             PayloadLength = size(PayloadBin),
39
40 %%          Lagacy 버전0
41 %%          Packet = <<0:8, 32:16/big, DeviceToken:256/big,
42 %%                   PayloadLength:16/big, PayloadBin/binary>>,
43 %%          MsgId = <<"AAAA">>,
44 %%          Expiry = 86400,
45
46 %%          Lagacy 버전1
47 %%          Packet = <<1:8, MsgId/binary, Expiry:4/big-unsigned-integer-unit:8,
48 %%                   32:16/big, DeviceToken:256/big,
49 %%                   PayloadLength:16/big, PayloadBin/binary>>,
50
```

```
51 %%          최신 버전2
52             Frame = <<1:8, 32:16/big, Token:256/big,
53                     2:8, PayloadLength:16/big, PayloadBin/binary>>,
54             FrameLength = size(Frame),
55             Packet = <<2:8, FrameLength:32/big, Frame/binary>>,
56             SendRet = ssl:send(Socket, Packet),
57             io:format("push_apns send ~p result(~p)~n",[PayloadBin, SendRet]),
58             Recv = ssl:recv(Socket, 0, 1000),
59             io:format("push_apns recv ~p~n",[Recv]),
60             ssl:close(Socket);
61        {error, Reason} ->
62             {error, Reason}
63     end.
64
65 create_payload(Message) ->
66     Data =
67         [{<<"aps">>, [
68             {<<"alert">>, Message},
69             {<<"badge">>, 0}]
70         }],
71     jsx:encode(Data).
```

push 함수까지는 GCM 구현과 동일한데, send 함수부터 다르다. SSL 접속을 하기 위해서는 인증 파일들이 필요한데, 모두 Apple 개발자 사이트에서 발급 받아서 사용해야 한다. cert와 key의 pem 파일을 ssl:connect 접속할 때 옵션으로 넣어주어야 한다.

ssl:connect를 성공하여 {ok, Socket}이 리턴된다. 그 다음에는 APNs 설명 대로 바이너리 패킷을 만들어야 한다. 실제 메시지 부분인 Payload는 create_payload 함수에서 JSON 형식으로 생성한다. 그 다음에 설명에 있었던 Frame 부분을 작성한다.

주석 처리된 legacy 버전 0과 버전 1은 APNs의 옛날 버전이다. 참고하라고 주석 처리된 상태로 구현해 놓았다. 최신 버전부터가 실제 전송할 패킷이다.

```
52             Frame = <<1:8, 32:16/big, Token:256/big,
53                     2:8, PayloadLength:16/big, PayloadBin/binary>>,
```

여기에서 처음에 <1:8, 32:16/big, Token:256/big을 보면 1:8은 숫자 1을 8비트라는 공간에 넣는다는 의미이다. 32:16/big은 숫자 32를 16비트 공간에 big endian으로 넣는다는 뜻이다. Token:256/big은 토큰의 값을 256비트 공간에 big endian으로 넣는 것이다.

얼랭에서는 바이너리 데이터 만들기가 매우 간단한 것을 알 수 있다. 그 다음도 마찬가지다. 숫자 2를 8비트 즉 1바이트에 넣고, PayloadLength를 16비트 즉 2바이트 공간에 넣는다. PayloadBin/binary는 사이즈를 부여하지 않았으니 해당 바이너리 사이즈만큼 넣는다는 뜻이다.

바이너리 데이터를 잘 살펴보면 Item ID 부분에 1을 넣고 1은 DeviceToken을 의미하므로 그 다음에 DeviceToken의 길이인 32 bytes와 DeviceToken을 넣어서 하나의 Item을 만든 것이고, 두 번째로 Item ID 2로 Payload를 입력한 것이다. 그렇게 하나의 Frame을 만들었다.

데이터의 전송은 ssl:send 함수를 이용하였다. 응답 패킷이 있을 수 있으니 ssl:recv 함수를 실행한다. 뒤의 세번째 인자값인 1000은 timeout을 1초로 설정한 것이다.

우리는 테스트 여건상 좀 더 간편한 안드로이드를 이용해 테스트를 진행할 것이지만, 아이폰을 가진 사람은 iOS 클라이언트를 이용하여 실제 푸시 알림 테스트를 진행할 수 있도록 코드를 작성해 보았다. 인증키 부분만 잘 만들어서 실행한다면 큰 문제 없이 동작할 것이다.

7-3 안드로이드 앱과 연동

이번 장이 안드로이드 앱과 연동하는 마지막 장이다. 다음 장부터는 클라이언트 연동 없이 서버 코드를 중심으로 테스트하도록 할 것이다.

로그인 후에 푸시알림 메뉴에 들어가보면 세션 키와 토큰이 입력되어 있을 것이다. 세션 키가 종료되기 전에 지체없이 Save Token 버튼을 누른다.

그럼 이제 서버로 토큰이 잘 저장되었는지 확인할 차례이다.

```
1> rr("src/mon_record.hrl").
[users]
2> mnesia:dirty_read(users, <<"kukhyun">>).
[#users{id = <<"kukhyun">>,password = <<"1234">>,
        token = <<"APA91bGoaNatPqw_epuKCy4T2b9qHSUKv9W3nFH5CMV487dQKBk6mIq-AJx9OZ3jj
guSeScFFeThABIrlieTwByNTZlhtzFj"...>>,
        level = 0,exp = 0,point = 5000}]
```

여러분은 kukhyun 대신에 테스트에 사용한 Id인 kant 혹은 직접 만든 아이디를 입력하면 된다. 위처럼 토큰이 잘 저장되어 있는 것을 확인하였다면 이제 Push를 보내보자.

```
3> application:ensure_all_started(ssl).
{ok,[asn1,public_key,ssl]}
4> application:ensure_all_started(inets).
{ok,[inets]}
5> mon_gcm:push(<<"kukhyun">>, <<"Hello!!!">>).
{"registration_ids":["APA91bGoaNat..."],"data":{"title":"Hello!!!","message":"Hel
lo!!!"}}
{ok,{{"HTTP/1.1",200,"OK"},
     [{"cache-control","private, max-age=0"},
      {"date","Sun, 22 Mar 2015 08:58:17 GMT"},
```

```
    {"accept-ranges","none"},
    {"server","GSE"},
    {"vary","Accept-Encoding"},
    {"content-length","143"},
    {"content-type","application/json; charset=UTF-8"},
    {"expires","Sun, 22 Mar 2015 08:58:17 GMT"},
    {"x-content-type-options","nosniff"},
    {"x-frame-options","SAMEORIGIN"},
    {"x-xss-protection","1; mode=block"},
    {"alternate-protocol","443:quic,p=0.5"}],
    "{\"multicast_id\":5878907657576049021,\"success\":1,\"failure\":0,\"canonical_
ids\":0,\"results\":[{\"message_id\":\"0:1427014697493311%7704734af9fd7ecd\"}]}"}}
```

application:ensure_all_started 함수를 사용해서 ssl과 inets 어플리케이션을 실행시켰다. GCM 서버로 HTTPS 접속을 하기 위해서는 미리 실행시켜 주어야 하는 부분이다. ssl을 실행하기 위해서는 asn1, public_key가 미리 실행되어야 하는데 application:start 함수로 각각 실행하는 것보다 이 방법이 편리하다.

그 다음에 실제로 push를 전송하는 mon_gcm:push 함수를 실행하였다. 실행하자마자 여러분의 안드로이드폰에 다음과 같이 푸시가 도착했다는 팝업이 떴을 것이다.

폰을 꺼둔 상태에서 테스트 해봐도 푸시 알람이 도착하는 것을 볼 수 있다.

```
6> mon_gcm:push(<<"kukhyun">>, <<"How are you?">>).
...생략...
```

서버의 대부분의 기능은 클라이언트가 없더라도 테스트가 가능하지만, 푸시 알림 항목만은 클라이언트 없이는 테스트가 불가능한 항목이었다. 그래서 간단하게나마 안드로이드 앱을 만들어서 여러분도 실제로 푸시가 도착하는 것을 확인할 수 있도록 하고 싶었다. 이제 montester의 가장 중요한 임무를 달성했으니 모바일 앱은 쉬게 놔두고, 다음 장부터는 서버 자체적으로 테스트를 진행하도록 하겠다.

7-4 보완해야 할 기능

서버를 만들 때에 클라이언트가 Android인지 iOS인지 구분하는 API가 필요할 것이다. 토큰을 입력 받을 때 같이 해도 좋을 것 같다. 그래서 푸시 메시지를 보낼 때 GCM을 이용할지 APNs를 이용할지 구분해서 사용해야 한다.

우리가 구현한 것은 하나의 유저에게 전송하는 함수이다. 전체 사용자 혹은 특정 그룹의 사용자에게 전송하는 기능이 필요할 것이다. 얼랭의 프로세스를 활용하여 수많은 푸시 메시지를 동시에 전송하는 기능을 구현할 필요가 있다.

푸시 메시지를 특정 시간에 보낼 수 있는 타이머 기능도 필요할 것이다. 그리고 메시지와 시간 등을 입력하여 관리할 수 있는 운영 툴을 제작하는 것도 실제 서비스에서는 중요한 작업이다.

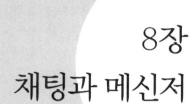

8장
채팅과 메신저

많은 메신저 서비스들이 얼랭으로 구현되었고, 그 중에서 가장 유명한 것이 WhatsApp이다. 메신저 이외의 채팅

부분도 마찬가지로 얼랭으로 구현된 수많은 서비스가 있는데, 국내에서 가장 유명한 것은 국민 게임으로 유명한

리그오브레전드의 채팅 시스템이다.

8-1 채팅과 메신저

채팅 기능은 모바일 메신저부터 시작해서 각종 SNS, 게임에 이르기까지 다양하게 사용되는 기능이다. 기술적으로는 사용자가 작성한 메시지나 이미지 등의 데이터를 한쪽에서 다른 쪽으로 전달하는 것이다. 전달하는 부분만 놓고 보면 특별히 어려운 기술은 아니다.

하지만 얼마나 많은 사용자가 동시에 채팅을 하느냐, 채팅 메시지는 어떻게 저장하고, 어떻게 전달할 것인지, 실시간 전용 채팅으로 만들 것인지, 오프라인일 때도 볼수 있어야 하는지, 보안은 어떻게 할 것인지 등등이 구현에 영향을 미쳐 굉장히 복잡하고 어려운 작업이 될 수도 있다.

얼랭은 수많은 프로세스들을 생성해서 서로 메시지를 주고 받으며 작업을 진행한다. 수많은 프로세스들이 유저라고 생각했을 때 얼랭 그 자체로도 메시지를 주고 받는 채팅 기능이라고 할 수 있을 것이다.

그래서 그런 것인지 많은 메신저 서비스들이 얼랭으로 구현되었고, 그 중에서 가장 유명한 것이 WhatsApp이다. 메신저 이외의 채팅 부분도 마찬가지로 얼랭으로 구현된 수많은 서비스가 있는데 국내에서 가장 유명한 것은 국민 게임으로 유명한 리그오브레전드의 채팅 시스템이다.

이번 장에서는 얼랭을 이용해 큰 성공을 거둔 두 가지 사례에 대해 간단히 알아보고, 얼랭의 OTP[1]를 이용하여 채팅 기능의 기반 시스템 설계를 해볼 것이다. OTP의 gen_server 같은 라이브러리를 이용하면 프로세스를 직접 다루는 것보다 편리한 점들이 있다. 8-2절에서 자세히 살펴 볼 것이다. 우선은 성공 사례를 알아보며 아직까지도 쌓여있을지 모를 얼랭에 대한 편견을 없애보자.

---

1 여기서 OTP는 인터넷뱅킹에서 사용하는 One Time Password가 아니다. 얼랭의 OTP는 오래 전에 얼랭이 오픈소스화되면서 Open Telecom Platform의 약자로 시작한 Erlang 라이브러리 들의 집합이라고 볼 수 있는데, 현재 저 약자는 의미가 없고 오히려 Concurrent Systems Platform이 더 어울리는 상태이다.

8-1-1 WhatsApp 메신저

전 세계적으로 스마트폰 모바일 메신저를 사용하는 유저는 빠르게 증가하고 있다. 1장에서도 이야기했지만 세계에서 가장 많은 사용자 수인 6억 명 이상을 가지고 있는 메신저가 WhatsApp이다. 그 뒤를 Facebook 메신저가 5억명, WeChat이 4억3천8백만명, LINE이 4억명으로 뒤쫓고 있다.

WhatsApp은 2014년 2월 19일에 Facebook에 190억 달러, 한화로 21조원이라는 엄청난 금액에 인수되었다. 2014년 10월 마지막 대금을 지불할 때의 가치로 하면 그 사이에 Facebook의 주식이 올라서 최종 인수 금액은 거의 220억 달러라고 한다.

Facebook은 어떤 이유로 WhatsApp을 인수한 것일까? 유저수만 많다고 해서 저 정도 금액을 쓸 Facebook은 아니다. 그렇다고 WhatsApp의 매출이 많은 것도 아니다.

WhatsApp은 첫해에는 무료로 사용 가능하고, 그 다음해부터는 1년에 0.99달러의 요금[2]을 받고 있다. 그것이 WhatsApp 매출의 전부다. LINE이나 카카오톡 같은 다른 메신저 앱처럼 게임 연동도 하지 않고, 광고를 붙이는 것도 아니고, 오로지 메신저 기능 그 자체에만 집중하고 있다.

---

2 국내에서는 WhatsApp의 인기가 없어서 그런지 2014년 기준으로 평생 무료 서비스를 하고 있다.

그것은 창업자 Jan의 책상에 붙어 있는 메모처럼 WhatsApp의 기업 철학이기도 하다.[3] 메신저 기능 그 자체에만 집중한 결과, 광고에 한푼도 쓰지 않고서도 전세계적으로 가장 많은 유저수를 가지고 있는 메신저 앱이 탄생한 것이다.

WhatsApp의 2014년 예상 매출은 1억4천4백만 달러(한화로는 1600억 정도)이다. 6억명이 넘는 유저들 중에서 20% 정도만 요금을 지불한다고 하면 충분히 달성 가능한 매출로 보인다. Facebook이 일년에 1600억 정도 벌자고 21조를 쓴 것 같지는 않다. 모바일 기반의 메신저에 대한 지속적인 성장 가능성도 큰 이유 중 하나겠지만, 또 다른 이유는 6억 명을 수용하는 데 아무런 문제가 없고, 지출 비용도 적으며, 지속적인 확장이 가능한 WhatsApp의 기반 기술이다.

WhatsApp의 6억명을 수용하는 서버는 모두 얼랭으로 구축되어 있다. WhatsApp 서버 프로그래머의 숫자는 30명 정도이다. 30명이 6억명을 담당하고 있는 것이다. 게다가 한대의 서버당 200만개의 커넥션을 담당하고 있다고 한다. 적은 양의 코드로 고품질의 코드 작성이 가능한 얼랭을 사용했기에 가능한 성능이다.

....
3 http://www.businessinsider.com/whatsapp-note-2014-2

WhatsApp에서는 초당 백십만 개의 메시지가 전송된다고 한다. 하루로 따지면 거의 900억개 이상의 메시지가 전송되는 것이다. 이를 위해서 수백 대의 서버를 가동 중이다. 서버의 사양을 더 자세히 살펴보면, CPU는 E5-2690 듀얼, 메모리는 64GB 이상, 하드는 800GB SSD를 사용하고, 랜카드는 2개를 장착하였다. OS는 FreeBSD 9.1~9.3을 사용한다. 데이터베이스는 계정 데이터 및 로그 저장 등을 위해 5장에서 설명한 얼랭의 Mnesia를 사용하고, 미디어 파일은 데이터베이스 없이 자체적으로 관리한다.

WhatsApp 개발자들이 처음부터 바로 이렇게 최적화된 시스템을 만든 것은 아니다. 처음에는 얼랭으로 작성된 오픈소스 XMPP 서버인 ejabberd[4]를 사용했다. 그러다가 점점 사용자가 늘면서 ejabberd를 개조해서 자체적인 프로그램으로 개발해 나간 것이다.

Facebook도 처음에 채팅 시스템을 만들 때 얼랭의 ejabberd를 이용해서 개발하였다. 그 이후 높은 수준의 개발자 수급에 문제가 있어서 시스템을 변경하였다(지금은 WhatsApp을 인수했으니 얼랭 개발자 수급에는 문제가 없을 것이다). 반면 뒤에 나올 리그 오브 레전드League of Legends는 ejabberd를 그대로 사용하고 있다.

한두 대도 아니고 수백 대의 서버를 가동하면 문제가 되는 것은 서버의 업데이트 문제이다. 버그가 발견되거나 기능을 추가해야 하는 상황에서 개발자들은 하루에도 몇 번씩 코드를 수정해야 한다. 이때 4장에서 설명한 얼랭의 Dynamic Code Loading 기능은 서비스다운 없이 전체 시스템을 실시간으로 업데이트를 가능하게 해준다.

비즈니스적인 측면뿐만이 아니라 이런 모든 기술적인 능력들이 Facebook이 거액을 주고 인수할 만큼의 매력이 있었던 것이다.

사실 WhatsApp이 얼랭을 기반으로 한 모바일 메신저 회사 중에 가장 큰 회사일 뿐이지, 성공을 거두고 있는 전세계의 수많은 회사들이 있다. 특히 미국과 유럽 쪽에 많은 것 같다. 새로운 SNS 제작에 흥미가 있는 사람은 얼랭으로 개발해보기 바란다.

---

4 https://www.ejabberd.im/

8-1-2 리그 오브 레전드

리그 오브 레전드는 언제부터인가 다른 온라인 게임을 제치고 국민 게임이 된 라이엇 게임즈의 RTS 게임이다. 리그 오브 레전드의 채팅 서버가 순수하게 얼랭으로 이루어졌다는 것은 아마 대부분의 사람들이 모르고 있었을 것이다.

게임 내 채팅의 동시 접속자 수는 7백5십만 명, 하루에 2천7백만 명이 이용하고, 초당 1만1천 개의 메시지를 전송한다. 이 수치는 라이엇 게임즈의 프로그래머인 Michal Ptaszek의 발표[5]에서 공개되었다.

WhatsApp과 마찬가지로 Ejabberd를 사용하여 개발하였다. WhatsApp은 본격적인 서비스를 하면서 프로토콜인 XMPP를 개조하여 Ejabberd를 자체적으로 수정해 다시 만든 것과 달리, 리그 오브 레전드에서는 지금도 계속 Ejabberd와 XMPP를 사용하고 있다. 데이터베이스는 처음에는 MySQL을 사용하다가 확장성에 문제가 있어서, 얼랭으로 작성된 Riak이라는 NoSQL을 사용한다. 사용자 수가 어마어마하다 보니 서버 장비도 수백 대가 서비스 되고 있다.

이 모든 것을 만들고 관리하는 프로그래머는 단 3명이다. 그 밖의 내용은 얼랭의 장점과 겹치는 내용이라 굳이 설명할 필요가 없을 것 같다.

라이엇 게임즈의 채팅 서버 프로그래머들은 나중에는 게임에 로그인할 필요 없이 게임 외부에서도 채팅을 자유롭게 할 수 있도록 게임 채팅 부분을 확실하게 분리할 예정이라고 한다. 채팅 시스템이 Ejabberd를 사용하기 때문에, 얼랭을 아는 사람이라면 누구나 코드 몇 줄 정도면 리그 오브 레전드 채팅 서버에 접속할 수 있는 프로그램을 만들 수 있다. 흥미로운 사람은 나중에 해보면 좋겠다.

---

5 "Scaling League of Legends Chat to 70 million Players" https://www.youtube.com/watch?v=_jsMpmWaq7l

8-2 설계하기

1:1 메시지 전송은 푸시 기능을 사용하든지 해서 특정 유저에게만 전송하면 되니까 크게 고민할 필요가 없지만, 다자간 채팅은 채팅방을 만들고 해당 방에 속해 있는 사람들 사이에서 메시지를 교환해야 한다. 그러려면 채팅방을 만드는 기능과, 해당 방에 들어오고 나가는 기능 등 방을 관리하는 기능이 필요하다. 이번에 우리가 만들 것이 바로 이 부분이다. 이번 장에서 우리는 채팅 메시지는 신경 쓰지 않고, 얼랭을 이용해서 채팅방을 어떻게 구현해야 하는지에 집중할 것이다.

메신저 서버 같이 큰 트래픽에 대한 관리가 필요한 서버는 서버의 사양에 따라서 유저수의 제한이 필요하다. 제한을 두지 않으면 서버가 과부하에 걸려서 정상 동작을 하지 않게 되어 잘 사용하던 유저들까지도 문제가 생긴다. 1만 명까지 수용 가능한 서버인데 1만1천 명을 받을 경우, 1천 명 받으려다가 나머지 1만 명까지 서비스를 사용하지 못하게 되는 것이다. 이럴 경우에는 1천 명은 포기하고 1만 명에서 제한을 거는 것이 서비스의 지속적인 운영에 도움이 된다.

우리가 구현할 채팅방도 미리 개수를 제한해 놓고, 할당이 다 끝나면 더 이상 제공하지 않도록 하는 기능을 넣으면 좋을 것 같다. 동시에 여러 요청이 들어올 경우 문제가 발생할 수 있으니 이를 전담하는 사람이 필요할 것이다. 이 사람을 **지배인**이라고 부르도록 한다.

지배인은 호텔에서 빈 방을 손님에게 분배하듯이, 남는 채팅방이 있으면 유저에게 전달하고 특정 유저가 속해 있는 채팅방을 찾아주기도 하는 관리 역할을 하게 된다.

전체 채팅방을 관리하는 지배인 이외에도 각각의 방을 담당하는 **관리자**도 있으면 좋을 것 같다. 관리자는 자신이 담당하고 있는 채팅방의 사람들을 관리하는 역할을 한다. 채팅방에 사람이 모두 나가면 지배인에게 말해서 해당 방을 다시 빈 방으로 만든다. 지배인은 빈 방을 다시 다른 손님에게 분배할 수 있을 것이다.

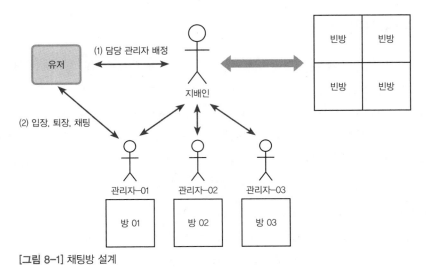

[그림 8-1] 채팅방 설계

간략하게 그림으로 표현하면 이와 같다. 제일 처음에 유저가 지배인에게 방을 요청하면, 지배인은 빈방이 있는지 확인하고 해당 방의 관리자를 유저에게 전달한다. 그럼 유저는 관리자에게 입장이나 퇴장, 혹은 채팅 메시지 전달 같은 요청을 하여 채팅의 기능을 수행하는 것이다.

지배인이 방 배정뿐만 아니라, 방의 입장이나 퇴장, 채팅 메시지 전달 등등 모든 기능을 다 처리할 수도 있겠지만, 한 명의 지배인에게 시간이 오래 걸리는 작업들을 부여할 경우 병목 현상이 발생할 수 있기 때문에, 동시에 처리할 수 있는 작업은 관리자들에게 분산해서 맡기는 것이 중요하다.

지배인과 관리자는 모두 얼랭의 프로세스로 구현할 것이다. 하지만 이번에는 지난 장에서 했듯이 직접 프로세스 메시지를 다루는 것보다는 얼랭에서 제공하는 OTP의 라이브러리를 이용해서 지배인과 관리자를 만들어 볼 것이다. 프로세스를 직접 다루는 것보다 OTP에는 미리 만들어진 여러 기능들이 있어서 보다 손 쉽게 프로세스를 다룰 수 있다.

8-3 OTP application

OTP는 얼랭에서 제공하는 여러 라이브러리의 집합이다. OTP 안에 있는 기능만 사용해도 못 만들 소프트웨어가 없다. 그 중에서 몇 가지를 배워 볼 텐데, 지금 배워야할 것은 gen_server 모듈이다. gen_server를 이용해서 지배인과 관리자 프로세스를 만들 것이기 때문이다.

8-3-1 gen_server

gen_server[6] 모듈을 사용하면 generic server 프로세스를 생성할 수 있다. 즉 범용 서버 프로세스를 생성할 때 사용하는 것으로, 클라이언트-서버 구조로 동작하는얼랭 프로세스를 생성할 때 사용한다.

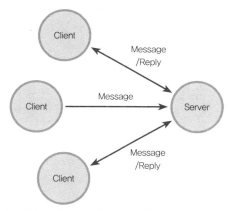

[그림 8-2] 클라이언트-서버 구조

지난 장에서 만들었던 users 프로세스를 생각해보자. users 프로세스는 생성되어서바로 종료하지 않고, 하나의 작은 서버처럼 계속 떠있으면서 메시지를 받기를 기다린다. 그러다가 원하는 메시지를 받으면 처리해서 결과값을 돌려준다. users 프로세스의 행동은 위의 Server-Client 그림에서의 Server와 비슷하다. 바로 이런 역할을하는 프로세스를 만들 때 gen_server를 사용하면 매우 편리하다.

....
6 http://www.erlang.org/doc/man/gen_server.html

gen_server를 사용하기 위해서는 미리 정의된 함수를 알아야 한다.

그 전체 함수는 아래와 같다.

```
gen_server module              Callback module
-----------------              ---------------
gen_server:start_link -----> Module:init/1

gen_server:call
gen_server:multi_call -----> Module:handle_call/3

gen_server:cast
gen_server:abcast       -----> Module:handle_cast/2

-                       -----> Module:handle_info/2

-                       -----> Module:terminate/2

-                       -----> Module:code_change/3
```

왼쪽이 gen_server의 API이고 오른쪽이 그에 해당하는 callback 함수들이다. callback 함수들은 우리가 생성할 모듈로서 직접 구현해야 한다. 하나씩 살펴보도록 하자.

우선 서버를 생성하는 것이 gen_server:start_link이다. 이 함수를 실행하면 callback 함수인 Module:init가 실행된다. Module은 생성할 서버의 이름으로 대체해서 생각하면 된다. 만약 test_server라는 모듈 이름을 붙여서 gen_server를 생성했다면, test_server 모듈 내부에서 gen_server:start_link를 실행하면 test_server:init 함수가 실행된다는 뜻이다. 미리 test_server:init을 구현해놓아야 실행 될 것이다.

8-4절에서 직접 구현하는 실습을 해보면 더 잘 이해될 것이므로, 지금 당장은 이해가 안가더라도 괜찮다. 정상적으로 gen_server:start_link가 실행되어 callback 함수인 Module:init가 실행되었다면 gen_server로 동작하는 얼랭 프로세스가 생성되었다는 의미가 된다.

어차피 직접 프로세스를 생성해서 사용하나, gen_server로 프로세스를 생성하나 내부적으로 보면 똑같이 spawn 함수를 실행하는 것 아닐까? 이 말은 반은 맞고 반은 틀리다. 지난 장에서 했듯이 spawn 함수를 이용해서 생성한 프로세스를 일반 프로세스common process라고 한다면, gen_server로 생성하는 프로세스는 특수 프로세스special process라고 부른다.

일반 프로세스와 특수 프로세스는 둘다 거의 동일하지만, 특수 프로세스는 OTP 구조에 맞게 동작하도록 여러 가지 추가된 사항들이 존재한다. 내부 코드를 살펴보면 spawn이 아닌 proc_lib:init_ack를 이용해서 프로세스를 생성하는 것을 알 수 있다.[7] 그리고 모듈 이름이 바로 프로세스의 이름으로 등록된다. 위의 예제에 따르면 test_server라는 이름으로 프로세스가 등록될 것이다.

얼랭 초심자인 우리가 더 자세히 알아볼 필요는 없는 것 같다. 나중에 설명할 supervisor에 의해서 관리될 수 있는 프로세스가 특수 프로세스라고만 알아 두자.

이렇게 생성한 test_server라 이름붙인 gen_server로 메시지를 보내기 위해서는 gen_server:call이나 gen_server:cast를 실행해야 한다. 물론 앞서 배운 대로 test_server ! {message}라고 해도 되겠지만 그것은 뒤에 설명하겠다.

gen_server:call을 실행하면 메시지를 받아서 처리하는 callback 함수는 위의 표에 적혀있듯이 Module:handle_call이다. 즉 예제에서라면 test_server:handle_call을 구현해야 한다. gen_server:cast를 실행하면 Module:handle_cast가 실행될 것이다.

call와 cast의 다른 점은 call은 메시지를 보냈을 때 응답값이 필요한 경우에 사용하는 것이고 cast는 응답값을 받을 필요가 없을 때 사용한다. 비슷하게 multi_call과 abcast는 동시에 여러 개의 Node로 call이나 cast를 실행하여 메시지를 전송할 때 사용한다.

아까 말했듯이 test_server ! {message} 형식으로 직접 메시지를 전송 받는 것에 대한 처리는 Module:handle_info에서 처리한다. 메시지를 처리하는 콜백 함수는 handle_call, handle_cast, handle_info 이렇게 3개인 것을 기억해두자.

Module:terminate는 Module:init와 반대로 gen_server가 종료될 경우에 자동으로 실행되는 callback 함수이다.

----

7 https://github.com/erlang/otp/blob/maint/lib/stdlib/src/gen_server.erl#L308

`Module:code_change`는 해당 모듈이 업그레이드 혹은 다운그레이드 될 때 단순한 코드의 변환 말고도 내부 상태 변환 등의 작업이 필요할 경우에 구현할 수 있는 callback 함수이다.

예를 들어 `test_process`라고 이름을 붙인 프로세스에게 `{hello}`라는 메시지를 보내고 이를 받는 쪽에서는 보낸 사람에게 `{hi}`를 보내는 코드는 다음과 같다.

일반 프로세스로 메시지를 보내는 경우

```
PID1 ! {test_process, {hello}}
```

일반 프로세스의 메시지 처리 방법

```
receive
    {Sender, {hello}} ->
        Sender ! {hi}
end.
```

gen_server를 사용해서 위와 똑같이 메시지를 주고 받는 경우는 아래와 같다. test_server라는 이름으로 gen_server를 구현해서 사용한다고 가정한다.

gen_server를 사용해서 메시지를 보내는 경우

```
hello() ->
    gen_server:call(test_server, {hello}).
```

gen_server의 메시지 처리 방법

```
handle_call({hello}, From, State) ->
    {reply, {hi}, State}.
```

gen_server를 이용하면 실제로 메시지를 보내는 부분과 받는 부분이 감추어지고 모든 것은 함수로 처리된다. 메시지를 보내는 것은 gen_server:call이나 gen_server:cast를 사용하게 되고, 메시지를 받는 부분도 receive를 사용하는 부분은 handle_call 함수에 가려져서 우리는 실제 메시지 패턴만 구현하면 되는 것이다.

hello() 즉, gen_server:call(test_server, {hello})를 실행하면 test_server 모듈의 handle_call 함수가 callback 함수로 실행된다. 그러면 handle_call의 첫번째 변수 부분과 받은 메시지가 일치하는지 확인하게 되고, {hello}라는 값이 일치하므로

해당 함수 부분이 실행되게 된다. 리턴값이 {reply, {hi}, State}으로, 가운데에 있는 값이 Reply 값이 되어 실제로 hello()라는 함수를 실행한 사람은 {hi}라는 리턴값을 받게 되는 것이다.

```
Module:handle_call(Request, From, State) -> Result
```

handle_call 함수를 좀 더 자세히 살펴보면 위와 같다. Request는 입력 받을 메시지의 패턴값이다. gen_server:call 혹은 gen_server:cast에서 전송한 메시지와 패턴 매칭하게 되는 부분이다. From은 튜플 형식으로 {Pid, Tag}로 되어 있다. Pid는 call이나 cast 함수를 실행한 프로세스 즉, 메시지를 전송한 프로세스이고, Tag는 고유의 값이다. State는 gen_server의 내부 상태 정보이다.

Result는 메시지를 보낸 프로세스에게 응답값을 보낼 경우에 다음과 같은 값을 사용한다.

```
{reply,Reply,NewState}
{reply,Reply,NewState,Timeout}
{reply,Reply,NewState,hibernate}
```

튜플 형식으로 첫번째는 atom값인 reply라고 적어주고, 뒤에는 실제 응답값이 저장된 Reply 변수이다. 여기에는 어떤 값이든 원하는 내용을 적으면 된다. 뒤의 NewState는 gen_server의 내부 상태를 변경하고자 할 때의 값이고, Timeout에는 숫자를 입력할 경우 Timeout milliseconds 시간 안에 메시지가 전달되지 않으면 timeout이 발생한다. 발생한 timeout은 handle_info에서 처리하는 함수를 작성해야 한다. Timeout 숫자 값 대신에 hibernate라고 적어주면 말 그대로 gen_server를 동면 상태로 만든다. 동면 상태에 빠진 프로세스는 메모리를 최소화하고, 새로운 메시지가 도착할 때까지 동면 상태로 있는다.

응답값이 필요 없을 경우에는 다음과 같이 noreply로 시작되는 튜플로 리턴하면 된다.

```
{noreply,NewState}
{noreply,NewState,Timeout}
{noreply,NewState,hibernate}
```

reply와 비교하면 noreply는 Reply 값이 빠진 튜플인 것을 알 수 있다.

마지막으로,

```
{stop,Reason,Reply,NewState}
{stop,Reason,NewState}
```

위와 같이 stop으로 시작되는 튜플 값을 리턴하면 gen_server는 Module:terminate(Reason, NewState)를 실행하고 gen_server는 종료된다.

handle_call과 더불어 많이 사용되는 handle_cast를 살펴보자.

```
Module:handle_cast(Request, State) -> Result
```

handle_cast는 handle_call과 다르게 인자값이 2개이다. From이 없다. handle_call의 경우 메시지를 보낸 사람에게 리턴값을 전송하도록 되어 있는 반면에 handle_cast는 응답값을 전송하지 않기 때문이다.

리턴 값도,

```
{noreply,NewState}
{noreply,NewState,Timeout}
{noreply,NewState,hibernate}
{stop,Reason,NewState}
```

이렇게 4가지 종류밖에 사용할 수 없다. handle_call의 리턴값에서 Reply를 제외한 리턴값만 사용할 수 있다.

gen_server를 사용하면 메시지를 보내는 쪽이나 받는 쪽이나 좀 더 간단하게 코드를 작성할 수 있다. 그리고 아래에 나올 supervisor에 의해서 관리되어 fault tolerance를 쉽게 구현할 수 있는 장점이 있다.

8-3-2 gen_fsm

gen_fsm[8] 모듈을 사용하면 범용 유한 상태 기계generic finite state machin를 생성할 수 있다. 범용 유한 상태 기계는 소프트웨어를 개발하다 보면 자주 구현하게 되는 모델이다.

....

8 http://www.erlang.org/doc/man/gen_fsm.html

입력 받는 이벤트에 따라서 계속 상태가 변하는 기계, 그것이 범용 유한 상태 기계이다. 무한히 상태가 변하는 것은 아니고 상태는 정해져 있다.

센서에 의해서 물체가 가까이 다가온 것을 감지하면 돌아가는 회전문이나 에스컬레이터도 간단한 유한 상태 기계의 하나이다. 컴퓨터를 사용하지 않고 일정시간 이상 가만히 놔두면 컴퓨터는 대기 모드 라는 상태로 변하게 된다. 그러다가 마우스나 키보드를 조작하는 이벤트가 발생하면 일반 모드로 상태가 변한다. 이것은 OS에 유한 상태 기계 기능을 하는 코드가 존재한다는 것을 의미한다. 게임에서 유저가 다가가면 갑자기 난폭하게 달려드는 몬스터의 행동패턴도 유한 상태 기계로 구현된 것이라 할 수 있다.

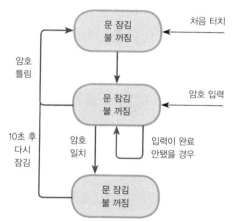

[그림 8-3] 범용 유한 상태 기계(finite state machine) 모델

위 그림은 전자식 도어락에 존재하는 유한 상태 기계를 나타낸 것이다. 도어락은 총 3가지 상태로 있을 수 있다. 처음에 "문 잠김 불 꺼짐" 상태로 있던 도어락은 사람이 처음 터치를 시작하면 "문 잠김 불 켜짐" 상태로 변한다. 그리고 입력이 완료될 때까지 해당 상태를 유지하다가 암호가 틀림이 확인되면 다시 "문 잠김 불 꺼짐" 상태로 변하고 만약 암호가 일치한다면 "문 열림 불 꺼짐" 상태로 변환한다. 그러다가 10초 후에 자동으로 "문 잠김 불 꺼짐" 상태로 변한다.

이런 일련의 상태 변환을 구현하는 것이 유한 상태 기계이고, 그것을 쉽게 구현하도록 한 것이 얼랭의 gen_fsm 모듈이다.

```
gen_fsm module                          Callback module
---------------                         ---------------
gen_fsm:start_link                      -----> Module:init/1

gen_fsm:send_event                      -----> Module:StateName/2

gen_fsm:send_all_state_event            -----> Module:handle_event/3

gen_fsm:sync_send_event                 -----> Module:StateName/3

gen_fsm:sync_send_all_state_event -----> Module:handle_sync_event/4

-                                       -----> Module:handle_info/3

-                                       -----> Module:terminate/3

-                                       -----> Module:code_change/4
```

gen_server와 마찬가지로 위의 표처럼 gem_fsm의 함수와 대응하는 콜백 함수를 작성해야 한다. 예를 들어 gen_fsm:send_event를 실행하면 Module:StateName 함수가 실행될 것이다. StateName에는 직접 정의한 함수 이름을 사용한다.

우리의 채팅 시스템은 gen_fsm은 이용하지 않을 것이므로, 더 궁금한 사람은 매뉴얼의 각 함수별 설명을 참고하도록 한다.

8-3-3 gen_event

gen_event[9] 모듈은 범용 이벤트 핸들러generic event handler를 만들 때에 사용한다. 이벤트 핸들러는 시스템의 에러나 알림 메시지 등의 로그를 처리할 때 유용하다.

....
9 http://www.erlang.org/doc/man/gen_event.html

```
gen_event module                         Callback module
----------------                         ----------------
gen_event:start_link        ----->       -

gen_event:add_handler
gen_event:add_sup_handler   ----->       Module:init/1

gen_event:notify
gen_event:sync_notify       ----->       Module:handle_event/2

gen_event:call              ----->       Module:handle_call/2

-                           ----->       Module:handle_info/2

gen_event:delete_handler    ----->       Module:terminate/2

gen_event:swap_handler
gen_event:swap_sup_handler  ----->       Module1:terminate/2
                                         Module2:init/1

gen_event:which_handlers    ----->       -

gen_event:stop              ----->       Module:terminate/2

-                           ----->       Module:code_change/3
```

서버를 띄운 상태에서 gen_event:add_handler나 gen_event:delete_handler를 통해 동적으로 핸들러를 추가하고 삭제할 수 있다. 이벤트의 전송은 gen_event:notify를 이용하고, 이에 대한 콜백 함수는 Module:handle_event이다. 더 자세한 내용은 매뉴얼 페이지를 참고하도록 한다.

지금까지 gen_server, gen_fsm, gen_event를 살펴보았는데, gen_server만 가지고도 유한 상태 기계나 이벤트 핸들러 기능을 구현할 수 있다. 그만큼 범용적으로 사용할 수 있는 것이 gen_server이고, 더 특수한 목적으로 사용하는 것이 gen_fsm이나 gen_event이다. 프로그램의 용도에 따라서 적절한 모듈을 사용하도록 하되, 범용성으로 보면 gen_server 〉 gen_fsm 〉 gen_event 순서가 될 것 같다.

8-3-4 supervisor

supervisor는 말 그대로 여러 개의 프로세스들을 관리하는 프로세스를 구현할 때 사용한다. 프로세스를 직접 생성해서 구현하지 않고, OTP에서 제공하는 gen_server나 gen_fsm, gen_event를 쓰는 가장 큰 이유 중 하나는 supervisor의 자식 프로세스로 등록해서 관리할 수 있기 때문이다.

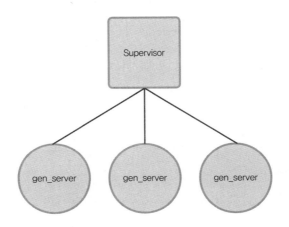

예를 들어 위 그림은 3개의 gen_server를 자식 프로세스로 등록한 것이다. 자식 프로세스에는 gen_server, gen_fsm, gen_event 혹은 supervisor 형식의 프로세스도 가능하다. supervisor는 자식 프로세스들을 시작시키고, 동작 상태를 모니터링하게 된다. 만약 자식 프로세스가 오류 등으로 인해서 종료된다면 이를 재시작시키는 역할을 한다.

재시작시키는 규칙은 설정에 따라서 다음 4가지로 나뉜다.

```
one_for_one
one_for_all
rest_for_one
simple_one_for_one
```

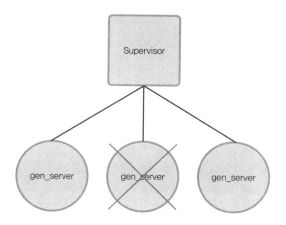

one_for_one은 어떤 자식 프로세스가 죽었을 경우 종료된 해당 프로세스만 재시작시킨다. 다른 자식 프로세스들은 건드리지 않는다.

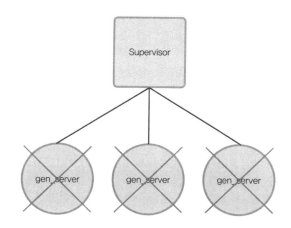

one_for_all의 경우는 하나의 자식 프로세스가 죽었을 경우에 다른 모든 자식 프로세스를 종료시키고, 이미 종료된 프로세스와 종료 시킨 전체 프로세스를 재시작 시키게 된다. 자식 프로세스들을 동시에 종료하고, 동시에 시작시켜야 할 경우에 사용한다.

rest_for_one의 경우는 죽은 프로세스보다 처음에 늦게 시작된 녀석들만 종료시키고, 이미 종료된 프로세스와 종료시킨 전체 프로세스를 재시작시킨다. 시작 순서에 어떤 의존성이 있을 경우에 사용한다.

simple_one_for_one은 one_for_one과 비슷하지만, 한 종류의 자식 프로세스만 동적으로 추가할 때에 사용한다. 한 종류의 코드만 사용하기 때문에 자식 프로세스의 추가가 빠르고 간단하게 이루어질 수 있다. 다만 supervisor에서 해당 자식 프로세스를 종료시킬 수 없고, 자식 프로세스 스스로 종료해야 한다.

특수한 경우 자식 프로세스를 재시작시키면 바로 종료되고, 또 재시작시키면 어떤 오류에 의해서 종료되고 하면서 무한히 종료와 재시작을 반복할 수 있다. 그래서 추가하는 값이 MaxR과 MaxT 값이다. 예를 들어 MaxR을 5로 설정하고 MaxT를 10으로 설정한 경우, 10초 동안 5번 이상 재시작 되면 supervisor는 모든 자식 프로세스를 종료하고 스스로도 종료하게 된다.

자식 프로세스를 실제로 등록하려면 {Id,StartFunc,Restart,Shutdown,Type,Modules}로 이루어진 child_spec()을 등록해야 한다.

Id는 자식을 구분할 수 있는 이름이다. 주로 모듈 이름을 사용한다.

StartFunc는 자식 프로세스가 시작될 때 실행하게 될 함수이다. {M,F,A}의 형식을 따르는데 M은 Module(모듈), F는 Function(함수), A는 Arguments(인자 값)이다.

Restart는 자식 프로세스가 종료되었을 경우에 어떻게 동작할지를 설정한 값이다. permanent, transient, temporary 이렇게 3가지 값이 가능하다. permanent는 종료되었을 경우 무조건 재시작함을 의미하고, transient는 이상하게 종료된 경우 즉 exit reason 값이 normal이나 shutdown이 아닐 경우에 재시작하게 된다. temporary로 설정하면 해당 자식 프로세스는 절대 재시작하지 않는다.

Shutdown은 brutal_kill 혹은 0이상의 숫자나 infinity로 설정할 수 있는데, 자식 프로세스를 어떻게 죽일지를 정하는 값이다. brutal_kill은 kill signal로 죽이는 것이고, 숫자값은 처음에는 shutdown signal을 보낸 후 숫자값만큼 응답값을 기다렸다가 응답 시그널이 없을 경우 kill signal을 다시 보내는 것이다. infinity는 숫자값만큼 기다리는 것이 아니라 무한정 기다린다는 뜻이다.

Type은 worker 혹은 supervisor로 설정할 수 있다. gen_server, gen_fsm, gen_event는 worker로 설정해야 하며, 자식 프로세스가 supervisor인 경우에만 Type에 supervisor로 명시하면 된다.

Modules는 자식 프로세스가 supervisor, gen_server, gen_fsm의 경우 모듈 이름을 [Module] 형식으로 입력하면 되는데, 동적 콜백 함수를 설정한 gen_event의 경우에는 dynamic이라고 입력해야 한다.

이론적인 내용은 이 정도로만 하고, 이제 실제 구현을 해보면서 개념을 익혀 보도록 하자.

8-4 구현하기

우리는 이미 2장에서 mon_sup라는 supervisor를 생성한 바가 있다. 그때는 뭐가 뭔지 모르고 따라서 만들기만 했는데 이제 뭔지 알았을 것이다.

서버를 구동하고, observer:start()를 실행해서 Application 탭을 살펴 보면 다음과 같이 외롭게 mon_sup이 실행되어 있는 것을 볼 수 있다.

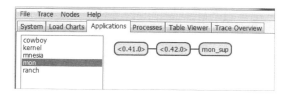

```
1> supervisor:count_children(mon_sup).
[{specs,0},{active,0},{supervisors,0},{workers,0}]
```

supervisor:count_children 함수를 이용해서 mon_sup의 자식 프로세스 개수를 살펴 보면 위와 같이 0개인 것을 알 수 있다.

현재는 mon_sup 밑으로 연결된 자식 프로세스들이 하나도 없지만 이제부터 만들어 나갈테니 기대해도 좋다.

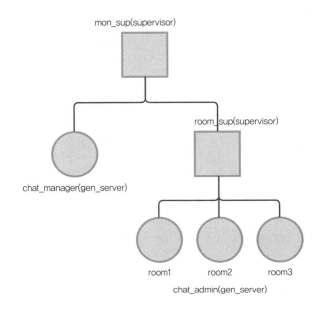

mon_sup(supervisor)

room_sup(supervisor)

chat_manager(gen_server)

room1   room2   room3

chat_admin(gen_server)

전체적인 구성도는 위의 그림과 같다. mon_sup를 가장 기본적인 supervisor로 두고 그 아래에 chat_manager라는 gen_server와 room_sup라는 supervisor를 둘 것이다. 그리고 room_sup의 아래에 각각의 room을 관리하는 chat_admin이라는 gen_server를 동적으로 생성할 것이다. 동적으로 생성하는 이유는 room의 개수를 운영 중에도 자유롭게 조절할 수 있기 위함이다.

8-4-1 채팅방 지배인

채팅방 지배인 역할은 chat_manager가 담당한다. gen_server 형식의 chat_manager 모듈을 만들려면 콜백 함수를 여러 개 작성해야 한다. 일일이 매뉴얼을 찾아가면서 하나씩 작성하기에는 힘이드니, 자동으로 껍데기 코드를 생성해보자.

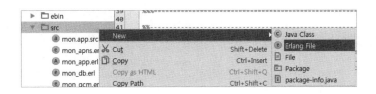

IntelliJ에서 src에 마우스 오른쪽을 클릭 후 **New-Erlang File**을 선택한다.

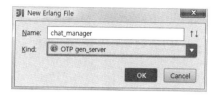

그 다음에 Name에는 chat_manager를 적어주고, Kind에는 OTP gen_server를
선택하고 OK를 누른다.

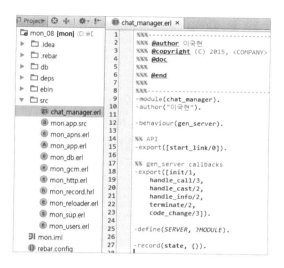

그럼 다음과 같이 chat_manager.erl이 추가된 것을 확인할 수 있을 것이다.

room_sup도 마찬가지로 추가해보자.

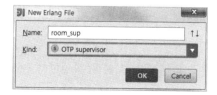

New-Erlang File을 선택한 후에 OTP supervisor를 선택해서 OK를 누른다.

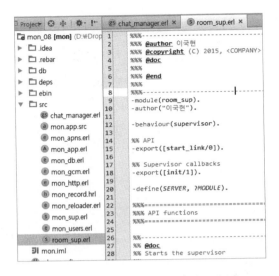

room_sup supervisor는 아직 자식 프로세스를 등록하면 안 되므로, 코드를 수정해서 임시로 들어있는 코드를 삭제하도록 한다.

```
58 init([]) ->
59     RestartStrategy = one_for_one,
60     MaxRestarts = 1000,
61     MaxSecondsBetweenRestarts = 3600,
62
63     SupFlags = {RestartStrategy, MaxRestarts, MaxSecondsBetweenRestarts},
64
65     {ok, {SupFlags, []}}.
```

〈room_sup.erl 수정〉

chat_manager와 room_sup를 추가했으니 이를 mon_sup에 자식 프로세스로 등록 해보자.

mon_sup.erl 파일을 열고 **init** 함수 부분을 확인한다. 예전에 주석 처리한 부분들이 있을 것이다.

```
58 init([]) ->
59     RestartStrategy = one_for_one,
60     MaxRestarts = 1000,
61     MaxSecondsBetweenRestarts = 3600,
62
63     SupFlags = {RestartStrategy, MaxRestarts, MaxSecondsBetweenRestarts},
64
65     Restart = permanent,
66     Shutdown = 2000,
67     Type = worker,
68
69     %%AChild = {'AName', {'AModule', start_link, []},
70     %%    Restart, Shutdown, Type, ['AModule']},
71     {ok, {SupFlags, []}}.
```

〈mon_sup.erl〉

SupFlags에 대입된 값은 {one_for_one, 1000, 3600}이다. mon_sup는 one_for_one 형식으로 동작시킬 것이기 때문에 이 부분은 수정이 필요없다. 그 밑에 자식 프로세스를 등록해야 하는 부분이 있는데, 여기에 chat_manager와 room_sup를 추가하면 된다.

```
58 init([]) ->
59     RestartStrategy = one_for_one,
60     MaxRestarts = 1000,
61     MaxSecondsBetweenRestarts = 3600,
62
63     SupFlags = {RestartStrategy, MaxRestarts, MaxSecondsBetweenRestarts},
64
65     ChatManager = {chat_manager, {chat_manager, start_link, []},
66                                  permanent, 2000, worker, [chat_manager]},
67
68     RoomSup = {room_sup, {room_sup, start_link, []},
69                          permanent, 2000, supervisor, [room_sup]},
70
71     {ok, {SupFlags, [ChatManager, RoomSup]}}.
```

〈mon_sup.erl 수정〉

자 이제, mon_sup에 chat_manager와 room_sup가 자식 프로세스로 등록되었는지 확인해 볼 차례이다. 컴파일하고 서버를 실행시킨 후 observer:start()를 실행해서 확인해보자.

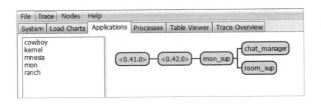

mon_sup에 자식 프로세스가 정확히 등록된 것을 확인할 수 있다. observer가 아니라 다음과 같이 창에서 직접 확인할 수 있다.

```
2> supervisor:count_children(mon_sup).
[{specs,2},{active,2},{supervisors,1},{workers,1}]
```

supervisor 1개와 worker 1개가 자식 프로세스로 등록되어 있는 것을 볼 수 있다.

8-4-2 채팅방 관리자

이제는 room_sup에 자식 프로세스로 등록할 관리자 프로세스를 생성할 차례이다. gen_server 형식의 chat_admin 모듈이다.

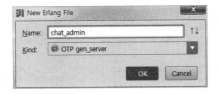

마찬가지로 gen_server 형식으로 파일을 추가한다. 이번에는 아주 조금 코드를 수정해야 한다.

```
09 -module(chat_admin).
10 -author("이국현").
11
12 -behaviour(gen_server).
13
14 %% API
15 -export([start_link/1]).
16
```

```
17 %% gen_server callbacks
18 -export([init/1,
19     handle_call/3,
20     handle_cast/2,
21     handle_info/2,
22     terminate/2,
23     code_change/3]).
24
25 -record(state, {room, users=[]}).
```

chat_admin.erl 파일의 상단 부분에 start_link/0을 start_link/1로 변경하고, 그 아래에 define은 삭제하고, record 형식의 state가 보이는데 위와 같이 room과 users를 추가한다. room에는 담당하는 채팅방의 이름이 들어갈 것이고, users에는 채팅방에 입장한 유저의 정보가 들어갈 것이다.

```
31 %%--------------------------------------------------------------------
32 %% @doc
33 %% Starts the server
34 %%
35 %% @end
36 %%--------------------------------------------------------------------
37 -spec(start_link(Room::term()) ->
38     {ok, Pid :: pid()} | ignore | {error, Reason :: term()}).
39 start_link(Room) ->
40     gen_server:start_link({local, Room}, ?MODULE, [Room], []).
41
42 %%%===================================================================
43 %%% gen_server callbacks
44 %%%===================================================================
45
46 %%--------------------------------------------------------------------
47 %% @private
48 %% @doc
49 %% Initializes the server
50 %%
51 %% @spec init(Args) -> {ok, State} |
52 %%                     {ok, State, Timeout} |
53 %%                     ignore |
54 %%                     {stop, Reason}
55 %% @end
56 %%--------------------------------------------------------------------
57 -spec(init(Args :: term()) ->
```

```
58     {ok, State :: #state{}} | {ok, State :: #state{}, timeout() | hibernate} |
59     {stop, Reason :: term()} | ignore).
60 init([Room]) ->
61     {ok, #state{room=Room}}.
```

〈chat_admin.erl 수정〉

start_link 함수와 init 함수를 위와 같이 수정한다. start_link에서 {local, Room} 부분은 gen_server를 모듈 이름인 chat_admin이 아니라 Room 이름으로 구분하기 위한 것이다. Room 값은 init 함수로 전달되어 state의 room에 입력하게 된다.

이제 chat_admin을 room_sup에 등록할 차례이다. mon_sup에 자식 프로세스를 등록할 때에는 미리 두 개의 자식 프로세스 정보를 입력하였지만, room_sup에는 몇 개의 자식 프로세스가 올지 처음에 정의하지 않고, 동적으로 생성하는 것으로 하겠다.

```
58 init([]) ->
59     RestartStrategy = simple_one_for_one,
60     MaxRestarts = 1000,
61     MaxSecondsBetweenRestarts = 3600,
62
63     SupFlags = {RestartStrategy, MaxRestarts, MaxSecondsBetweenRestarts},
64
65     ChatAdmin = {chat_admin, {chat_admin, start_link, []},
66                              permanent, 2000, worker, [chat_admin]},
67
68     {ok, {SupFlags, [ChatAdmin]}}.
```

〈room_sup.erl 수정〉

room_sup는 one_for_one이 아니라 simple_one_for_one 형식을 갖도록 하였다. 자식 프로세스의 종류가 chat_admin 하나뿐이고, 간단하게 동적으로 생성할 수 있기 때문이다.

수정을 마쳤으면, 컴파일하고 서버를 시작해보자. 그리고 observer를 실행한다.

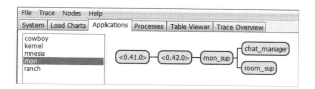

simple_one_for_one의 경우 one_for_one 형식과 달리 초기화 과정에서 아무런 자식 프로세스도 생성하지 않으므로, 위의 그림과 같이 아무런 변화도 없을 것이다. 하지만 observer를 켜둔 상태로 얼랭 창에서 다음과 같이 실행해 보자.

```
2> supervisor:start_child(room_sup, [room1]).
{ok,<0.226.0>}
```

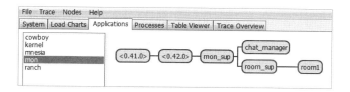

이렇게 하면 room_sup의 자식 프로세스로 room1을 담당하는 chat_admin이 생성된다. 원하는 만큼 늘려보자.

```
2> supervisor:start_child(room_sup, [room1]).
{ok,<0.226.0>}
3> supervisor:start_child(room_sup, [room2]).
{ok,<0.332.0>}
4> supervisor:start_child(room_sup, [room3]).
{ok,<0.336.0>}
5> supervisor:start_child(room_sup, [room4]).
{ok,<0.340.0>}
6> supervisor:start_child(room_sup, [room5]).
{ok,<0.342.0>}
```

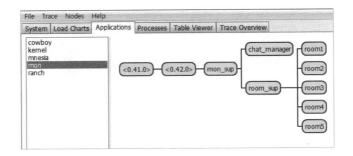

여기서는 room5까지만 추가했는데, 만들고 싶은 이름으로 마음대로 만들면서 확인해봐도 된다. 만약 동일한 이름의 채팅방을 만들려고 하면 에러가 나면서 생성되지 않을 것이다.

```
7> supervisor:start_child(room_sup, [vip_room1]).
{ok,<0.354.0>}
8> supervisor:start_child(room_sup, [room5]).
{error,{already_started,<0.342.0>}}
```

처음에 만들기로 했던 설계 그대로 프로세스 구조가 완성되었다. 이제 유저가 사용할 수 있도록 몇 가지 기능을 추가하는 일만 남았다.

8-4-3 채팅방 사용하기

채팅방을 미리 만들어 놓을지 그때그때 요청할 때마다 생성할지는 여러분의 선택에 달려 있다. 원할 때 supervisor:start_child만 실행하면 된다.

채팅방을 만드는 함수를 chat_manager:init_room(Number)로 만들고, Number에 처음에 생성할 채팅방의 개수를 입력 받기로 한다.

채팅방을 할당 받는 함수는 chat_manager:get_room()이다. 할당 방식은 가장 단순하게 라운드 로빈round robin 방식으로 하겠다. 계속 순서대로 돌아가면서 할당하는 방식이다.

chat_manager:get_room/0으로 채팅방을 할당 받으면 해당 채팅방 관리자 프로세스인 chat_admin 모듈에서는 join/2과 leave/2 함수를 만들 것이다. join/2는 채팅방에

참가할 때, leave/2는 채팅방을 떠날 때 사용한다. 채팅 메시지를 전송하는 **chat/3** 함수는 미완성 상태로 함수 껍데기만 만들 것이다.

우선 chat_manager부터 코드를 추가하도록 하겠다.

```erlang
09 -module(chat_manager).
10 -author("이국현").
11
12 -behaviour(gen_server).
13
14 %% API
15 -export([start_link/0, init_room/1, get_room/0]).
16
17 %% gen_server callbacks
18 -export([init/1,
19         handle_call/3,
20         handle_cast/2,
21         handle_info/2,
22         terminate/2,
23         code_change/3]).
24
25 -define(SERVER, ?MODULE).
26
27 -record(state, {room_list}).
```

<chat_manager.erl 수정>

-export에 init_room/1과 get_room/0을 추가한다. record인 state에도 채팅방 리스트를 저장할 room_list를 추가한다.

```erlang
39 -spec(start_link() ->
40        {ok, Pid :: pid()} | ignore | {error, Reason :: term()}).
41 start_link() ->
42        gen_server:start_link({local, ?SERVER}, ?MODULE, [], []).
43
44 init_room(Number) ->
45        gen_server:call(?MODULE, {init_room, Number}).
46
47 get_room() ->
48        gen_server:call(?MODULE, {get_room}).
```

API를 작성한다. gen_server:call 함수를 이용해서 handler로 각각의 메시지를 전
달하도록 한다. 메시지는 각각 {init_room, Number}와 {get_room}이다.

```
65 -spec(init(Args :: term()) ->
66     {ok, State :: #state{}} | {ok, State :: #state{}, timeout() | hibernate} |
67     {stop, Reason :: term()} | ignore).
68 init([]) ->
69     io:format("init chat_manager~n"),
70     {ok, #state{}}.
```

〈chat_manager.erl 수정〉

init 함수에도 chat_manager가 실행될 때에 io:format 함수를 이용해서 얼랭 창에
해당 문장이 출력되도록 한다.

```
87 handle_call({init_room, Number}, _From, State) ->
88     %% atom 형식의 room list 생성
89     RoomList = lists:map(fun(N) ->
90                         Room = lists:flatten(io_lib:format("room~b",[N])),
91                         list_to_atom(Room)
92                     end,
93                     lists:seq(1, Number)),
94     %% 룸 관리자 시작
95     start_chat_admin(RoomList),
96     %% 상태 저장 후 RoomList를 reply
97     State1 = State#state{room_list=RoomList},
98     {reply, RoomList, State1};
99 handle_call({get_room}, _From, State) ->
100     %% 첫번째 룸을 가져오고
101     [Room|List] = State#state.room_list,
102     %% 다시 맨 뒤로 보낸다
103     NewList = lists:append(List, [Room]),
104     %% 저장 후 Room을 reply
105     State1 = State#state{room_list=NewList},
106     {reply, Room, State1};
107 handle_call(_Request, _From, State) ->
108     {reply, ok, State}.
```

각각의 메시지에 대한 콜백 핸들러 함수를 작성한다. init_room의 경우는 lists 모
듈을 활용하여 개수만큼의 room1, room2 … 형식의 룸 리스트를 만들고, start_
chat_admin 함수에서 해당 룸 관리자를 실행하도록 하였다.

262

get_room은 State에 저장되어 있는 room_list에서 맨 앞의 하나를 가져와서 전달하고, room_list의 맨 뒤에 다시 붙이는 코드이다.

```erlang
175 start_chat_admin([]) ->
176     ok;
177 start_chat_admin([Room|List]) ->
178     supervisor:start_child(room_sup, [Room]),
179     start_chat_admin(List).
```

room_sup의 자식 프로세스로 룸 관리자를 하나씩 생성하는 함수이다.

이제는 chat_admin을 작성해보자.

```erlang
09 -module(chat_admin).
10 -author("이국현").
11
12 -behaviour(gen_server).
13
14 %% API
15 -export([start_link/1, join/2, leave/2, chat/3]).
16
17 %% gen_server callbacks
18 -export([init/1,
19     handle_call/3,
20     handle_cast/2,
21     handle_info/2,
22     terminate/2,
23     code_change/3]).
24
25 -record(state, {room, users=[]}).
```

〈chat_admin.erl 수정〉

-export에 join/2, leave/2, chat/3 함수를 추가한다.

```erlang
57 -spec(init(Args :: term()) ->
58     {ok, State :: #state{}} | {ok, State :: #state{}, timeout() | hibernate} |
59     {stop, Reason :: term()} | ignore).
60 init([Room]) ->
61     io:format("init chat_admin ~p~n",[Room]),
62     {ok, #state{room=Room}}.
63
```

```
64 join(Room, User) ->
65     gen_server:call(Room, {join, User}).
66
67 leave(Room, User) ->
68     gen_server:call(Room, {leave, User}).
69
70 chat(Room, User, Message) ->
71     gen_server:call(Room, {chat, User, Message}).
```

<chat_admin.erl 수정>

init 함수에 초기화 메시지를 뿌려주도록 하고, 나머지는 gen_server:call을 각각의 메시지 형식으로 호출한다.

```
88  handle_call({join, User}, _From, State) ->
89      Users = State#state.users,
90      NewUsers = Users ++ [User],
91      State1 = State#state{users=NewUsers},
92      {reply, {users, NewUsers}, State1};
93  handle_call({leave, User}, _From, State) ->
94      Users = State#state.users,
95      NewUsers = Users -- [User],
96      State1 = State#state{users=NewUsers},
97      {reply, {users, NewUsers}, State1};
98  handle_call({chat, User, Message}, _From, State) ->
99      Reply = User ++ Message + 1,
100     {reply, Reply, State};
101 handle_call(_Request, _From, State) ->
102     {reply, ok, State}.
```

gen_server:call의 콜백 함수인 handle_call이다. 각각의 메시지 패턴에 따라서 함수가 나누어진다. join의 경우는 User 이름을 State의 users에 ++로 추가하는 것이고 leave는 --로 제거하는 것이다. 코드 작성이 완료되었다. 컴파일하고 테스트를 해보자.

```
1> chat_manager:init_room(5).
init chat_admin room1
init chat_admin room2
init chat_admin room3
init chat_admin room4
init chat_admin room5
[room1,room2,room3,room4,room5]
2>
```

264

5개의 채팅방을 생성하였다. observer로 확인해 보아도 된다.

```
2> chat_manager:get_room().
room1
3> chat_admin:join(room1, "john").
{users,["john"]}
4> chat_admin:join(room1, "alan").
{users,["john","alan"]}
5> chat_admin:leave(room1, "john").
{users,["alan"]}
6> chat_manager:get_room().
room2
7> chat_admin:join(room2, "mike").
{users,["mike"]}
```

chat_manager:get_room()으로 채팅방을 할당 받고, join, leave 모두 잘 동작하는 것
같다. 이것 저것 다른 테스트를 해보면서 추가하고 싶은 기능을 추가하도록 하자.

8-4-4 복구 테스트

눈치 챈 사람이 있을지도 모르겠다. chat_admin:chat/3 함수는 구현하면서 일부러 오
류가 나도록 엉터리 코드로 작성하였다. 문자열에 숫자를 더하는 경우라서 무조건 에
러가 발생한다.

```
8> chat_admin:chat(room1, "alan", "hi~").

=ERROR REPORT==== 1-Jan-2015::22:20:50 ===
** Generic server room1 terminating
** Last message in was {chat,"alan","hi~"}
** When Server state == {state,room1,["alan"]}
** Reason for termination ==
** {badarith,[{chat_admin,handle_call,3,
                          [{file,"src/chat_admin.erl"},{line,99}]},
             {gen_server,handle_msg,5,[{file,"gen_server.erl"},{line,580}]},
             {proc_lib,init_p_do_apply,3,
                          [{file,"proc_lib.erl"},{line,239}]}]}
init chat_admin room1
** exception exit: {{badarith,
                       [{chat_admin,handle_call,3,
                            [{file,"src/chat_admin.erl"},{line,99}]},
                        {gen_server,handle_msg,5,
                            [{file,"gen_server.erl"},{line,580}]},
```

```
        {proc_lib,init_p_do_apply,3,
            [{file,"proc_lib.erl"},{line,239}]}]},
    {gen_server,call,[room1,{chat,"alan","hi~"}]}}
in function  gen_server:call/2 (gen_server.erl, line 182)
```

실행하면 바로 위와 같이 terminating 에러가 나면서 해당 룸 관리자가 종료될 것이다. 하지만 우리에게는 supervisor가 있다. supervisor는 오류가 발생한 서버를 규칙에 따라 자동으로 재시작시킨다. 에러 메시지 중간에 init chat_admin room1이라고 출력된 것을 보아도 알 수 있고 직접 실행해 보거나 observer로 보아도 알 수 있을 것이다.

이번 장에서 우리는 얼랭 방식으로 채팅방 관리 코드를 작성하였다. Erlang OTP를 이용해서 각각의 역할을 하는 프로세스를 생성하고 관리되도록 하였다.

클라이언트와의 연동은 이전 장에서 했듯이 API를 추가하면 된다. API를 추가하는 것은 여러분의 몫이다. 몇 번이나 비슷한 모양의 API를 추가해봤으니 코드를 추가 하는 것은 쉬울 것이다. 다만, 채팅 메시지를 전달하는 부분은 몇 가지 선택이 가능하다. 7장에서 했던 푸시를 써도 될 것이고, 혹은 자체적인 TCP 소켓이나 Web 소켓을 사용해도 될 것이다. 크게 어려운 것은 아니니 도전해 보는 것도 좋을 것 같다.

얼랭의 프로세스를 잘 활용하는 것은 효율적인 대용량 서버를 구축하는 지름길이다. 이를 활용하면 채팅을 넘어서 다양한 유형의 서버도 쉽게 구축할 수 있을 것이다. 처음 Erlang 코드를 접한 사람은 약간 어려울 수도 있겠지만 익숙해질 때까지 지금까지 작성한 mon 서버에 이것 저것 기능을 추가하면서 테스트 해보면 조만간 정말 쉽다고 느끼게 될 것이다.

9장
랭킹과 알고리즘

랭킹 기능은 무엇을 기준으로 순위를 산정해야 하는가에 달려 있다. 랭킹은 숫자를 기반으로 하는데, 그 숫자를 산정하는 방식이 우선 첫번째 알고리즘이 될 것이다. 그리고 두 번째 알고리즘은 그 숫자를 정렬하는 방법에 달려 있다.

9-1 랭킹

랭킹은 **어떤 규칙에 의해서 리스트의 값들에 순위를 매기는 것**을 의미한다. 최근에 나오는 모바일 캐주얼 게임들을 예로 들면, 유저가 얻은 점수를 기준으로 높은 점수부터 낮은 점수까지의 순위를 보여주는 기능이 있는데, 그것이 랭킹 기능이다. 몬스터 한마리 죽이는 데 10점이라거나, 별을 먹으면 20점 이런 식으로 한판이 끝나면 점수가 산정되고, 그 점수를 기준으로 특정 기간의 순위를 매긴다. 모바일 게임의 경우는 유저 수가 많기 때문에 랭킹 리스트는 주로 일주일 간격으로 초기화하곤 한다.

이와는 다르게 장기나 바둑과 같이 1:1로 대전하는 게임이면 점수를 얻는 것이 아니라 각각 승과 패가 나뉘기 때문에 좀더 복잡한 랭킹 시스템을 사용해야 한다. 한국 기원의 랭킹 제도[1]를 보면 여러 개의 공식을 가지고 점수를 산정하고 있다. 이런 복잡한 공식을 사용하는 이유는 하수가 고수를 이겼을 때 변동되는 점수의 폭과 고수와 고수가 싸워서 이겼을 때 변동되는 점수의 폭이 달라야 하기 때문이다.

한국 기원에서 사용하는 랭킹 규칙은 물리학 교수이자 체스 마스터인 Arpad Elo가 만든 Elo rating system[2]에 기초를 두고 있다. Elo rating system은 체스같이 두 명이 대전하는 게임의 점수 산정에 적합한 방법이다. 체스나 바둑뿐만 아니라 수많은 스포츠와 게임들에서 Elo를 기반으로 한 점수 산정 방식을 만들어서 사용하고 있을 정도로 굉장히 유명한 방법이다.

게임 이외에도 랭킹은 많이 쓰인다. 전세계 인터넷 웹 페이지 개수가 몇 십억 개가 넘는 상황에서 인터넷에 경제라는 단어를 검색한다면 상상도 못할 정도의 수많은 웹 페이지들이 검색될 것이다. 검색 엔진으로서는 이 모든 결과값을 유저에게 다 보여줄 수는 없으니, 가장 적합한 웹 페이지부터 사용자에게 보여주는 것이 필요하다. 그러기 위해서는 웹 페이지들의 랭킹을 매겨서 좀더 높은 랭킹의 페이지가 앞 페이지에 노출되도록 해야 한다. 이 부분을 가장 잘 한 회사가 구글이다. 구글은 페이지 랭크PageRank라는 알고리즘을 만들어서 현재는 최고의 가치를 가진 검색 엔진 회사가 되었다.

---

1 http://www.baduk.or.kr/record/new_ranking.asp
2 http://en.wikipedia.org/wiki/Elo_rating_system

포탈 서비스에서 많이 보이는 실시간 검색어 순위도 랭킹 기능의 한 예이다. 유저들이 입력하는 검색어마다 카운트를 해서 특정 기간 동안 카운트 횟수가 가장 많은 검색어가 높은 랭킹이 되는 것이다.

굳이 컴퓨터 분야가 아니더라도 경제, 사회, 과학 등 각종 확률이나 통계가 들어가는 분야에서 랭킹 기능은 여러 가지 방법으로 다양하게 쓰이고 있다.

랭킹 기능은 무엇을 기준으로 순위를 산정해야 하는가에 달려 있다. 랭킹은 숫자를 기반으로 하는데, 그 숫자를 산정하는 방식이 우선 첫번째 알고리즘이 될 것이다. 그리고 두번째 알고리즘은 그 숫자를 정렬하는 방법에 달려있다.

첫번째 알고리즘은 앞서 예를 든 것처럼 제품과 서비스에 따라서 정말 다양한 방법이 사용될 수 있으므로, 서버 프로그래밍이라는 측면에서 볼 때 그 방법에 따라서 구현 방법이 결정되므로 이 책에서 논의할 범위를 넘어 선다. 두번째 알고리즘 부분은 숫자를 정렬하는 것이므로 어떤 랭킹 방법을 쓰든지 결국 숫자를 정렬하는 기능은 꼭 들어갈 것이기 때문에 매우 중요하다.

이번 장에서는 숫자의 정렬 기능을 얼랭에서는 어떻게 구현할 수 있는지 살펴보도록 하자.

9-2 정렬 알고리즘

정렬Sorting은 컴퓨터과학의 알고리즘 수업에서 꼭 다루는 내용이다. Bubble sort, Insertion sort, Quicksort, Merge sort 등등 한 번쯤은 들어봤겠지만, 실전에서 제대로 알고 사용하는 사람은 드물다.

몰라도 크게 문제가 되지 않는 경우도 많다. 적은 양의 데이터를 정렬할 때에는 뭘 사용해도 비슷한 성능을 발휘할 것이고, CPU가 워낙 좋아지다 보니 크게 차이가 나지 않는 경우도 많다. 하지만 대용량의 데이터를 처리하는 서버에서는 알고리즘 하나 차이로 하루종일 혹은 몇일 씩 걸리는 작업이 몇초 안에 끝날 수도 있으므로 주의 깊게 생각해야 한다.

요즘은 언어나 SDK에서 기본으로 제공하는 정렬 라이브러리가 잘 되어 있긴 하다. 하지만 자기가 사용하는 라이브러리가 어떤 동작을 하는지 모르고 그냥 sort 함수 불러다가 호출해서 잘되나 보다 하고 그냥 넘어가는 사람은 제대로 프로그래밍을 한다고 할 수 없다. 나중에 자신이 개발하는 솔루션이 큰 문제에 부딪혔을 때 그 문제를 해결할 수 있는 사람은 기본 원리를 충실히 연구해서 실제로 코드가 어떻게 동작하는지 확실히 알고 있는 사람이다.

이제부터 우리는 얼랭 같은 함수형 언어에서 가장 많이 사용하는 리스트 데이터 타입을 다루는 lists 모듈부터 시작해서, ordsets, dict, gb_trees, ets 등의 얼랭의 주요 데이터 타입 모듈을 알아볼 것이다.

9-1-1 lists

```
[17, 7, 5, 9]
```

얼랭의 리스트 데이터 타입이다. 유저 4명의 점수가 각각 17, 7, 5, 9점이라고 가정하고, 이를 리스트 형식으로 입력한 것이다. 알고리즘의 성능을 제대로 평가하려면 데이터 구조부터 명확하게 파악해야 한다. 그러기 위해서는 이 리스트 값이 실제로 메모리에는 어떻게 저장되어 있는지 알아보자.

얼랭의 리스트 구조는 list cell로 이루어져 있다. LISP에서 말하는 cons cell과 같은 개념이다.

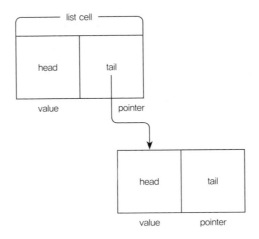

list cell은 두 부분으로 나뉘어져 있는데, 앞을 head라고 하고 뒤를 tail이라고 한다. head에는 실제 값이 들어있고, tail 부분은 pointer로 다른 list cell의 주소값을 저장하고 있다. 단일 링크드 리스트_{singly linked list} 데이터 구조과 흡사한 것을 알 수 있다.

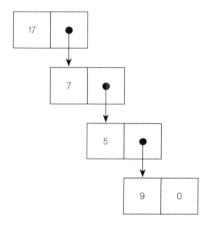

[17, 7, 5, 9]가 실제 메모리에 입력되어 있는 모습이다. list cell이 연결된 상태로 이어져 있는 것을 알 수 있다.

이제 이 리스트를 정렬하려면 어떤 알고리즘을 쓰는 것이 적합할지 생각해보자. 스스로 한번 충분히 고민을 해보면 도움이 될 것 같다. 고민할 시간 동안 얼랭에서 제공하는 정렬 라이브러리를 알아보자.

얼랭에서 하나의 리스트를 간단하게 정렬할 수 있는 함수는 아래와 같다.

```
lists:sort(List) -> List2
```

```
1> lists:sort([17,7,5,9]).
[5,7,9,17]
```

실제로 위와 같이 간단하게 테스트 해볼 수 있다.

lists:sort 함수는 어떤 알고리즘을 사용했을까? 얼랭의 실제 소스코드에서 lists 모듈의 sort 함수 코드를 살펴 보면 Merge sort를 사용한 것을 알 수 있다. 더 정확히 말하면 순수한 Merge sort는 아니고, 성능을 최적화시킨 Merge sort라고 할 수 있다. 여러분이 생각한 알고리즘과 일치했는가? 왜 얼랭 개발자들은 그 많고 많은 sort 알고리즘 중에서 리스트를 정렬하는 데 Merge sort 알고리즘을 사용했을까?

이쯤해서 다양한 정렬 알고리즘을 확인할 필요가 있다.

알고리즘	Best	Average	Worst	Memory	Stable
Insertion sort	n	n^2	n^2	1	○
Selection sort	n^2	n^2	n^2	1	×
Bubble sort	n	n^2	n^2	1	○
Shell sort	n	$n\log^2n$	$n\log^2n$	1	×
Merge sort	$n\log n$	$n\log n$	$n\log n$	n	○
Heap sort	$n\log n$	$n\log n$	$n\log n$	1	×
Quick sort	$n\log n$	$n\log n$	n^2	$\log n$ or n	×

알고리즘의 성능을 표기하는 Time complexity를 비교한 표이다. Best는 가장 운이 좋을 경우이고, 이와 반대인 Worst는 가장 운이 없었을 때의 성능을 나타낸 것이다. Memory는 알고리즘에서 사용하는 메모리의 양을 나타낸 Space complexity이다. Stable은 같은 key list를 정렬했을 경우에 항상 같은 결과값을 보이면 ○이고, 결과 값이 다를 경우가 생긴다면 ×이다.

Stable 항목은 알고리즘이 안정적인지 아닌지를 따지는 것은 아니다. 개념이 조금 다르다. 예를 들어 날짜 데이터를 정렬한다고 해보자. 3월 1일을 {3,1}과 같은 형식으로 표기하겠다. {5,1}, {3,5}, {3,1}, {10,10} 이렇게 4개의 값을 첫번째 숫자인 달을 기준으로 정렬할 경우에 Stable한 알고리즘의 경우에는 몇번을 정렬하든 {3,1}, {3,5}, {5,1}, {10,10} 이런 식으로 결과값이 항상 동일하게 나오겠지만, Stable 하지 않다면 {3,5}, {3,1}, {5,1}, {10,10} 혹은 {3,1}, {3,5}, {5,1}, {10,10}과 같이 결과값이 다르게 나올 수 있다는 것을 의미한다. 3에 해당 하는 값이 {3,1}과 {3,5} 두 개라서 두 번째 key 값으로 따로 한번 더 정렬해주지 않는 이상 두 값의 순서가 바뀔 수 있다는 뜻이다. Stable한 경우라면 항상 동일한 정렬 결과값을 얻을 수 있다.

정렬 알고리즘 중에서 일반적으로 가장 성능이 좋은 것은 Merge sort, Heap sort, Quick sort이다. 셋 다 Best와 Average의 경우에 성능이 nlogn으로 동일하다. Worst 경우에는 Quick sort의 경우만 n^2이고 Heap sort와 Quick sort는 nlogn의 성능을 가지고 있다. 이렇게만 봐서는 다 비슷한 알고리즘으로 생각할 수 있지만, 전혀 그렇지 않다.

사용하는 데이터 구조와 언어, 구현의 방법, 환경의 차이에 따라서 최적의 알고리즘은 존재한다. 예를 들어 Merge sort는 위의 lists 메모리 구조와 같은 단일 링크드 리스트singly linked list와 궁합이 맞다. Heap sort는 이중 링크드 리스트doubly linked list 데이터 구조와 어울린다. Merge sort는 Quick sort 대비 key의 비교 연산은 상대적으로 적고, 대신 key의 자리 이동이 많다. key 값을 이동하는 데 자원이 덜 소모되는 구조라면 Merge sort가 맞고, key 이동에 자원이 많이 소모된다면 Quick sort가 알맞다. Stable한 알고리즘은 Merge sort가 유일하다. 이런 다양한 경우를 생각해서 최적의 알고리즘을 선택해야 한다. 잘 모를 때에는 이미 구현한 다른 프로그램을 참조하는 것도 좋다.

C Standard Library(libc)는 qsort()라는 함수를 제공하는데, qsort의 q는 Quick sort를 의미하는 것 같지만 실제 구현은 꼭 그렇지만도 않다. GNU 프로젝트에서 개발한 glibc의 qsort는 값의 개수가 적을 때에는 Insertion sort를 사용하고, 메모리의 상황에 따라서 Merge sort와 Quick sort를 선택해서 사용한다.

C++ Standard Library의 sort() 함수는 GNU의 g++의 경우에 하이브리드 방식인 Introsort 방식을 사용한다. 작은 사이즈에서는 Insertion sort를 사용하고, Heap sort와 Quick sort를 선택해서 사용하는 방식이다. Microsoft의 .NET framework도 Introsort 방식을 이용한 정렬 라이브러리를 구현하였다.

Python은 Merge sort를 개조한 Timsort 알고리즘을 사용하고, Java의 경우는 primitive 배열은 Quick sort, Object 배열은 Timsort를 사용한다.

라이브러리를 사용하는 사람의 입장에서는 그냥 sort() 함수를 사용하는 것이지만, 실제로 그 라이브러리를 만든 프로그래머의 입장에서는 최적의 알고리즘을 선택하는 데 노력을 기울이고 있는 것이다.

알고리즘	Best	Average	Worst	Memory	Stable
Timsort	n	nlogn	nlogn	n	O
Introsort	nlogn	nlogn	nlogn	logn	×

하이브리드 형식의 알고리즘은 위와 같은 성능을 나타낸다. 얼랭의 lists:sort() 함수도 Timsort라고 봐야 할 것 같다. 그 구현 방법이 비슷하기 때문이다.

얼랭에서 lists 정렬을 극대화하려면 여러 프로세스에서 나눠서 sort를 실행하고 다시 하나로 합치는 방법을 사용하는 것도 고려해 볼 만하다.

정렬된 리스트를 하나로 합치는 함수는 lists:merge 함수다.

```
1> L = [10,5,7,12,22,100,44,55,66,1,17,82].
[10,5,7,12,22,100,44,55,66,1,17,82]
2> Size = length(L).
3> {L1,L2} = lists:split(Size div 2, L).
{[10,5,7,12,22,100],[44,55,66,1,17,82]}
4> L1.
[10,5,7,12,22,100]
5> L2.
[44,55,66,1,17,82]
6> S1 = lists:sort(L1).
[5,7,10,12,22,100]
7> S2 = lists:sort(L2).
[1,17,44,55,66,82]
8> lists:merge(S1,S2).
[1,5,7,10,12,17,22,44,55,66,82,100]
```

숫자로 이루어진 list를 L에 대입하고, length 함수를 이용해서 전체 개수를 Size에 저장하였다. 그리고 3번째 라인에서는 lists:split 함수를 이용해 두 개의 리스트로 나누어 L1과 L2에 대입하였다. L1, L2 각각 lists:sort를 이용해서 정렬한 뒤 lists:merge로 정렬한 값을 하나로 합치는 작업을 수행한 것이다.

예제이기 때문에 이렇게 하였지만, 실제로는 L1과 L2를 각각 다른 얼랭 프로세스로 분배해서 정렬을 수행하면 실제 CPU의 Core로 작업이 할당되어 빠르게 수행될 수 있을 것이다.

값을 정렬한 다음에는 랭킹을 계산할 차례이다. 점수가 낮은 순서대로 높은 랭킹이라면 정렬한 순서 그대로 랭킹일 테고 그 반대로 점수가 높은 순서대로 높은 랭킹이라면 리스트를 거꾸로 뒤집어야 한다.

```
1> lists:reverse([1,2,3,4,5]).
[5,4,3,2,1]
```

리스트를 뒤집는 것은 `lists:reverse` 함수를 사용하면 된다.

```
2> B = [2, 4, 6, 7, 9, 10].
[2,4,6,7,9,10]
3> lists:nth(3, B).
6
4> lists:nth(5, B).
9
```

리스트에서 몇 등에 해당하는 점수가 알고 싶을 때에는 `lists:nth` 함수를 사용한다. 위의 예제는 각각 3등과 5등에 해당하는 값을 가져온 것이다.

해당 점수가 몇 번째에 위치하는지, 즉 랭킹을 알고 싶다면 하나씩 찾으면 된다. C나 Java를 생각하면 for 루프 등으로 점수가 나올 때까지 하나씩 증가시키면 될 텐데, 얼랭과 같은 함수형 언어에서는 for 루프 보다는 함수를 작성해야 한다.

```erlang
 1 %%%-------------------------------------------------------------
 2 %%% @author 이국현
 3 %%% @copyright (C) 2015, <COMPANY>
 4 %%% @doc
 5 %%%
 6 %%% @end
 7 %%%
 8 %%%-------------------------------------------------------------
 9 -module(mon_rank).
10 -author("이국현").
11
12 %% API
13 -export([indexof/2]).
14
15 indexof(N, List) ->
16     indexof(0, N, List).
```

```
17
18 indexof(_Idx, _N, []) ->
19     0;
20 indexof(Idx, N, [N|_Tail]) ->
21     Idx+1;
22 indexof(Idx, N, [_H|Tail]) ->
23     indexof(Idx+1, N, Tail).
```

〈mon_rank.erl 추가〉

mon_rank 모듈을 추가하고, 다음과 같이 작성한다. indexof는 리스트에서 해당 N 값이 몇 번째에 위치하는지 알아내는 함수이다.

```
1> C = [9,12,13,15,20,22].
[9,12,13,15,20,22]
2> mon_rank:indexof(13,C).
3
3> mon_rank:indexof(22,C).
6
```

C라는 list 변수에서 13이 3번째 위치에 있는 것과 22가 6번째 위치에 있는 것을 확인할 수 있다.

이런 함수를 작성하기 귀찮다면, 얼랭의 문자열은 리스트로 구현되어 있다는 것을 이용하여 string:str 함수를 사용해도 된다.

```
4> string:str(C, [13]).
3
5> string:str(C, [22]).
6
```

함수의 사용법은 다르지만, 같은 결과값을 얻을 수 있다.

9-1-2 ordsets, orddict

ordsets은 정렬된 리스트Ordered List를 다룰 때 사용한다. 여기서 말하는 Sets는 중복된 값이 없는 집합을 말하는데, 입력된 값들을 자동으로 정렬시켜서 저장한다.

새로운 ordsets을 생성하는 함수는 ordsets:new이고, 값을 추가하는 함수는 ordsets:add_element, 값을 제거하는 함수는 ordsets:del_element이다.

```
1> O = ordsets:new().
[]
```

새로운 데이터 타입이라고 했지만, 리스트를 사용한다는 점에서는 그냥 리스트와 다를 바는 없다.

```
2> O1 = ordsets:add_element(3000, O).
[3000]
3> O2 = ordsets:add_element(2000, O1).
[2000,3000]
4> O3 = ordsets:add_element(500, O2).
[500,2000,3000]
5> O4 = ordsets:add_element(5400, O3).
[500,2000,3000,5400]
```

다른 점은 값을 하나 추가할 때마다 리스트를 정렬된 상태로 유지한다는 점이다.

```
6> O5 = ordsets:del_element(3000, O4).
[500,2000,5400]
7> O6 = ordsets:del_element(2000, O5).
[500,5400]
```

삭제도 마찬가지이다.

```
8> O7 = ordsets:add_element(500, O6).
[500,5400]
9> O8 = ordsets:add_element(500, O7).
[500,5400]
```

그리고 중복된 값은 계속 추가하더라도 무시된다. 500을 계속 입력하더라도 추가되지 않는 것을 볼 수 있다.

```
10> ordsets:from_list([9,20,4,22,100,9,12,4,20]).
[4,9,12,20,22,100
```

만약 일반 리스트를 ordsets 형식으로 바꾸려면 from_list 함수를 사용한다.

리스트의 값을 계속 정렬된 상태로 유지하고자 할 때 ordsets를 사용하면 일반 리스트를 계속 값이 하나 입력될 때마다 lists:sort를 실행하는 것보다 효율적이다. 따라서 랭킹을 실시간으로 계속 업데이트 해야 할 때는 ordsets을 사용하는 것이 좋다.

orddict는 Key-Value 형식의 정렬된 리스트를 다룰 때 사용한다. ordsets과 API만 다르지 실제 구현 방식은 거의 동일하다.

```
11> D = orddict:new().
[]
```

ordsets과 마찬가지로 리스트 형식의 데이터를 사용하는 것을 알 수 있다. 값을 추가하는 함수는 append이고, 삭제는 erase를 사용한다.

```
12> D1 = orddict:append(3000, "mike", D).
[{3000,["mike"]}]
13> D2 = orddict:append(2000, "july", D1).
[{2000,["july"]},{3000,["mike"]}]
14> D3 = orddict:append(500, "alan", D2).
[{500,["alan"]},{2000,["july"]},{3000,["mike"]}]
15> D4 = orddict:append(5400, "joe", D3).
[{500,["alan"]},
 {2000,["july"]},
 {3000,["mike"]},
 {5400,["joe"]}]
```

값을 입력할 때에는 Key와 Value를 입력해야 한다. 예를 들어 Key에는 점수, Value에는 유저의 이름을 입력해 보았다. ordsets과 다른 것은 리스트에 {Key, Value} 형식으로 데이터가 입력된다는 점이다.

```
16> D5 = orddict:erase(3000, D4).
[{500,["alan"]},{2000,["july"]},{5400,["joe"]}]
17> D6 = orddict:erase(2000, D5).
[{500,["alan"]},{5400,["joe"]}]
```

삭제는 마찬가지로 Key값을 적어주면 된다.

```
18> D7 = orddict:append(500, "richard", D6).
[{500,["alan","richard"]},{5400,["joe"]}]
19> D8 = orddict:append(500, "marcus", D7).
[{500,["alan","richard","marcus"]},{5400,["joe"]}]
```

동일한 Key를 사용해서 입력하면 무시되는 것이 아니라 추가된다. 같은 점수를 획득한 유저를 입력하는 데 사용할 수 있을 것이다.

```
18> orddict:from_list([{400, "a"}, {300, "b"}]).
[{300,"b"},{400,"a"}]
```

[{Key, Value}] 형식의 리스트를 orddict 형식으로 가져오려면 from_list 함수를 사용하면 된다.

orddict는 ordsets와 동일한 방식으로 구현되어, 똑같이 정렬된 리스트를 다루는 데 사용된다. 하지만 Key, Value 방식의 데이터를 사용하려면 orddict가 맞고, 중복되지 않는 값들의 집합을 이용하려면 ordsets을 사용하는 것이 맞을 것이다.

9-1-3 sets, dict

sets와 dict는 동일한 알고리즘[3]으로 구현된 Hash Set과 Table이다. sets는 ordsets와 API가 동일하며, dict는 orddict와 API가 동일하다. 하지만 함수 이름만 똑같을 뿐이고, sets와 ordsets는 다르다. 마찬가지로 dict와 orddict는 구현 방법도 다르고 용도도 다르다.

sets는 중복된 값을 제거한 특정 값들의 집합을 효율적으로 사용하고자 할 때 유용하다. 수학의 집합을 생각해보자.

1부터 10까지 숫자가 있는 집합 S1과 1부터 5까지 있는 집합 S2가 있을 때, S2는 S1의 부분집합인가? 이것을 코드로 표현하면 다음과 같다.

---

3 "The Design and Implementation of Dynamic Hashing for Sets and Tables in Icon" – Griswold and Townsend

```
1> S1 = sets:from_list([1,2,3,4,5,6,7,8,9,10]).
{set,10,16,16,8,80,48,
    {[],[],[],[],[],[],[],[],[],[],[],[],[],[],[],[]},
    {{[],
      [3],
      [6],
      "\t",[],[],
      [2],
      [5],
      "\b",[],[],
      [1],
      [4],
      [7],
      "\n",[]}}}
2> S2 = sets:from_list([1,2,3,4,5]).
{set,5,16,16,8,80,48,
    {[],[],[],[],[],[],[],[],[],[],[],[],[],[],[],[]},
    {{[],[3],[],[],[],[],[2],[5],[],[],[],[1],[4],[],[],[]}}}
3> sets:is_subset(S2, S1).
true
```

결과값은 true이다. S2는 S1의 부분집합이다.

이런 집합의 작업을 수행할 때에 sets는 유용하다. ordsets에도 is_subset 함수가 있지만, 효율적이지 않다. ordsets은 리스트의 값들을 하나씩 비교하는 데 비해서 sets는 Hash 알고리즘을 사용하기 때문에 성능이 월등히 빠르다.

```
4> sets:new().
{set,0,16,16,8,80,48,
    {[],[],[],[],[],[],[],[],[],[],[],[],[],[],[],[]},
    {{[],[],[],[],[],[],[],[],[],[],[],[],[],[],[],[]}}}
5> dict:new().
{dict,0,16,16,8,80,48,
    {[],[],[],[],[],[],[],[],[],[],[],[],[],[],[],[]},
    {{[],[],[],[],[],[],[],[],[],[],[],[],[],[],[],[]}}}
```

sets:new와 dict:new 함수를 비교하면 결과값이 거의 비슷한 것을 알 수 있다. 이것은 두 모듈이 같은 알고리즘을 사용한다는 것을 의미한다. 실제로 코드를 읽어 봐도 비슷하다.

dict는 Key-Value 구조의 Hash Table이다. orddict와 사용법은 동일하지만, 말 그대로 Key-Value의 데이터를 읽고 쓰는 데에 적합하지, orddict처럼 Key 값을 정렬하거나 전체 순서를 매길 수는 없다.

따라서 랭킹의 구현과는 크게 적합하지 않다. 굳이 sets와 dict를 사용해서 랭킹을 구현하려면, 점수는 sets에 넣고 따로 정렬해주고, 유저의 정보는 dict에 넣는 식으로 사용해야 할 텐데, 추천하지는 않는다.

sets는 list에서 중복된 값을 제거하거나 집합을 비교할 때 사용하고, dict는 간단한 Hash Table이 필요할 때 사용하면 좋을 것 같다.

9-1-4 gb_trees, gb_sets

gb_trees는 Arne Andersson 교수의 General Balanced Trees[4]를 구현한 모듈이다. General Balanced Trees는 Binary Search Tree의 한 종류로 AVL Trees 보다 성능이 뛰어나다. 실제 구현상의 복잡한 부분은 건너뛰고 핵심만 알아보자.

Binary Search Tree는 Ordered 혹은 Sorted Binary Tree라고도 불리는데, 정렬된 값을 유지한다는 점에서 랭킹과 어울린다. gb_trees가 Key Value 구조로 되어 있다면, gb_sets은 sets을 다루도록 되어 있다. API도 ordsets와 동일해서 랭킹의 구현과 알맞다.

gb_trees는 Key-Value 구조의 정렬된 값을 읽고 쓰는 데 적합하고, gb_sets는 중복되지 않는 정렬된 하나의 값을 읽고 쓰는 데 적합하다.

똑같이 정렬된 값을 유지하는 ordsets과 gb_sets의 다른 점은 알고리즘의 성능 차이이다. ordsets는 리스트를 그대로 사용하는지라 값을 정렬하는 데 $O(n)$이 소모된다고 하면, gb_sets는 $O(\log n)$이다. 평균적으로 gb_sets가 성능이 더 좋다고 볼 수 있다.

---

4 http://cglab.ca/~morin/teaching/5408/refs/a99.pdf

```
1> G1 = gb_sets:from_list([5,3,9,6,7,1]).
{6,{6,{3,{1,nil,nil},{5,nil,nil}},{9,{7,nil,nil},nil}}}
```

리스트인 [5,3,9,6,7,1]를 가지고 gb_sets 데이터 형식으로 변환하였다. G1에는
General Balanced Tree 구조로 입력된다. 이론적으로 다음과 같은 Tree 구조일
것이다.

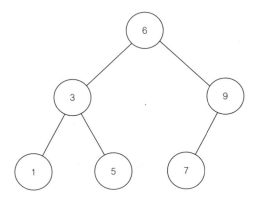

```
2> G2 = gb_sets:del_element(1, G1).
{5,{6,{3,nil,{5,nil,nil}},{9,{7,nil,nil},nil}}}
```

gb_sets:del_element 함수를 실행해서 숫자 1을 제거하면 다음과 같이 될 것이다.

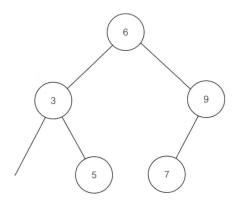

```
3> G3 = gb_sets:del_element(3, G2).
{4,{6,{5,nil,nil},{9,{7,nil,nil},nil}}}
```

숫자 3을 제거하면 5의 위치가 변한다.

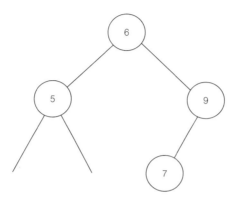

```
4> G4 = gb_sets:del_element(5, G3).
{3,{6,nil,{9,{7,nil,nil},nil}}}
```

이번에는 숫자 5를 삭제하였다.

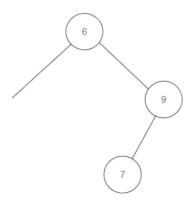

위 예제에서는 숫자의 개수가 적어서 상관없지만, 값의 추가 없이 대량의 데이터가
계속 삭제만 되는 상황에서는 최적화를 위해 Rebalancing을 해주면 좋다. 안한다고
해서 크게 문제가 되지는 않지만, 성능에 도움이 될 수 있다.

```
5> G5 = gb_sets:balance(G4).
{3,{7,{6,nil,nil},{9,nil,nil}}}
```

gb_sets:balance 함수를 실행하면 tree 구조가 다음과 같이 최적화될 것이다.

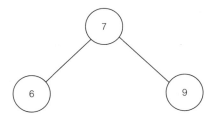

gb_sets의 또 다른 장점은 최대값과 최소값을 바로 불러올 수 있고, 몇 번째에 위치하는지도 알아내기 쉽다는 점이다.

```
6> gb_sets:smallest(G5).
6
7> gb_sets:largest(G5).
9
```

gb_sets:smallest 함수는 Set에서 가장 작은 값을 가져온다. gb_sets:largest 함수는 가장 큰 값을 가져올 때 사용한다.

```
8> Iter = gb_sets:iterator(G1).
[{1,nil,nil},
 {3,{1,nil,nil},{5,nil,nil}},
 {6,{3,{1,nil,nil},{5,nil,nil}},{9,{7,nil,nil},nil}}]
9> {E1, Iter2} = gb_sets:next(Iter).
{1,
 [{3,{1,nil,nil},{5,nil,nil}},
  {6,{3,{1,nil,nil},{5,nil,nil}},{9,{7,nil,nil},nil}}]}
10> E1.
1
11> {E2, Iter3} = gb_sets:next(Iter2).
{3,
 [{5,nil,nil},
  {6,{3,{1,nil,nil},{5,nil,nil}},{9,{7,nil,nil},nil}}]}
12> E2.
3
```

우선 최초에 1,3,5,6,7,9 값이 들어있는 Set인 G1의 `iterator`를 가져와서 Iter라는 변수에 저장하였다. 그리고 그 Iterator를 이용해서 next 함수를 실행해서 가장 처음 값인 1을 E1에 저장하고 새로운 Iterator를 받아서 Iter2에 저장하고, 다시 next 함수를 실행해서 그 다음 값인 3을 E2에 저장한 예제이다. 이를 이용해서 전체 리스트에서 몇 번째에 위치하는지를 효율적으로 찾을 수 있다.

9-1-5 ets

ets는 4장 로그인에서 아이디와 패스워드를 메모리에 저장할 때 처음 사용했었고, 그 뒤로 6장, 7장 등에서 자주 사용하였다. 지금까지 사용한 ets 테이블의 타입은 모두 set이었다. 지금 추가로 사용해볼 것은 ordered_set이다.

ets의 set, bag, duplicate_bag 타입은 모두 linear hashing[5]을 이용해서 구현되어 있다면, ordered_set은 AVL trees[6]를 기반으로 구현되어 있다. AVL Trees는 self-balancing binary search tree이다. 이전에 언급한 gb_trees, gb_sets와 비슷한 알고리즘으로, 모든 값이 정렬된 상태로 저장된다.

gb_sets는 하나의 프로세스에서 사용되는 데이터구조이다. 이것은 lists라든지 다른 모든 데이터 구조와 동일하다. 하지만 ets는 목적 자체가 확장성과 성능에 목적을 둔 모듈이라서 하나의 프로세스에 속하는 것이 아닌 단독 메모리 영역을 가지고 있다.

```
13> erlang:memory().
[{total,17681120},
 {processes,6708064},
 {processes_used,6707696},
 {system,10973056},
 {atom,264505},
 {atom_used,256814},
 {binary,22336},
 {code,7043006},
 {ets,400168}]
```

....

5 P.-A. Larson. Linear hashing with partial expansions. In Proceedings of the Sixth International Conference on Very Large Data Bases, pages 224-232. VLDB Endowment, 1980.

6 G. Adelson-Velskii and E. M. Landis. An algorithm for the organization of information. In Proceedings of the USSR Academy of Sciences, volume 146, pages 263-266, 1962. In Russian.

erlang:memory/0 함수를 실행해서 보면 얼랭 VM 내부의 메모리가 어떻게 나누어지는지 알 수 있다.

하나의 노드에서 모든 프로세스가 데이터에 접근할 필요가 있다면, ets를 사용하는 것이 맞을 것이다.

ets의 사용법은 크게 다를 것이 없다. ordered_set의 경우 추가적으로 first/1, last/1 함수나 prev/2, next/2의 함수를 유용하게 사용할 수 있다.

```
14> ets:new(table, [ordered_set, named_table]).
table
15> ets:insert(table, {500, "a"}).
true
16> ets:insert(table, {300, "b"}).
true
17> ets:insert(table, {1000, "c"}).
true
18> ets:first(table).
300
19> ets:last(table).
1000
20> ets:prev(table, 1000).
500
21> ets:prev(table, 500).
300
22> ets:prev(table, 300).
'$end_of_table'
```

table이란 이름의 ets 테이블을 만들었다. 물론 이번에는 ordered_set 타입이다. 그 후에 {key,value} 형식으로 {500, "a"}, {300, "b"}, {1000, "c"}를 입력하였다. set 타입이었으면 그냥 입력되겠지만, ordered_set이기 때문에 내부적으로 정렬될 것이다.

그래서 first 함수를 실행해서 테이블의 첫번째 값을 가져오니, 300이 나왔다. last 함수를 실행하면 당연히 1000이 리턴될 것이다. prev 함수를 이용해서 1000 이전의 값을 가져와서 500, 그 다음에 500의 다음 값은 300인 것을 확인하였다. 300 다음에는 값이 없으므로 '$end_of_table'이라는 atom 값이 리턴되었다. 그 밖의 사용법은 지금까지 사용해오던 것과 다를 것이 없다.

9-1-6 maps

Erlang OTP 17 버전부터 새로운 데이터 타입인 Map이 추가되었다. Map은 Key-Value 형식의 Hash Map 데이터를 저장하는데 record처럼 사용하되, 좀 더 유연하게 활용할 수 있도록 디자인되어 있다. 사실 OTP 17에서는 완벽하게 구현된 것이 아니라, 간단한 형식으로 구현되어 있기 때문에 버전 18은 되어야 제대로 활용할 수 있는 기능이다.

버전 18이 되면, dict와 gb_trees를 대체할 수 있도록 성능을 강화하고 ordered tree 알고리즘을 사용할 것이라고 한다.

나중을 위해서라도 간단하게 Map의 사용법을 알아보도록 하자.

```
23> maps:new().
#{}
24> Map = #{age => 20, name => "tom"}.
#{age => 20,name => "tom"}
25> maps:find(age, Map).
{ok,20}
26> maps:find(name, Map).
{ok,"tom"}
27> Map1 = maps:put(age, 30, Map).
#{age => 30,name => "tom"}
28> maps:get(age, Map1).
30
29> Map2 = Map1#{age => 40}.
#{age => 40,name => "tom"}
30> Map3 = Map2#{age := 50}.
#{age => 50,name => "tom"}
31> Map4 = Map3#{id := 50}.
** exception error: bad argument
     in function  maps:update/3
        called as maps:update(id,50,#{age => 50,name => "tom"})
     in call from erl_eval:'-expr/5-fun-0-'/2 (erl_eval.erl, line 255)
     in call from lists:foldl/3 (lists.erl, line 1261)
32> Map4 = Map3#{id => 50}.
#{age => 50,id => 50,name => "tom"}
```

Map의 생성은 maps:new/0 함수 혹은 #{}를 입력하면 된다. #{Key => Value} 형식을 이용해서도 입력이 가능하다. Key를 찾는 것은 find/2 함수나 get/2를 사용하고, 입력은 put/3 함수를 사용한다. 혹은 29라인에서 하는 것처럼 직접 입력해도 된다. 30라인에서는 29라인과 다르게 => 대신에 :=을 사용했는데 이것은 update를 의미한다. :=은 update이기 때문에 해당 key값이 없으면 31라인처럼 에러가 발생하게 된다. key를 추가하는 것은 32라인 처럼 =>을 사용하거나 27라인처럼 put/3 함수를 사용한다.

```
33> maps:from_list([{500,"a"}, {300, "b"}, {1000, "c"}]).
#{300 => "b",500 => "a",1000 => "c"}
```

위의 예제를 보면 키 값이 정렬되어 있는 것처럼 보이지만, 실제 내부적인 데이터 구조가 정렬되어 있지는 않다.

maps가 어떻게 구현될지는 EEP 43[7]을 참고하기 바란다. 버전 17에서는 완벽한 상태가 아니다. 향후 OTP팀에서 릴리즈release되는 얼랭 버전을 지켜보자.

9-2 성능 측정

자신이 작성한 코드의 성능을 측정하는 것은 서버를 최적화하는 작업에서 꼭 필요한 일이다. 특히 실제로 수만명의 유저가 접속했을 때에 해당 코드가 얼마만큼의 성능을 발휘할 것인가는 매우 중요하다. 이를 위해서는 미리 생성한 테스트 데이터를 가지고 코드가 실행된 시간을 측정해 보는 것이 가장 알기 쉬울 것이다.

예를 들어 1만개의 숫자가 담긴 리스트를 가지고 lists:sort를 실행하는 데 얼마나 시간이 소모되는지 알고 싶다고 해보자. 이때 1만개의 숫자는 100부터 1000까지의 무작위의 숫자로 정한다. 이를 위해서는 우선 무작위 숫자를 만드는 법부터 알아야 한다.

9-2-1 Pseudo Random Number Generator

무작위 숫자를 만들어내는 알고리즘은 Pseudo Random Number Generator PRNG

---

7 http://www.erlang.org/eeps/eep-0043.html

혹은 Deterministic Random Bit Generator(DRBG)라고 부른다. 사실 랜덤 넘버 라고 하는 것은 말로만 랜덤이지 실제로 랜덤은 아니다. Seed라고 부르는 값을 이용해 초기화해서 랜덤처럼 보이는 일련의 숫자 리스트를 만들어내는 것일 뿐이다. 만약 Seed 값이 동일하다면 만들어내는 랜덤 숫자들은 항상 동일하다.

Erlang의 PRNG는 random 모듈 혹은 crypto 모듈에 구현되어 있으며, B.A. Wichmann과 I.D.Hill이 만든 방법[8]을 기반으로 수정하여 구현되어 있다.

random:seed(A1,A2,A3)

랜덤 넘버를 생성하기 전에 시드값을 설정한다. 한번 설정된 시드값은 얼랭 프로세스 내에 저장된다. 위와 같이 seed 함수에 정수 3개를 입력해야 한다. 현재 시간을 알려주는 now( ) 함수의 리턴값이 숫자 3개이므로 이 값을 주로 사용하곤 한다.

```
1> {A1,A2,A3} = now().
{1421,506534,636000}
2> random:seed(A1,A2,A3).
undefined
```

random:seed/3를 실행한 리턴값이 undefined인 것은 그 전에 설정한 값이 없기 때문이다. 이제 랜덤 넘버를 얻기 위해서는 random:uniform/1 함수를 실행한다.

```
3> random:uniform(100).
58
4> random:uniform(100).
5
5> random:uniform(100).
4
6> random:uniform(100).
16
```

random:uniform(100)을 실행하면 1부터 100까지의 무작위 숫자를 생성한다. 1부터 10000까지는 random:uniform(10000)을 실행하면 된다. 그럼 100부터 10000까지는 어떻게 하면 될까?

....

8 'An efficient and portable pseudo-random number generator', Journal of Applied Statistics. AS183. 1982. Also Byte March 1987.

```
7> random:uniform(9901) + 99.
2795
8> random:uniform(9901) + 99.
3885
9> random:uniform(9901) + 99.
6270
10> random:uniform(9901) + 99.
7458
11> random:uniform(9901) + 99.
3936
```

random:uniform(N)은 1부터 N까지의 숫자를 생성하므로, random:uniform(N) + M은 1+M부터 N+M까지의 숫자를 생성한다. 100부터 10000까지의 숫자를 생성하는 것은 N에 9901, M에 99를 대입해서 random:uniform(9901) + 99를 실행하면 되는 것이다.

이 방법으로 1만개의 숫자가 담긴 리스트 값을 생성해보자. 함수를 작성하는 것이 가장 빠르겠지만, 간단하게 이렇게 해도 된다.

```
12> L = [random:uniform(9901)+99|| _ <- lists:seq(1,10000)].
[1885,1816,3415,4664,9970,4973,8618,194,1875,3567,1779,361,
 7454,4205,8508,7226,6987,5338,5408,389,1968,4992,3188,5363,
 9251,7037,7975,2055,8644|...]
13> L.
[1885,1816,3415,4664,9970,4973,8618,194,1875,3567,1779,361,
 7454,4205,8508,7226,6987,5338,5408,389,1968,4992,3188,5363,
 9251,7037,7975,2055,8644|...]
14> length(L).
10000
```

lists:seq/2 함수로 1부터 10000까지의 리스트를 생성하는데 그 값은 버리고 대신 random:uniform/1로 생성한 값으로 리스트를 만드는 것이다. 14라인에서 length를 이용해 리스트의 크기를 계산해보면 10000개인 것을 알 수 있다.

무작위 숫자는 확률을 계산하는 데도 쓰인다. random:uniform(1,10)을 실행해서 나오는 값들의 경우 모든 확률은 동일하다. 100번 실행했을 때 1이 나오는 확률이나 5가 나오는 확률이나 거의 동일하도록 되어 있다. 이런 것을 균등 분포uniform distribution라고 한다. 만약 60%로 성공인 어떤 확률을 계산하고 싶을 때에는 1에서 6까지의 경우를 모두 성공으로 하면 비슷하게 구현할 수 있을 것이다.

그밖에 키가 작거나 큰 사람은 드물고 평균에 근접한 사람이 많은 것처럼 어떤 평균값이 발생할 확률이 높도록 만들려면 정규 분포normal distribution 혹은 가우스 분포Gaussian distribution를 구현해야 한다. 여기서 설명하기에는 그렇고, 통계학 관련된 자료를 찾아보면 더 많은 것을 알 수 있을 것이다.

9-2-2 시간 계산

테스트 데이터도 만들었으니, 함수를 실행해보기만 하면 된다. 함수의 실행 시간을 재는 함수는 timer 모듈의 tc 함수이다.

```
timer:tc(Module, Function, Arguments) -> {Time, Value}
```

모듈, 함수, 인자값을 입력하면, 튜플의 첫번째 Time 부분에 함수의 실행시간이 마이크로세컨드microseconds 단위로 리턴된다. 뒤의 Value는 실행한 함수의 리턴값이다. 마이크로세컨드는 100만분의 1초라는 것에 주의하자.

```
15> timer:tc(lists, sort, [L]).
{10000,
 [100,100,101,101,101,101,102,102,103,103,104,104,105,105,
  106,107,108,112,113,114,115,116,117,118,118,119,119|...]}
16> timer:tc(lists, sort, [L]).
{9000,
 [100,100,101,101,101,101,102,102,103,103,104,104,105,105,
  106,107,108,112,113,114,115,116,117,118,118,119,119|...]}
```

timer:tc(lists, sort, [L])은 lists:sort(L)를 실행하여 걸린 시간을 알아내는 것이다. 첫번째 실행했을 때는 10000이므로, 0.01초가 걸린 것이고, 한번 더 실행했을 때는 9000, 즉 0.009초가 소모된 것을 알 수 있다.

내친김에 2만개도 테스트 해보자.

```
17> L2 = [random:uniform(9901)+99|| _ <- lists:seq(1,20000)].
[8367,1404,4498,8108,3807,4395,1745,5472,1931,5296,2101,
 7500,112,9895,1143,6643,4102,114,7826,8649,2705,6386,3433,
 835,3207,7922,736,1708,9289|...]
18> timer:tc(lists, sort, [L2]).
{19000,
 [100,100,100,101,101,103,103,103,103,104,104,104,105,105,
  105,106,106,107,107,107,107,107,108,108,109,109,109|...]}
```

2만개의 경우는 19000, 즉 0.019초가 소모되었다.

ordsets이나 gb_sets 등의 테스트는 여러분의 몫으로 남겨두도록 하겠다. timer:tc/3 함수는 알고리즘이나 데이터 구조의 선택에 매우 유용하니, 익혀두고 실전에서 잘 써먹도록 한다.

9-3 랭킹 구현

이제 간단한 랭킹 시스템을 구현해볼 차례이다. 유저가 플레이한 게임의 점수가 저장되는 시스템을 만들 것이다. 해당 점수는 계속 갱신될 수 있다. 예를 들어 A라는 유저가 처음에는 100점을 맞았다면, 랭킹에는 100점이 들어가야 하고, 그 다음에 200점을 맞으면 그전의 100점은 사라지고 대신 랭킹에 200점이 입력되어야 한다.

그리고 중복된 사람 숫자도 계산해야 한다. 예를 들어 500점인 사람이 A와 B이고, 300점인 사람은 C라면, A와 B는 공동 1등이고, C는 3등으로 계산되어야 한다.

```
 9  -module(mon_rank).
10  -author("이국현").
11
12  %% API
13  -export([indexof/2]).
14  -export([init/0, update/2, get_rank/1]).
15
16  indexof(N, List) ->
17      indexof(0, N, List).
18
19  indexof(_Idx, _N, []) ->
20      0;
```

```
21 indexof(Idx, N, [N|_Tail]) ->
22     Idx+1;
23 indexof(Idx, N, [_H|Tail]) ->
24     indexof(Idx+1, N, Tail).
25
26 init() ->
27     ets:new(rank_data, [named_table, ordered_set]),
28     ets:new(rank_user, [named_table, set]),
29     ok.
```

〈mon_rank.erl 수정〉

우리가 만들 함수는 init/0, update/2, get_rank/1이다. init/0은 ets 테이블 2개를 생성한다. 그중 rank_data는 정렬된 점수를 저장하는 데 사용할 것이다. key가 Point 이고 value에는 유저의 리스트를 입력한다. 예를 들면 아래와 같다.

key	value
300	["c"]
500	["a", "b"]

rank_user에는 해당 유저가 어떤 점수인지 확인하는 데 사용한다. key가 유저이고, value가 Point이다. 예를 들면 아래와 같다.

key	value
"a"	500
"b"	500
"c"	300

init() 함수는 ets:new를 이용해서 rank_data와 rank_user table을 생성하였다. rank_data는 key를 정렬해서 유지하도록 ordered_set 형식을 사용하였다.

```
31 update(User, Point) ->
32     update_1(ets:lookup(rank_user, User), User, Point).
33
34 update_1([], User, Point) ->
35     ets:insert(rank_user, {User, Point}),
36     update_2(ets:lookup(rank_data, Point), User, Point);
37 update_1([{_,OldPoint}], User, Point) ->
38     ets:insert(rank_user, {User, Point}),
39     [{_,OldUsers}] = ets:lookup(rank_data, OldPoint),
40     OldUsers1 = OldUsers -- [User],
41     case OldUsers1 of
42         [] ->
43             ets:delete(rank_data, OldPoint);
44         _ ->
45             ets:insert(rank_data, {OldPoint, OldUsers1})
46     end,
47     update_2(ets:lookup(rank_data, Point), User, Point).
48
49 update_2([], User, Point) ->
50     ets:insert(rank_data, {Point, [User]});
51 update_2([{_,Users}], User, Point) ->
52     NewUsers = Users ++ [User],
53     ets:insert(rank_data, {Point, NewUsers}).
```

〈mon_rank.erl 수정〉

update(User, Point) 함수는 유저의 점수를 입력 받는 함수이다. 우선 rank_user table에 유저의 점수를 저장하는데, 이미 저장되어 있는 정보가 있는지를 먼저 확인한다. 만약 기존에 저장된 데이터가 없다면 최초의 점수 저장이므로 그냥 저장하면 된다. 기존에 저장된 데이터가 있다면 기존 데이터를 찾아서 삭제하고, 새로운 데이터로 갱신하는 작업을 한다.

```
55 get_rank(User) ->
56     get_rank_1(ets:lookup(rank_user, User)).
57
58 get_rank_1([]) ->
59     0;
60 get_rank_1([{_,Point}]) ->
61     get_rank_2(ets:last(rank_data), Point).
62
63 get_rank_2('$end_of_table', _) ->
64     1;
65 get_rank_2(Key, Point) ->
66     get_rank_3(1, Key, Point).
```

```
67
68 get_rank_3(Rank, Key, Key) ->
69     Rank;
70 get_rank_3(Rank, '$end_of_table', _) ->
71     Rank;
72 get_rank_3(Rank, Key, Point) ->
73     [{_,Users}] = ets:lookup(rank_data, Key),
74     Len = length(Users),
75     NewRank = Rank+Len,
76     get_rank_3(NewRank, ets:prev(rank_data, Key), Point).
```

〈mon_rank.erl 수정〉

get_rank(User) 함수는 해당 유저의 순위를 계산하는 함수이다. 해당 유저가 없을 때에는 0을 리턴하고, 아닐 경우 우선 유저의 점수를 가져온다. 그리고 ets:last 함수로 1등을 찾은 다음에 그 다음 순위를 ets:prev 함수로 따라가면서 유저의 점수가 나올 때까지 계산하는 역할을 한다.

update 함수도 그렇고 get_rank 함수도 여러 개의 함수로 나누어서 구현하였다. 함수형 언어의 특징에 좀 더 익숙해지도록 구현한 것이니 쉽게 이해할 수 있을 것이다.

이제 테스트를 진행해보자.

```
1> mon_rank:init().
ok
2> mon_rank:update("a", 500).
true
3> mon_rank:update("b", 500).
true
4> mon_rank:update("c", 300).
true
5> mon_rank:get_rank("c").
3
6> mon_rank:get_rank("a").
1
```

mon_rank:init()로 테이블을 생성한 뒤, "a"와 "b"는 500점, "c"는 300점을 달성하였다고 입력하였다. "a"와 "b"는 공동 1등이라서 "c"는 3등이 계산되었다.

```
7> mon_rank:update("c", 1000).
true
8> mon_rank:get_rank("c").
1
9> mon_rank:get_rank("a").
2
10> mon_rank:get_rank("b").
2
```

그러다가 "c"가 다시 1000점을 얻어서 순위가 바뀌었다. "c"가 1등이고, "a"와 "b"
는 공동 2등이 되었다.

기본적인 랭킹 기능은 완성되었다. 하지만 해야 할 일은 좀 더 있다. 우선 mon_rank
를 gen_server로 구현하는 것이 필요할 것이다. 6장에서 구현했던 유저의 점수를
저장하는 API와 연동하는 것도 해보면 좋을 것이다. 그리고 각 점수별 랭킹을 미리
저장해 놓는 테이블이 있으면 데이터가 많아질 경우에 메모리는 좀 더 소비하더라
도 성능은 더 빠를 수 있다. 추가적인 기능을 구현하는 것은 여러분의 몫으로 남겨 놓
겠다.

10장
보안

다시 한번 말하지만 완벽한 보안 솔루션은 없다. 따라서 보안은 "이 시스템은 100% 안전하지 않다"는 가정 하에

악의적인 유저가 나쁜 마음을 먹기 힘들도록, 복잡하고 어렵고 때로는 침입자가 시도하다가 답답하고 귀찮아서

포기할 정도로 꾸준한 노력을 기울여야 한다.

10-1 보안의 기본

2014년 후반, 대한민국에서는 정부의 메신저 서비스에 대한 사이버 검열이 이슈가 되면서 정치적 사회적으로뿐만 아니라 기술적으로도 논란이 되었다. 기술적인 문제의 핵심은 전화에서 해왔던 것처럼 모바일 메신저도 감청이 가능하느냐 하는 것이었다. 확실한 정답이 없는 문제다. 해당 메신저 서비스의 구현 방법에 따라서 감청이 가능할 수도 있고, 불가능한 일일 수도 있기 때문이다.

해당 메신저 업체의 미흡한 대응으로 유저들은 데이터 보안에 신경을 쓴 강력한 암호화 기능을 제공하는 서비스로 떠나는 이른바 사이버 망명이 줄을 잇기도 했다. 데이터 보안 항목에서 더 자세히 이야기하겠지만 메신저 기능을 어떻게 구현하느냐에 따라서 사용자 이외에는 서비스 제공업체조차도 내용을 확인할 수 없는 시스템을 만드는 것이 가능하다.

국내의 사이버 검열 문제가 이제 막 시작된 것이라면, 미국에서는 이미 2013년에 전직 CIA 및 NSA요원인 에드워드 조셉 스노든Edward Joseph Snowden에 의한 폭로로 촉발되었다. 스노든에 따르면 NSA는 전세계적으로 무차별적인 도청과 이메일 해킹 등을 통해 각종 불법적인 정보를 수집해왔다고 한다. 특히 PRISM이라는 프로그램을 이용해 마이크로소프트, 구글, 페이스북 등 거대 인터넷 기업의 데이터를 분석하는 데 사용했다고 스노든은 말한다.

미국 국가안보국NSA: National Security Agency에서는 테러 방지를 위한 합법적인 일이라고 하였지만, 사생활 보호 및 인권과 관련된 문제가 발생한 것은 분명한 일이었다. 그 후 미국 사회에서는 정치적 사회적 논쟁이 벌어졌다. 인터넷 업체들은 데이터가 유출되어도 파악이 불가능한 암호화 기술을 도입하였고, 버락 오바마 대통령은 NSA의 감시를 제한했다. 한편으로는 테러리스트들에 대한 감시가 불가능해진 것에 대해 우려하는 목소리도 있다.[1]

....

1 http://edition.cnn.com/2014/10/21/politics/olsen-nsa/index.html

스노든이 제공한 수천건의 비밀 문서를 바탕으로 NSA의 무차별적인 감청 실태를 폭로한 미국의 워싱턴포스트wp와 영국의 가디언은 공동으로 2014년 공공서비스 부문 퓰리처상을 수상[2]하였다. 한편 스노든은 미국의 체포를 피해서 러시아에서 체류중이다. 스노든에 대해 더 궁금한 사람은 영화 "시티즌포(Citizenfour, 2014)"를 보면 도움이 될 것이다.

보안 기술은 주로 시스템의 안전과 보호를 위해 만들어진 것인데, 정부의 감청을 막는 용도로 사용되는 것에 대해서 우려하는 사람이 있는 것 같다. 편지의 검열을 피하기 위해 편지의 내용을 암호로 쓰는 것과 마찬가지인 상황이다. 국내에서는 미국처럼 테러까지는 아니더라도 범죄의 증거물을 찾기 위해서 압수 수색 영장을 발부하여 인터넷 업체들로부터 데이터를 가져오고 있는데, 국내 업체들도 암호화 수준을 강화한다면 향후에는 데이터를 가져가도 확인하는 것이 불가능해질 것이다. 정부에서 이를 막으려면 법을 제정해서 암호화 수준을 낮추도록 하는 수밖에는 없다. 이 또한 논란의 여지가 많다. 무엇이 옳은 방법인지는 사회와 여론의 향방에 달려 있다.

외부의 침입에 의한 보안 문제는 계속 있어왔던 문제이다. 2014년 12월에는 북한의 소행으로 보이는 소니 픽처스 해킹 사건이 발생하였다. 뉴욕 타임즈에 따르면[3] 미국 NSANational Security Agency는 북한의 해킹 시도를 이미 알고 있었다고 한다. 그 후 북한 인터넷 망이 다운되면서 언론에서는 미국의 보복이 아니냐는 말이 있었지만 확인되지는 않았다.

외부의 침입을 막기 위해서든, 정부의 침입을 막기 위해서든 보안은 원활한 제품의 서비스를 위해서 꼭 필요한 기술이다. 하지만 이 세상에 완벽한 보안은 없다. 보안은 안전함을 보장한다는 뜻이지만, 그것이 안전을 100% 보장한다는 것을 의미하지는 않는다. 현실 세계에서 자신의 집을 보호하기 위해 창문에 방범 창을 달고 대문에 두꺼운 자물쇠를 여러 개 설치한다고 해서 집이 100% 안전해지지는 않는다. 뛰어난 도둑이 있다면 언제든 집의 물건을 훔쳐 갈 수 있는 가능성이 있는 것이다.

....

2 http://www.pulitzer.org/citation/2014-Public-Service
3 http://goo.gl/sLMWdl

그렇다면 보안은 불필요한 것인가? 어차피 여러 방범 장치를 해도 집이 털릴 수 있다면 보안을 해서 뭐 하는가? 하지만 자물쇠가 없는 것보다는 있는 것이 도둑의 침입을 막는 데에 도움이 된다. 하나보다는 두 개가, 두개 보다는 세개가 도둑이 침입하는 데 어려워질 것이다. CCTV를 설치하고 각종 방범 장치가 많으면 많을수록 일반 좀도둑은 감히 엄두도 못 낼 정도로 침입이 힘들어지게 되는 것이다. 결국은 뤼팽보다 훨씬 뛰어난 도둑이어야 침입할 수 있을까 말까 할 정도로 만드는 것이 보안을 위해 최대로 할 수 있는 일이다.

결국 이것이 보안의 목적이다. 완벽한 보안은 없지만, 해킹[4]하기 힘든 시스템은 만들 수 있다. 보안이 강화될수록 침입자의 허들은 높아진다. 별다른 보안장치가 없는 시스템은 어린아이도 단순한 툴을 사용해서 시스템을 해킹할 수 있다면, 보안에 신경 쓴 시스템은 엄청난 침입의 고수가 몇달을 고생해야 조금의 정보를 해킹할 수 있을 정도가 되는 것이다.

실력과 끈기를 가지고 있는 노련한 침입 집단이라면 해킹 성공의 가능성은 언제나 열려 있다. 특히나 디지털 세상에서는 모든 정보가 노출되어 있는 것이나 마찬가지이다. 모든 정보는 복사가 가능하다. 집으로 따지면 집의 도면부터 자물쇠의 모델명까지 상세한 정보가 노출되어 있는 셈이다. 최대한 노출을 막기 위해 보안 기술도 많이 발전했지만 항상 우회하는 방법은 존재한다.

다시 한번 말하지만 완벽한 보안 솔루션은 없다. 따라서 보안은 이 시스템은 100% 안전하지 않다는 가정 하에 악의적인 유저가 나쁜 마음을 먹기 힘들도록, 복잡하고 어렵고 때로는 침입자가 시도하다가 답답하고 귀찮아서 포기할 정도로 꾸준한 노력을 기울여야 한다.

10장에서는 소프트웨어의 보안과 관련된 부분 중에서 특히 서버 프로그래머가 알아야 할 가장 중요한 보안 기술에 대해서 살펴보고 얼랭에서는 어떻게 구현할 수 있는지를 알아 볼 것이다.

---

4 해킹(hacking)에는 여러 의미가 있지만, 여기서는 침입(threat)이나 크래킹(cracking)과 같은 부정적인 의미로만 사용하였다.

10-1-1 클라이언트 보안

클라이언트, 더욱이 모바일 클라이언트는 프로그램 자체가 사용자에게 완벽하게 공개되어 있기 때문에 보안에 매우 취약하다. 실행 파일은 사용자의 PC 혹은 스마트폰에 설치되어 있는 것이므로 누구든 리버스 엔지니어링Reverse Engineering으로 소스코드를 확인할 수 있고 수정할 수 있다.

클라이언트의 보안은 그래서 어렵다. 어떤 방법을 사용해도 사용자의 PC는 사용자가 마음대로 할 수 있기 때문이다. 기술만 알고 있다면 메모리도 수정할 수 있고, 코드도 수정할 수 있다. 최선의 방법은 결국 리버스 엔지니어링을 어렵게 만드는 것이 해킹을 방지하는 마지막 방법으로 보인다. 그래서 활용할 수 있는 방법이 코드 난독화code obfuscation이다.

코드 난독화는 간단히 말해서 제3자가 리버스 엔지니어링을 통해 제품의 구조를 쉽게 이해하지 못하도록 각종 정교한 방법으로 바이너리를 변환하는 것을 의미한다. 이렇게 전체 파일을 변환해주는 툴을 흔히 Packer라고 부른다. Packer 중에 상업적으로 유명한 툴은 Themida[5]가 있다. 그렇지만 이 방법도 분석하기 어렵게 만드는 것일 뿐, 분석이 불가능한 것은 아니다.

온갖 해킹 방지 솔루션을 덕지덕지 바른다고 해서 클라이언트 보안이 완벽하게 이루어지지는 못한다. 하지만 해커를 귀찮고 힘들게 할 수 있는 있을 것이다. 이런 상황에서 결제와 같은 중요한 계산을 클라이언트에 하는 것은 어리석은 짓이다.

클라이언트에서 할 수 있는 최선의 보안 정책은 중요한 데이터의 계산과 저장을 클라이언트에서 하지 않고 서버에 맡기는 것이다.

10-1-2 서버 보안

서버 자체는 물리적으로 단절된 공간에 위치해 있기 때문에 클라이언트에 비해 상대적으로 안전하다. 아무도 서버에 접속할 수 없도록 한다면 서버는 매우 안전해지겠지만, 서비스를 해야 하기 때문에 공개해야 하는 부분이 있을 수밖에 없다. 그 공개된

---

5 http://www.oreans.com/themida.php

부분이 서버의 가장 취약한 부분이다. 예전에는 서버가 설치된 시스템, 즉 운영체제 자체의 보안도 열악했으나, 지금은 꽤 수준이 높아졌다고 볼 수 있다. 운영체제의 보안은 각 벤더에서 제공하는 보안 패치를 잘 설치하는 것이 가장 중요하다. 그 다음은 서버에서 동작하는 우리의 서비스 프로그램의 보안을 생각해야 한다.

서버 프로그램에 접근하는 주체는 클라이언트이다. 클라이언트와 서버의 통신은 서로 약속한 프로토콜에 따라서 패킷을 주고 받는다. 클라이언트에서 전송한 패킷은 전 세계가 하나로 연결되어 있는 인터넷을 통해 여러 개의 라우터를 거쳐서 목적지인 서버에 도달한다.

그 패킷이 어디를 거쳐서 어떻게 전달되는지 네트워크를 공부해본 사람은 알고 있을 것이다. 리눅스에서 traceroute 혹은 윈도우즈에서는 tracert 등의 명령어를 실행해보면 나와 목적지 사이에 존재하는 라우터들의 존재를 알 수 있다.

```
traceroute to google.com (173.194.127.233), 30 hops max, 60 byte packets
 1  192.168.0.1 (192.168.0.1)  0.425 ms  0.604 ms  0.812 ms
 ......
 5  112.188.112.109 (112.188.112.109)  5.685 ms  5.685 ms  5.740 ms
 6  112.188.2.17 (112.188.2.17)  3.907 ms  2.231 ms  2.657 ms
 7  112.174.58.121 (112.174.58.121)  5.310 ms  5.317 ms  5.342 ms
 8  112.174.48.114 (112.174.48.114)  2.667 ms  2.697 ms  2.833 ms
 9  112.174.84.178 (112.174.84.178)  2.866 ms 112.174.84.122 (112.174.84.122)  3.211
ms  3.557 ms
10  72.14.194.106 (72.14.194.106)  96.469 ms  96.518 ms  96.543 ms
11  209.85.241.90 (209.85.241.90)  33.086 ms  38.827 ms  35.738 ms
12  64.233.175.2 (64.233.175.2)  52.760 ms  47.589 ms  47.592 ms
13  209.85.249.16 (209.85.249.16)  62.355 ms  67.854 ms  62.473 ms
14  209.85.241.171 (209.85.241.171)  62.571 ms  67.574 ms  62.444 ms
15  hkg03s16-in-f9.1e100.net (173.194.127.233)  69.503 ms  74.791 ms  69.281 ms
```

〈패킷이 google.com(173.194.127.233)까지 도달하는 데 15개의 라우터를 거친다〉

라우터들 중 아무 곳에서나 지나가는 패킷을 전부 감시하고 있다면 나의 패킷도 볼 수 있을 것이다. 인터넷의 모든 패킷은 모두에게 공개된 것이나 다름없다. 클라이언트 프로그램의 소스코드가 공개된 것이나 다름 없듯이 말이다.

온라인으로 결제를 하면서 전송되는 신용카드 정보가 제3자에게 유출된다면 큰 문제가 발생할 것이다. 이를 막기 위해서는 패킷의 내용을 알 수 없도록 다양한 암호화 기술을 사용해야 한다. 그렇다고 해도 세상에서 하나뿐인 자신이 만든 독창적인 암호화 기법을 사용하는 것은 추천하지 않는다. 전세계의 검증을 거친 표준화된 기술을 사용하는 것이 가장 안전한 방법이다.

우리가 지금까지 작성한 서버는 HTTP 기반으로 개발한 프로토콜이다. 패킷 암호화를 적용하려면 HTTP 대신에 HTTPS를 사용하면 된다. HTTP를 HTTPS로 바꾸기 위해서는 얼랭 코드 한 줄이면 된다. 그 부분은 10-3-2절의 패킷 암호화 부분에서 다룰 것이다. 우리는 프로그래머로서 그 코드 한 줄 바꾸는 것보다도 HTTPS를 사용한다는 것이 어떤 의미인지를 알아야 한다. 그것을 모른다면 클라이언트와의 연동에서 다양한 문제에 부딪혔을 때 해결책을 찾기 힘들 것이고, 보안에 심각한 위험이 있는 부분도 모르고 지나가게 될 것이다.

사실 많은 프로그래머들이 자신이 사용하는 암호화 기술에 대한 이해 없이 소프트웨어에 적용해서 사용하고 있다. 10장에서는 서버 프로그래머가 알아야 할 최소한의 암호화에 대해 알아보고, 몇 가지 실전 사례를 확인해보면서 네트워크 보안의 기초를 잡도록 해보자.

10-2 암호화

암호화Encryption는 어떤 메시지를 의도한 사람만이 읽을 수 있도록 변환하는 행위를 말한다. 메시지 변환은 특정한 규칙을 따르는데 이때 일반적으로 자물쇠 역할을 하는 Key가 존재해야 하며, 이 메시지 변환 규칙과 Key를 알고 있다면 암호화된 메시지는 원래의 메시지로 정확하게 해독Decrypt 할 수 있어야 한다. 물론 Key를 모르는 제3자는 암호화된 메시지를 해독할 수 없어야 한다.

로마제국 전성기 시대의 줄리우스 카이사르Julius Caesar가 사용했다고 알려진 카이사르 암호Caesar Cipher는 간단한 암호화의 예이다. 알고리즘은 간단하다. 알파벳을 순서대로 늘어놓은 상태에서 왼쪽으로 3번 이동하면 된다. 예를 들어 D는 A가 되고, F는 C가 된다. 맨 앞의 A는 X가 된다. 암호를 풀 때는 반대로 오른쪽으로 3번 이동한다. 이 암호화 알고리즘에서 3은 Key라고 볼 수 있다.

메시지: LOVE

암호화: ILSB

암호화된 ILSB만 보고 원래의 메시지인 LOVE를 예측하는 것은 쉽지 않다. 하지만 컴퓨터를 이용한다면 어려운 일도 아니다. 무차별 대입 공격Brute force attack이라고 불리는 기법은 알고리즘과 Key를 모르는 상태에서 입력이 가능한 알고리즘과 값을 대입해 보는 것이다. 예를 들어 오른쪽으로 1칸 이동해보고, 틀리면 그 다음에는 2칸, 3칸 늘려나가는 식으로 컴퓨터의 빠른 계산을 이용하여 암호를 푸는 것을 말한다.

카이사르 암호는 경우의 수가 너무 적어서 컴퓨터를 이용한 무차별 대입 공격을 사용하지 않고 사람이 손으로 계산해도 쉽게 풀 수 있는 암호화 알고리즘이다.

제2차 세계대전에서 독일이 사용한 에니그마Enigma는 훨씬 복잡한 암호화 알고리즘을 사용한다. 에니그마는 독일어로 "수수께끼"라는 뜻의 암호화 기계로 독일 엔지니어인 아르투스 슈르비우스Arthur Scherbius가 제1차 세계대전 말미에 발명하였다. 에니그마는 그 후 독일 나치에 의해 군사용으로 개량되어 연합군 측을 괴롭힌 대중에게 알려진 암호화의 유명한 사례이다.

에니그마의 경우의 수는 158,962,555,217,826,360,000[6]이다. 현대 컴퓨터를 사용한다면 모든 경우의 수를 대입하여 암호를 푸는 데 얼마 걸리지 않겠지만, 2차 세계대전 당시는 컴퓨터가 없던 시대이다. 앨런 튜링Alan Turing은 에니그마 암호화 자체의 오류를 이용하여 20분 만에 암호를 해독할 수 있는 기계인 Bombe를 발명하였다. 이는 전쟁에서 연합국이 승리하는 데에 큰 기여를 하였다.

암호화 알고리즘에 Key를 유추해 낼 수 있는 오류가 있다면 그 알고리즘을 사용하는 것은 굉장히 위험한 일이다. 마치 현관문의 자물쇠를 누구나 복제할 수 있다는 의미와도 같은데, 현대 컴퓨터의 암호화 분야에서는 Key를 누구에게나 공개하였음에도 불구하고 보안상 안전한 암호화 알고리즘도 존재한다. 이른바 공개 키 방식의 알고리즘이다.

....
6 https://www.youtube.com/watch?v=G2_Q9FoD-oQ

암호화를 적용하고 푸는 데 하나의 키를 사용하는 것을 대칭키symmetric-key 암호화라고 하고, 그 반대는 비대칭asymmetric 암호화 혹은 공개키public-key 암호화라고 한다.

대칭 키 암호화는 일반적인 자물쇠와 같이 잠그고 여는 데 사용하는 Key가 동일함을 의미한다. 하나의 Key로 암호화, 복호화Decryption를 수행할 수 있다. 내가 암호화를 적용할 때 사용한 Key를 복호화를 수행할 상대방도 알고 있어야 암호를 풀 수 있다. 대칭키 암호화의 단점은 Key를 네트워크를 통해 패킷으로 전달할 경우 Key가 유출될 위험이 매우 크다는 것이다. 위에서 설명했듯이 패킷은 제3자에게 공개된 것이나 다름없기 때문이다.

그래서 나온 것이 공개키 암호화이다. 공개키 암호화의 가장 대표적인 알고리즘은 RSA가 있는데, 하나가 아닌 두 개의 Key를 사용한다. 두 개의 Key 중 하나는 암호화하는데 사용하고, 다른 하나는 복호화하는 데 사용한다. 어떤 Key를 공개하느냐에 따라서 원하는 대로 사용할 수 있다.

암호화하는 데 사용한 Key를 공개한다면 제3자도 암호화를 수행할 수는 있지만 암호를 해독하는 복호화는 수행하지 못한다. 복호화하는 Key를 공개한다면 누구나 암호를 풀 수는 있지만, 암호화를 적용할 수는 없다. RSA는 전자보다는 후자로 주로 사용해서 디지털 서명 부분에 쓰인다. 더 자세한 내용은 아래 부분에서 설명할 것이다.

지금부터 서버 프로그래밍에서 자주 사용하는 암호화 방식에 대해서 알아보고, 얼랭으로 어떻게 구현하는지 간단히 실습을 해볼 것이다.

10-2-1 Base64

Base64는 바이너리 데이터를 화면에 표시할 수 있는 문자열 데이터로 변환할 때 사용하는 방법이다. Base64는 암호화 알고리즘은 아니지만, MIME, HTTP, OpenPGP 등 다양한 프로토콜에서 변형하여 사용하고 있기 때문에 숙지하고 있을 필요가 있다. 그리고 아주 간단한 암호화의 예제로도 쓰일 수 있을 것 같아 설명한다.

1 byte는 8 bit이다. 2^8=256이다. 즉 1 byte는 0부터 255까지 총 256가지의 숫자를 표현할 수 있다. Base64는 이를 6 bit의 단위로 쪼갠다. Base64의 64는 2^6=64 즉 64가지의 숫자를 표현하는 것을 의미한다. 6 bit의 단위로 쪼갠 후에는 0은 A로

변환하고, 1은 B로, 2는 C, 이렇게 63까지 A-Z, a-z 알파벳과 0-9 숫자로 변환한다. 맨 뒤의 62,63은 특정 기호로 바뀐다.

예를 들어 16진수 0x010203을 base64로 인코딩 해보자.

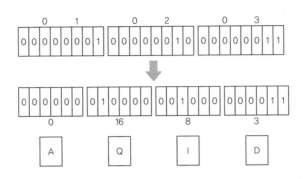

3 bytes인 0x010203을 6bit 단위로 쪼개면 0, 16, 8, 3이 된다. 이것을 Base64 index table에 따라 문자열로 변환하면 AQID가 되는 것이다.

얼랭에서 확인해 보자. 얼랭에서는 base64 모듈을 사용해서 쉽게 인코딩, 디코딩 할 수 있다.

```
1> base64:encode(<<1,2,3>>).
<<"AQID">>
2> base64:decode(<<"AQID">>).
<<1,2,3>>
```

위와 같이 앞서 계산한 것과 동일한 결과값을 얻을 수 있을 것이다.

Base64는 8 bit가 6 bit단위로 바뀌는 것이기 때문에 8:6을 적용하면 원래에 비해서 전체적으로 30% 정도 데이터의 길이가 증가한다.

안드로이드 혹은 iOS에서 인앱 결제를 한 후에는 결제 결과 데이터 혹은 영수증 데이터를 받는데, 그 데이터들은 base64로 인코딩된 경우가 많을 것이다. 이 때는 방금 배운 것처럼 base64 모듈을 이용해서 디코딩decode을 하면 된다.

10-2-2 MD5, SHA-1

$MD5$message-digest algorithm 5는 널리 사용되는 암호화 해시 함수cryptographic hash function 중 하나로 RFC-1321[7]에 정의되어 있다. 암호화 해시 함수는 주어진 메시지를 특정한 숫자값으로 변환시키는 함수를 의미한다.

암호화 해시 함수가 가장 많이 사용되는 분야는 메시지나 데이터의 변조를 체크하기 위해서이다. 예를 들어 수백 페이지 분량의 계약서를 파일로 만들었다고 해보자. 그 계약서 파일에 대해 암호화 해시 함수를 적용하면 특정 해시값을 얻을 수 있다. 그 해시값은 계약서 파일이 변경되지 않는 이상 항상 동일하다. 마치 어떤 데이터의 지문과도 같이 생각하면 된다.

이런 특성 때문에 디지털 서명 프로그램에서 원본 문서를 압축한 지문을 생성할 때 사용한다.

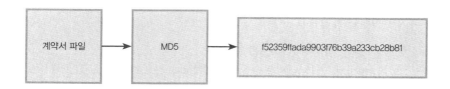

이 그림은 어떤 계약서 파일의 MD5 해시값을 생성한 예이다.

16진수 값인 f52359ffada9903f76b39a233cb28b81가 바로 해시값이다. 계약서 파일의 용량이 아무리 크더라도 MD5는 128bit의 숫자를 생성한다. 계약서 파일이 변조되면 MD5 값도 변경될 것이다. 그래서 원본의 변조 유무를 체크할 수 있다.

여기서 문제는 세상에는 너무도 다양한 데이터가 있을 것이라는 점이다. 2^{128}은 10진수로 따지면 약 38자리수의 엄청나게 큰 숫자지만, 분명 이 세상에 존재하는 데이터의 개수보다는 작을 것이고, 언젠가는 겹치는 해시값이 존재할 것이다. 따라서 계약서를 변조했음에도 불구하고 동일한 MD5 값이 나오지 못하리라는 법은 없다.

....
7 https://www.ietf.org/rfc/rfc1321.txt

확률론에서 말하는 Birthday Paradox는 이에 대한 설명이 된다. n명의 사람이 모였을 때 그 중에 생일이 같은 사람이 존재할 확률을 구하는 문제인데, 얼핏 생각하면 생일의 전체 경우의 수가 1년의 날짜수와 같은 365개이므로 365명이 모여야 생일이 같은 사람이 존재할 것이라고 생각하기 쉽다. 그러나 실제로 계산해보면 23명만 모여도 생일이 같은 사람이 존재할 확률이 50.7%나 된다.

암호화 해시 함수도 마찬가지로 같은 해시값이 생성되어 충돌이 날 확률, 즉 hash collision이 일어날 확률은 생각보다 높다. 계산해보면 MD5의 경우 $2.2*10^{19}$개가 모이면 충돌이 일어날 확률이 50%가 된다. 그것도 충분히 큰 숫자라고 생각할 수도 있겠지만, 위험도가 높은 것은 사실이다. 게다가 MD5는 이미 밝혀진 결함[8]이 존재하여 의도적으로 동일한 MD5 해시값을 생성할 수 있으므로[9] 사용하지 않는 것이 좋다.

MD5의 대안으로 최근에 많이 사용하는 알고리즘이 바로 SHA-1Secure Hash Algorithm이다. SHA-1은 MD5와 다르게 160bit(20 byte)의 Hash를 생성한다. 2^{160}은 10진수로 따지면 약 48자리수나 된다. 이 정도면 충분하다고 생각될지도 모르겠지만, SHA-1보다 더 충돌 가능성이 없는 알고리즘도 나왔다. SHA-2라 불리는 것으로 SHA-256, SHA-384, SHA-512 등이 있는데 SHA-뒤에 붙는 숫자가 해시값의 크기를 의미한다. 즉, SHA-256는 256bit의 해시값을 생성한다는 의미이다.

그럼 이제부터 얼랭을 통한 실습을 진행해보도록 하자. 얼랭의 보안과 관련된 기능은 crypto라는 모듈에 들어있다.

얼랭에서 지원하는 Hash 알고리즘은 md5, ripemd150, sha, sha224, sha256, sha384, sha512가 있다. 사용하는 함수는 아래와 같다.

```
crypto:hash(Type, Data) -> Digest
```

Type부분에 위의 Hash 알고리즘을 적어주고, Data에는 원래의 데이터를 list나 binary 형식으로 입력하면 된다.

---

8 How to break MD5 and other hash functions (http://merlot.usc.edu/csac-s06/papers/Wang05a.pdf)

9 http://th.informatik.uni-mannheim.de/people/lucks/HashCollisions/

```
Eshell V6.1  (abort with ^G)
1> H = crypto:hash(md5, "Hello").
<<139,26,153,83,196,97,18,150,168,39,171,248,196,120,4,215>>
2> size(H).
16
```

"Hello"에 대한 md5 hash를 얻는 실습이다. H에 값을 저장하고 size로 16 byte 크기 즉 16*8=128 bit인 것을 확인할 수 있다.

```
3> S = crypto:hash(sha, "Hello").
<<247,255,158,139,123,178,224,155,112,147,90,93,120,94,12,
  197,217,208,171,240>>
4> size(S).
20
5> S1 = crypto:hash(sha256, "Hello").
<<24,95,141,179,34,113,254,37,245,97,166,252,147,139,46,
  38,67,6,236,48,78,218,81,128,7,209,118,72,38,...>>
6> size(S1).
32
```

Type만 sha와 sha256으로 바꾸어 준 것이다. 하나의 함수로 간단히 실행할 수 있으므로 사용하는 데 큰 어려움은 없을 것이다.

Hash 알고리즘은 디지털 서명과 같은 분야 이외에도 패스워드를 저장하는 데에도 많이 사용된다. 자세한 것은 10-3절에서 설명한다.

10-2-3 DES, AES

DESData Encryption Standard는 대칭키symmetric-key 알고리즘을 사용해 데이터를 암호화하는 오래된 알고리즘이다. 대칭키 알고리즘은 하나의 Key를 가지고 평문을 암호화하고, 암호문을 다시 평문으로 해독한다는 점에서 현실 세계와 비슷하다고 할 수 있다.

하지만 컴퓨터의 세계에서는 자물쇠 역할을 하는 Key도 숫자일 수밖에 없다. 데이터도 숫자이고, Key도 숫자이다. 결국 암호화 알고리즘은 수학인 셈이라 여기서 자세히 알고리즘을 논할 수는 없고 대충 어떤 식인지만 알아보도록 하자.

이산수학이나 논리학에서 혹은 bit 연산을 공부하면서 배타적 논리합exclusive or에 대해 배웠을 것이다. 흔히 XOR이나 ⊕ 기호로 표현한다. 여러분의 이해를 돕기 위해 XOR table을 첨부하였다.

x	y	x ⊕ y
0	0	0
0	1	1
1	0	1
1	1	0

데이터가 이진수 001100이라고 해보자. 이를 암호화할 Key는 010101로 정한다. 이를 계산하면 다음과 같다.

```
    001100
⊕   010101
----------
    011001
```

암호문은 011001이다. 자, 이 암호문을 다시 원래대로 복호화하려면 다시 Key를 사용해서 XOR 연산을 하면 된다.

```
    011001
⊕   010101
----------
    001100
```

다시 원래의 데이터인 001100이 나왔다. Block 사이즈가 6bit인 간단한 대칭키 알고리즘의 예라고 볼 수 있다. 사실 DES에서도 이런 XOR 연산을 다양한 조합으로 여러 번 반복하는 부분이 있다. DES는 56bits의 Key에 8 parity bits를 더해서 64bits의 Block size를 사용한다.

하지만 DES는 Key의 크기가 56bits밖에 안 된다는 점 때문에 현대의 병렬 컴퓨터를 이용하면 무차별 대입 공격이 가능하다는 취약점이 있다. 그래서 요즘은 거의 사용하지 않고, 대신 AESAdvanced Encryption Standard 알고리즘을 많이 사용한다.

2001년 NIST National Institute of Standards and Technology는 공식적으로 DES를 대체한 알고리즘으로 Rijndael algorithm을 선정하고 이름을 AES Advanced Encryption Standard로 바꾸어서 발표[10]하였다.

AES는 128, 192, 256 bits의 Key를 사용할 수 있으며, Block size는 128 bits로 고정된다. AES의 역사라든지 그런 것은 스스로 찾아보도록 하고, 우리는 얼랭으로 실습을 해보도록 하자.

마찬가지로 crypto 모듈을 이용한다. 함수는 다음과 같다.

```
block_encrypt(Type, Key, IVec, PlainText) -> CipherText

block_decrypt(Type, Key, IVec, CiperText) -> PlainText
```

암호화할 때에는 block_ecrypt를 사용하고 풀 때에는 block_decrypt를 사용한다. 함수의 인자값을 하나씩 설명하겠다.

Type에는 알고리즘 이름을 적어주면 된다. 여기에서 지원하는 알고리즘은 des_cbc, des_cfb, des3_cbf, des_ede3, blowfish_cbc, blowfish_cfb64, aes_cbc128, aes_cfb8, aes_cfb128, aes_cbc256, aes_ige256, rc2_cbc, aes_ctr, rc4가 있다.

그냥 des나 aes가 아니고 cbc라든가 cfb가 붙는 것은 알고리즘을 보완하는 추가적인 기능을 포함시킨 특정한 모드 같은 개념으로 생각하면 된다.

예를 들어 CBC Cipher Block Chaining의 경우 IVec Initialization Vector 값을 이용해서 추가적인 연산을 수행한다. 이것은 암호화가 마치 MD5나 SHA-1 같은 Hash 함수처럼 동일한 값을 생성하지 않도록 하기 위해서이다. 알고리즘이 동일하고 Data와 Key가 같다면 암호문은 항상 동일할 것이다. 이것은 Hash 값을 얻는 것이라면 모를까 둘만의 암호화 과정에서는 무의미하고 위험한 것이다. 그래서 CBC 모드에서는 랜덤한 Initialization Vector 값을 이용해서 Data와 key가 같더라도 암호문이 다르도록 연산을 수행한다.

---

10 http://csrc.nist.gov/publications/fips/fips197/fips-197.pdf

Type에 aes_cbc128을 선택했다면 Key와 IVec값도 128 bit 크기의 바이너리 값이어야 한다. PlainText는 암호화를 적용시킬 평문인데 마찬가지로 바이너리 값으로 입력해야 한다. 그리고 PlainText를 입력할 때에는 하나 주의해야 할 부분이 있다.

예를 들어 "a"라는 데이터를 암호화하고 싶다고 해보자. 아까 XOR 연산에서 평문과 암호화할 Key의 크기가 일치했던 것이 기억나는가? 마찬가지다. aes_cbc128에서 Key인 128bit와 맞아 떨어지도록 "a"에도 15바이트를 추가해서 128bit 단위를 맞추어 주어야 한다. 이런 작업을 padding을 추가하는 작업이라고 한다.

padding을 붙이는 것도 여러 방법이 있다. 가장 간단한 방법은 그냥 0x0을 쭉 붙이는 것으로 zero padding이라고 한다. 미국의 NIST National Institute of Standards and Technology 에서 배포한 800-38A[11]를 보면 1을 1bit 추가하고 나머지 bit는 0으로 추가하는 것을 추천하고 있다. 혹은 RFC-5652[12]에 설명되어 있는 PKCS #7 방법을 사용해도 된다. 예를 들어 3바이트를 더 붙여야 한다면 뒤에 0x3을 3번 추가하는 것이다. 자세한 것은 문서를 참조하도록 한다.

이번 실습에서는 위에서 설명한 방법은 사용하지 않고 padding은 직접 문자 길이로 맞추었다.

```
Eshell V6.1  (abort with ^G)
1> Key = <<"1234567812345678">>.
<<"1234567812345678">>
2> Ivec = <<"abcdefghabcdefgh">>.
<<"abcdefghabcdefgh">>
3> PlainText = <<"Hello World!!!!!">>.
<<"Hello World!!!!!">>
4> C = crypto:block_encrypt(aes_cbc128, Key, Ivec, PlainText).
<<246,221,232,147,134,106,174,166,243,80,62,158,246,162,
  13,118>>
5> crypto:block_decrypt(aes_cbc128, Key, Ivec, C).
<<"Hello World!!!!!">>
6>
```

....
11 http://csrc.nist.gov/publications/nistpubs/800-38a/sp800-38a.pdf
12 http://tools.ietf.org/html/rfc5652#section-6.3

예제에서는 Key와 IVec 각각 16 bytes의 바이너리 문자열을 만들었고, PlainText 도 정확히 16byte의 바이너리 문자열을 만드느라고 느낌표를 추가로 입력하였다. 실전에서는 padding을 추가하는 함수를 간단하게 만들어서 사용하면 편리할 것 이다.

실제로 알고리즘은 복잡하지만, 함수로 사용하는 입장에서는 매우 간단하다. 그 밖의 다른 알고리즘도 Type을 변경해보면서 각자 테스트를 해보면 좋겠다.

10-2-4 RSA

대칭키 알고리즘의 단점은 암호를 건 사람이나 푸는 사람이나 하나의 단일 Key를 사용하는 것이다. 일반적으로는 큰 문제가 되지 않을지 몰라도 컴퓨터 세상에서는 그 Key를 어떻게 전달하느냐가 문제가 된다. 아무도 모르게 포장해서 주면 가장 안전하겠지만, 네트워크를 통해 전달해 주어야 한다면 Key는 공개된 것이나 다름없다. 누군가가 네트워크에 지나다니는 패킷을 지켜보다가 Key를 발견한다면 언제든 해당 암호문을 풀 수 있게 되는 것이다.

이런 문제를 해결하기 위한 것이 공개키 알고리즘이다. 공개키 알고리즘 중에 널리 알려진 것이 RSA 알고리즘인데, 1977년 Ron Rivest, Adi Shamir, Leonard Adleman에 의해 만들어졌다. RSA라는 이름은 그들의 성에서 한 글자씩을 딴 것이다.

RSA는 대칭키 알고리즘과 다르게 두 개의 Key인 공개키Public Key와 비밀키Private Key를 사용한다. 공개키는 누구에게나 공유하게 된다. 즉 네트워크를 통해 전달할 수 있지만 비밀키는 절대 공유하지 않는다. 암호화하는 방법은 둘 중 하나의 Key를 사용하면 되고, 복호화하는 것은 그 반대의 Key를 사용하면 된다. 암호화하는 데 공개키를 사용했다면 복호화는 비밀키로 해야 하고, 반대로 암호화하는 데 비밀키를 사용했다면 공개키를 사용해서 복호화할 수 있다.

예를 들어 내가 어떤 메시지를 A라는 사람에게 전달한다고 해보자. 내가 필요한 것은 A라는 사람의 공개키이다. A의 공개키는 이름 그대로 공유되어 있기 때문에 내가 받아서 사용할 수 있다. 내가 할 일은 메시지를 A의 공개키로 암호화하는 것이다. 그것을 그대로 A에게 전달하면 A는 자신이 보유한 비밀키로 암호문을 복호화할 수 있게 된다.

거의 완벽하게 보이는 암호화 알고리즘이지만, RSA의 단점은 비밀키가 노출되면 모든 암호화된 정보가 노출된다는 점이다. 만약 제3자가 A와 통신하는 모든 것을 저장해놓았다가 언젠가 A의 비밀키를 알아내기만 한다면 그전까지 통신한 모든 데이터의 암호문을 풀 수 있게 된다. 비밀키가 노출되더라도 안전한 통신을 지향하는 것을 완전 순방향 비밀성perfect forward secrecy이라고 한다. 그리고 이 조건에 부합하는 알고리즘은 아래에서 설명할 Diffie-Hellman key exchange이다.

따라서 RSA는 두 사람 간의 암호화된 통신을 위해서는 잘 사용하지 않는다. 대신 디지털 서명 분야에서는 많이 사용된다. 실제로 계약서에 싸인이나 도장을 찍는 것도 위조될 위험성이 큰데 하물며 무엇이나 복사하고 변경할 수 있는 컴퓨터 세상에서의 서명은 더 검증하기 힘들 것이다. 하지만 RSA를 사용하면 거의 확실한 해결책이 된다.

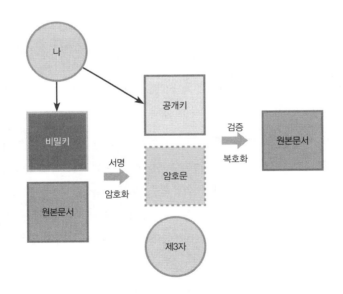

원본에 대한 서명을 하는 당사자는 비밀키를 이용해서 원본 문서를 암호화한다(공개키가 아닌 비밀키를 사용한다는 점에 주목한다). 여기서의 암호화는 서명의 개념과 동일하다. 암호문은 결국 서명된 문서를 뜻한다. 서명된 문서는 제3자에 의해 이것이 정말 원본이 맞는지 검증할 수 있어야 하며 그것은 공유된 공개키를 사용해서 복호화함으로써 원본 문서인지 검증할 수 있는 것이다. 이 부분에서 위험한 부분은 내가 만든 공개키가 아닌 다른 변조된 공개키를 사용할 수 있을 가능성인데 그 부분은 최상위 인증 기관[13]과 그와 연결된 인증 기관을 통해 공개키를 공유할 수 있도록 함으로써 해결하였다.

RSA 알고리즘은 간단하게 계산이 가능하다. 우선 공개키는 숫자 n과 e, 비밀키는 숫자 n과 d를 사용한다. 둘 다 n의 값은 공통이다. 여기에서 n, e, d는 어떤 숫자도 올 수 있는 것은 아니다. 숫자를 정하는 방법은 소수를 사용한다는 것만 우선 알아두자.

원본을 m이라고 했을 때 이를 공개키인 n과 e를 이용해서 암호화하는 방법은 아래와 같다.

$$(m^e) \bmod n = 암호문(c)$$

mod는 나머지를 구한다는 뜻이다. m의 e승을 구한 값을 n으로 나눠서 그 나머지 값이 암호문이 된다. 비밀키인 n과 d 사용해서 복호화 하는 공식도 동일하다.

$$(c^d) \bmod n = 평문(m)$$

예를 들어 n은 11, e는 3, d는 7이라고 해보고 얼랭으로 계산해보자. 원본 메시지인 m은 9로 한다.

```
1> round(math:pow(9, 3)) rem 11.
3
2> round(math:pow(3, 7)) rem 11.
9
```

---

13 Root certification authority, Root CA. 국제적으로는 GlobalSign, Verisign, Entrust, Codomo 등이 있으며 국내에는 KISA가 있다.

9의 3승을 구하려고 math:pow(9, 3)을 사용했다. round로 한번 감싼 것은 값을 float에서 integer로 바꾸기 위해서이다. 그리고 나머지를 구하기 위해 rem을 사용했다. 암호화된 값은 3이고, 이를 다시 복호화해서 9로 원본 메시지와 일치한다.

실제로는 11이나 3, 7과 같은 작은 숫자를 쓰지 않는다. 적어도 n 값은 2,048bits를 사용해서 10진수로 617자리 숫자를 사용한다.

다음은 실제로 만들어본 2048 bits의 공개키와 비밀키이다.

```
-----BEGIN PUBLIC KEY-----
MIIBIjANBgkqhkiG9w0BAQEFAAOCAQ8AMIIBCgKCAQEAzR/4JnjS5mQgMHCsHe1k
vGW3bG1LnGQddXiWbfEzUk2e5/Jw1w0008b0w9lwhsoKkBSCqPc7w8GfOruk1wym
iSNWidrMEEeJMpSeltYagE2klvsD9+XOTMgwgIkpCv5zwlAROayJ53Eg8AUfXJaV
b3R1sal9hVQBkXzYeNYMGbhK2ooJf9tEHJ4idUJmfVp+TzWDXBowJySFLl/pKgln
FYKO2CgcUl7sqvyHP67NUwaH2QAbb3oOz7Zg48V2nuKUWwWnPZ2mwW8fm3PAtbu1
R6rCbKvo/uVTPQ49RL8qxP7TPQB4psVlOcQJ85YEGLSMk38oVD8IGcnR3OgDa6Rf
wQIDAQAB
-----END PUBLIC KEY-----


-----BEGIN RSA PRIVATE KEY-----
MIIEpQIBAAKCAQEAzR/4JnjS5mQgMHCsHe1kvGW3bG1LnGQddXiWbfEzUk2e5/Jw
1w0008b0w9lwhsoKkBSCqPc7w8GfOruk1wymiSNWidrMEEeJMpSeltYagE2klvsD
9+XOTMgwgIkpCv5zwlAROayJ53Eg8AUfXJaVb3R1sal9hVQBkXzYeNYMGbhK2ooJ
f9tEHJ4idUJmfVp+TzWDXBowJySFLl/pKglnFYKO2CgcUl7sqvyHP67NUwaH2QAb
b3oOz7Zg48V2nuKUWwWnPZ2mwW8fm3PAtbu1R6rCbKvo/uVTPQ49RL8qxP7TPQB4
psVlOcQJ85YEGLSMk38oVD8IGcnR3OgDa6RfwQIDAQABAoIBAELrrCS5BG0/uzSy
faSh31yLfsTz/1f9XZMGjWU+7LRsOGyJrwCm5+azoQUIOmrvHXUWC+6eAjSCRbV+
pG+4Y9iX29LLvAmPnRYQYJDrNugm7IyJRikpIx3vrcsxdF9u1ktNneEIBlGomctU
kH+/bO9YulEE77uAxaY2adU6V+ZHoKZgM4sRdHka0c9utYV5AGagaegQWQ/DG7hH
rZsbYvaZ+zKKoEr1J1CPk4AIHW+ZHyD+sQEsBT4T1etzAV0V9ALssZ3u4qFmgnXs
clmp3H4jaevgIPk6eFsBhcpjAsZox/6y9TY5D+u+itupARFbL4C1pcL6mued/cNe
fuwit5UCgYEA+egcZXL7TOYt00BctWoHFTBAkbvpdzQ++mK5JVuM/UxubKVdxQDJ
IeGx8PIQXIb8SAinyB/u0oukzM0NX+yX8uq80a4t+ssw8jHi5HFTf8cNmqRg2Tep
/gqqjjE8VNawebkoEYuUbi/SwiGaB6EVD39x9fBZ6hRpo9N+xRJYTx8CgYEA0iBV
4wnPStzvaAxQTVL+SEhi74lj5QVhnXspmRCN8PObuJaNuPcrd2hz+lgo9BleWkX4
7C/QgfYDniGCBSkZRQ30PmoDiNpX8gs3wJJf02rlQfDDHoNWkKBXV4dnCzgBt07E
u1X6BJ5qzUJ5gUg96IcKcwa6DQc+qYM2O+ki1R8CgYEA2u+NSRd1r4YMaYF+dvSf
peFy//nXbDZaYjNxLphJKXP3Xbl2L+wjSUqYAJWg3d7oUBc9HmdTbCMoyr9t0zbM
W+Vn50SARbITfGtV8nqSA2SYt30A1+wbQlOH3jCmQVEgpFMhFlXpQKsnAio77ikh
8UTeyu65ZwhhEERuUCplMVMCgYEAg52RboaEeyXsJ0YfPm/PqsL8hYGPOrKmNBgj
NCb0YYqVbYeP+d2IMmEQ1CxIaq1BNlZB1t8UQXMxTOk8IbNeiqx04mtRD3WERK3W
HB8TOr/oHeeKsCAgJrLoQoEjgBlyqbkC7TyrQB1iVHNg3CO981oyp139R4/UJiVz
4Q7krI0CgYEAhpfxzIpMqChdFLID8RriqvribN0khsM0xCMvSOORr3YBXkGGyNCX
```

3mTc4tCnHktGYjOewuxOhcNmsj/ZT6H8SnSEJ/7ejXMaRrOTyoh7MU1966I2aaOm
XMWI6JkzMy/9qZt6MArmxUWl/txFtMaKV60oY5FdEpqofZ4xQYQJ7xU=
-----END RSA PRIVATE KEY-----

책에 있는 Key를 따라서 하기는 힘들 것 같으니 직접 해보고 싶은 사람은 Key를 스스로 만들어서 해 보아야 할 것이다. 우선은 눈으로만 확인해도 된다.

```
1>
1> P = <<"-----BEGIN PUBLIC KEY-----
1>
1> MIIBIjANBgkqhkiG9w0BAQEFAAOCAQ8AMIIBCgKCAQEAzR/4JnjS5mQgMHCsHe1k
1>
1> vGW3bG1LnGQddXiWbfEzUk2e5/Jw1wO008b0w9lwhsoKkBSCqPc7w8GfOruk1wym
1>
1> iSNWidrMEEeJMpSeltYagE2klvsD9+XOTMgwgIkpCv5zwlAROayJ53Eg8AUfXJaV
1>
1> b3R1sal9hVQBkXzYeNYMGbhK2ooJf9tEHJ4idUJmfVp+TzWDXBowJySFLl/pKgln
1>
1> FYKO2CgcUl7sqvyHP67NUwaH2QAbb3oOz7Zg48V2nuKUWwWnPZ2mwW8fm3PAtbu1
1>
1> R6rCbKvo/uVTPQ49RL8qxP7TPQB4psVlOcQJ85YEGLSMk38oVD8IGcnR3OgDa6Rf
1>
1> wQIDAQAB
1>
1> -----END PUBLIC KEY-----">>.
<<"-----BEGIN PUBLIC KEY-----\n\nMIIBIjANBgkqhkiG9w0BAQEFAAOCAQ8AMIIBCgKCAQEAzR/4Jnj
S5mQgMHCsHe1k\n\nvGW3bG1LnGQddXiWbfEzUk"...>>
2> [Pem] = public_key:pem_decode(P).
[{'SubjectPublicKeyInfo',<<48,130,1,34,48,13,6,9,42,134,
                           72,134,247,13,1,1,1,5,0,3,130,
                           1,15,0,48,130,...>>,
                  not_encrypted}]
3> Pub = public_key:pem_entry_decode(Pem).
{'RSAPublicK
ey',2589461718569150411686823970567885310432415133496949473675272474195084045730183325226553023714144884869760302234090483209901644676632393406169462956520391120708467213119918693090426184407725991537921900136801467612214092153901131058506006427304400332614664790856085019625583178236611066394591339426639798355412605919359381809491357572395819000446375778975156134690070026220460018232949476254713604892207678601467861446834296340538260714565381047023809312975448418841555472292776067180188585691894351327688627688748936816662668632805903083174262337191336538066237083085738496243906207818116243094901896825208805394835
3,
                 65537}
```

공개키를 입력하고 키를 디코딩해서 어떤 숫자를 사용했는지를 파악한 것이다. 3번째 라인에 RSAPublicKey 다음에 있는 거대한 길이의 숫자가 바로 n 값이고, 그 다음에 65537이 e 값이다.

마찬가지로 비밀키도 읽어서 값을 확인해 보았다.

```
4> R = <<"-----BEGIN RSA PRIVATE KEY-----
4>
4> MIIEpQIBAAKCAQEAzR/4JnjS5mQgMHCsHe1kvGW3bG1LnGQddXiWbfEzUk2e5/Jw
4>
4> 1wO008b0w9lwhsoKkBSCqPc7w8GfOruk1wymiSNWidrMEEeJMpSeltYagE2klvsD
4>
4> 9+XOTMgwgIkpCv5zwlAROayJ53Eg8AUfXJaVb3R1sal9hVQBkXzYeNYMGbhK2ooJ

중간 생략 ……

4>
4> HB8TOr/oHeeKsCAgJrLoQoEjgBlyqbkC7TyrQB1iVHNg3CO981oyp139R4/UJiVz
4>
4> 4Q7krI0CgYEAhpfxzIpMqChdFLID8RriqvribN0khsM0xCMvSOORr3YBXkGGyNCX
4>
4> 3mTc4tCnHktGYjOewuxOhcNmsj/ZT6H8SnSEJ/7ejXMaRrOTyoh7MU1966I2aaOm
4>
4> XMWI6JkzMy/9qZt6MArmxUWl/txFtMaKV60oY5FdEpqofZ4xQYQJ7xU=
4>
4> -----END RSA PRIVATE KEY-----">>.
<<"-----BEGIN RSA PRIVATE KEY-----\n\nMIIEpQIBAAKCAQEAzR/4JnjS5mQgMHCsHe1kvGW3bG1LnG
QddXiWbfEzUk2e5/Jw\n\n1wO008b0w9lwhsoKk"...>>
5> [Pem2] = public_key:pem_decode(R).
[{'RSAPrivateKey',<<48,130,4,165,2,1,0,2,130,1,1,0,205,31,
                    248,38,120,210,230,100,32,48,112,172,
                    29,237,...>>,
                 not_encrypted}]
6> Priv = public_key:pem_entry_decode(Pem2).
{'RSAPrivateKey','two-prime',
             25894617185691504116868239705678853104324151334969494736752724741950
8404573018332522665530237141448848697603022340904832099016446766323934061694629565203
9112070846721311991869309042618440772599153792190013680146761221409215390113105850600
6427304400332614664790856085019625583178236611066394591339426639798355412605919359
3818094913575723958190004463757789751561346900700262204600182329494762547136048922076
7860146786144683429634053826071456538104702380931297544841884155547229277606718018858
5691894351327688627688748936816662668632805903083174262337191336538066237083085738
49624390620781811624309490189682520880539483533,
             65537,
             84479425369984901585785103551752377749293803031848828854708039287197
9489716808776213273448591197611028937092339760535500695342299933961490045209190741
48687792662732253795284754663812027123448205934176828737235134607160906702474680896500
```

318

45820257188817181655368620686845669081494939911518845579709603445161185839849583891293534977127806491036237935784243857138196075358223563529237557984798249327415125783491210132425494578477636038486201926804601814460010230710840756649824174291138544648944037468294289133420304833478627679487781058034620643634826273780680706627784001047788641268381800387188041003716618697196769883 7,

175490440981218238435976562232773631066465554912434572705103151759258351287704861025620918722484946739772977864111984694433432895828383275129969373301103388449197212185727364825925753284644931452006850682170634191521541851535792793281990599378521039893562318123513035657115164448566956551981661773276554401 59,

147555713239462771310382916459506488173265299866363126007602209513198506670783062334306484627133739355140999946362774321349548587525537790209186884866216433795620022563910190218195182631796263091819838805909183835341988900213147669003033072321257408626494286582254123686593189278527734899423638219207250990 367,

153741911728285474766949880534578910045945341338441353614957923894255431880976770309688039557066591651495575385933815403864832918372807155868573769882788121286922895368484270948442142796951170696426405438022532252172374880458256470736050613032817775463461678891407145493771865002692329234527102416516888736 083,

924235474385453524313169464678386459482817425197095735632096479929932511228106979084071775324448784736643124921524007185467593804709297997785544291584629233457467068411510033791127492414244869298137599063517096669177509552428355251624961108880687499032875939762295066562928581105079016702341278192447894367 373,

945147939292082657432429281787030004481139840115126215336964112022586270611723046672856869104896308525802529479287207726010956107949328265254140336067297608402565132125781296416427814180935857929091851930331944942743927709412825455949859251364480092455052505052623366449998037600762739763593736579065490042 645,
asn1_NOVALUE}
7>

'RSAPrivateKey', 'two-prime' 다음에 있는 숫자는 공개키와 동일한 n과 e 값이고 그 다음은 비밀키에만 나오는 d, 그리고 나머지는 키를 생성할 때 사용한 정보인 p1, p2, e1, e2, c, asn1 값이다. 우리는 n과 e와 d만 알면 된다.

공개키와 비밀키 모두 입력되었으므로 암호화하고 복호화하는 것은 쉽다.

```
7> C1 = public_key:encrypt_public(<<"kukhyun">>, Pub).
<<148,187,129,42,246,32,121,233,137,232,7,81,153,149,18,
171,235,122,82,183,10,13,118,154,241,249,170,182,221,...>>

8> public_key:decrypt_private(C1, Priv).
<<"kukhyun">>
```

공개키로 암호화하고 비밀키로 복호화한 예제이다.

```
9> C2 = public_key:encrypt_private(<<"hello">>, Priv).
<<6,34,93,198,107,76,63,102,53,235,34,81,13,62,164,22,103,
  22,154,94,172,62,169,5,218,0,151,186,113,...>>
10> public_key:decrypt_public(C2, Pub).
<<"hello">>
```

이번에는 비밀키로 암호화하고 공개키로 풀어보았다. public_key 모듈 대신에 crypto 모듈을 사용해도 된다. 대신에 RSA에 대한 이해가 없으면 사용하기 어려울 수 있지만 우리가 알고 있는 지식을 사용하면 쉽게 사용할 수 있다.

```
11> {_, N, E} = Pub.
{'RSAPublicK
ey',2589461718569150411686823970567885310432415133496949473675272474195084045730183
32522655302371414488486976030223409048320990164467663239340616946295652039112070846
72131199186930904261844077259915379219001368014676122140921539011310585060064273044
00332614664790856085019625583178236611066394591339426639798355412605919359381809491
35757239581900044637577897515613469007002622046001823294947625471360489220767860146
78614468342963405382607145653810470238093129754484188415554722927760671801885856918
94351327688627688748936816662668632805903083174262337191336538066237083085738496243
90620781811624309490189682520880053948353,
                     65537}
12> {_, _, N, E, D, P1, P2, E1, E2, C,_} = Priv.
{'RSAPrivateKey','two-prime',
                     25894617185691504116868239705678853104324151334969494736752724
74195084045730183325226553023714144884869760302234090483209901644676632393406169462
95652039112070846721311991869309042618440772599153792190013680146761221409215390113
10585060064273044003326146647908560850196255831782366110663945913394266397983554126
05919359381809491357572395819000446375778975156134690070026220460018232949476254713
60489220767860146786144683429634053826071456538104702380931297544841884155547229277
60671801885569189435132768862768874893681666266863280590308317426233719133653806623
7083085738496243906207818116243094901896825208800539483553,
                     65537,
생략 ......
```

```
13> CC = crypto:public_encrypt(rsa, <<"text">>, [E, N], rsa_pkcs1_padding).
<<189,88,176,135,0,42,27,103,253,188,0,249,14,193,184,32,
  212,9,142,131,34,43,220,115,90,37,214,147,5,...>>
14> crypto:private_decrypt(rsa, CC, [E,N,D], rsa_pkcs1_padding).
<<"text">>
```

공개키에서 실제로 사용하는 n과 e 값을 각각 N과 E로 대입하고, 비밀키도 마찬가지로 D 값과 기타 등등의 값을 가져왔다. 그리고 직접 E, N, D를 가지고 crypto 모듈의 함수를 실행하여 암호화를 적용하고 복호화를 적용한 예이다.

이 정도면 프로그래머로서 RSA를 잘 이해하고 사용한다고 볼 수 있다. 대다수의 사람들은 뜬구름 잡는 식으로 RSA의 공개키와 비밀키에 대해서 어중간하게 알고 있을 것이지만 여러분은 명확하게 그림이 그려질 것이라 생각한다.

10-2-5 Diffie-Hellman key exchange

전 장에서 배운 RSA는 두 사람의 암호화 통신을 위해서 사용할 수도 있지만 잘 사용하지 않는다고 배웠다. 이미 언급한 바 있듯이 그 이유는 perfect forward secrecy 때문이기도 하고, 다른 하나는 성능상의 이슈 때문이기도 하다.

통신 데이터를 계속 RSA를 이용해 암호화하는 것은 성능 면에서 좋지 않다. 대신 10-2-3절에서 배운 AES 같은 대칭키 알고리즘을 사용하는 것이 성능상 더 좋다. AES의 단점은 Key를 상대방에게 전달해야 상대방도 암호화 복호화를 수행할 수 있기 때문에 AES만을 사용해서 암호화 통신을 할 수는 없다.

1976년 Whitfield Diffie와 Martin Hellman이 만든 Diffie-Hellman key exchange[14]는 암호화 알고리즘은 아니지만, Key를 상대방에게 전달하지 않고도 비밀리에 Key를 공유할 수 있는 최고의 알고리즘이다.

따라서 Diffie-Hellman key exchange 알고리즘을 통해서 하나의 암호화 키를 비밀리에 공유할 수만 있다면 그 이후는 AES 같은 알고리즘을 사용해서 빠르게 암호화 통신을 할 수 있는 것이다. 그럼 어떻게 Key를 상대방에게 전달하지도 않고 같은 키를 공유할 수 있을까? 텔레파시 같은 것을 쓰지 않는 이상 굉장히 힘들 일 같지만 수학을 이용하면 예상보다 간단하다. 두 사람의 예를 들어서 설명해보겠다.

칸트와 헤겔은 우선 서로 사용할 소수값인 P와 베이스 값인 G 값을 정한다. G 값은 1부터 P-1사이의 원시근이다.

$$P = 17$$
$$G = 2$$

---

14   2002년 Hellman은 알고리즘 명칭을 Diffie-Hellman-Merkle key exchange로 부르기를 제안했다.

칸트는 자신만의 비밀 숫자 a를 골라서 a=7로 정하고 이것이 칸트의 비밀키가 된다. A=G^a mod P를 계산한 후 헤겔에게 전달한다. 이것이 칸트의 공개키가 된다.

$$A = 2^7 \bmod 17 = 9$$

헤겔도 자신만의 비밀 숫자 b를 골라서 b=29로 정하고 이것이 헤겔의 비밀키가 된다.

B=G^b mod P를 계산한 후 칸트에게 전달한다. 이것이 헤겔의 공개키가 된다.

$$B = 2^{29} \bmod 17 = 15$$

칸트는 헤겔로부터 B 값인 15를 받았고 이제 비밀 암호화 Key인 S를 계산할 수 있다.

$$S = B^a \bmod P = 16$$
$$S = 15^7 \bmod 17 = 8$$
$$S = 8$$

서로 공유하는 암호화 Key는 8이다.

헤겔은 칸트로부터 A 값인 9를 받았고 이제 비밀 암호화 Key인 S를 계산할 수 있다.

$$S = A^b \bmod P$$
$$S = 9^{29} \bmod 17 = 8$$
$$S = 8$$

서로 공유하는 암호화 Key는 8이다.

서로 8이라는 숫자를 전달하지 않았지만 계산을 통해서 공통된 값인 8을 얻었다. 이 8을 암호화에 사용할 수 있는 세션 키로 사용할 수 있는 것이다. 칸트는 비밀키로 7을 골랐고, 헤겔은 비밀키로 29를 골랐지만, 이 비밀키는 고정된 값이 아니라 변할 수 있기 때문에 누출되더라도 안전하다. 실제로는 이렇게 작은 숫자는 사용하지 않고 엄청나게 큰 수를 사용할 것이다. 우리는 이론적으로 어떻게 계산되는지만 알면 된다.

얼랭에서는 일일이 숫자를 계산할 필요 없이 간단하게 확인할 수 있다. 칸트의 예를 들어서 한번 숫자 8을 어떻게 얻는지 확인 해보자.

```
15> <<Key>> = crypto:compute_key(dh, 15, 7, [17, 2]).
<<"\b">>
16> Key.
8
```

crypto:compute_key(Type, OthersPublicKey, MyKey, Params) -> SharedSecret

위 함수를 사용한 것이다. Type에는 Diffie-Hellman을 의미하는 dh를 입력하고 헤겔로부터 받은 숫자 15를 OtherPublicKey로 입력하였다. MyKey는 칸트가 고른 7이고, 뒤에 [P, G] 값인 [17, 2]를 입력하였더니 공유된 암호 Key인 8이 나왔다.

Diffie-Hellman key exchange는 암호화 알고리즘은 아니지만, 암호화에 아주 중요한 역할을 하는 Key를 안전하게 공유할 수 있는 방법을 제공한다. 공개키 알고리즘으로 RSA만 알고 있었다면 Diffie-Hellman key exchange도 잘 기억해 두면 좋겠다.

10-2-6 SSL/TLS

지금까지 10-2절에서 배웠던 모든 것은 SSL/TLS을 설명하기 위해서였다고 해도 과언이 아닐 것이다. 정확한 명칭은 TSL_{Transport Layer Security}로 처음 발표 당시에는 SSL_{Secure Sockets Layer}이었기 때문이 두 이름을 혼용하는 경우가 많다. SSL은 버전 1.0, 2.0, 3.0을 지나 TLS 1.0, 1.1이 발표되었고 현재는 TSL 1.2가 최신 버전이다.

간단히 설명해서 TLS는 인터넷을 접속할 때 앞에 HTTP:// 대신에 HTTPS://라는 주소가 붙어있으면 사용하는 보안 프로토콜이다. 이것은 서버와 클라이언트간의 암호화된 통신을 보장한다. 그것도 지금까지 설명한 모든 보안 알고리즘을 집대성한 것이라고 할 수 있다.

간혹 인터넷을 접속할 때 브라우저를 보면 https:// 앞 부분에 초록색 자물쇠 표시가 있는 것을 확인할 수 있다. 자물쇠를 마우스로 클릭하면 좀 더 자세한 정보가 나온다. 브라우저마다 다르겠지만 크롬의 경우 연결 탭을 누르면 다음과 같을 것이다.

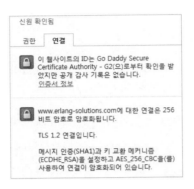

주목해야 할 부분은 아래 부분이다. TLS1.2, SHA1, ECDHE_RSA, AES_256_CBC 등이 언급되어 있다. 그리고 인증서 정보를 클릭해서 자세히 탭을 클릭해보면 인증서 관련 속성을 볼 수 있다.

종합해보면 우선 프로토콜 버전은 TLS1.2이며, 인증서는 RSA 2048 bits로 Go Daddy Secure Certificate Authority에서 발급받았으며 디지털 서명에 사용한 해시 알고리즘은 SHA256이다. 즉 erlang-solutions.com이 변조되지 않은 정확한 사이트라는 것을 서명된 RSA 기반의 공개키를 받아서 검증하였고 문제 없다는 것을 확인한 것이다. 그 다음에 데이터를 암호화하는 알고리즘은 AES_256_CBC이고, 암호화하는 데 사용한 Key는 ECDHE_RSA를 사용해서 교환하였다. ECDHE_RSA

는 DIffie-Hellman key exchange의 확장 버전이라고 생각하면 된다. 복잡하지만 모두 우리가 알고 있는 알고리즘이라 쉽게 이해가 될 것이라고 생각한다.

패킷의 보안을 위해서라면 TSL 1.2를 사용하는 것을 강력하게 추천한다. 지금까지 설명한 모든 알고리즘이 포함된 아주 안전한 보안 프로토콜이라고 설명할 수 있다. 하지만 TLS 1.2 이전 버전은 취약점이 존재할 수 있으므로 항상 최신 버전을 사용하는 것이 좋다.

서버를 만들면서 가장 많이 노출되는 부분이 바로 클라이언트와 통신하는 프로토콜이다. 이 프로토콜에 TLS를 적용시킨다면 지금으로써는 가장 안전한 암호화 기법을 적용한 것이라고 할 수 있다.

10-3 실전 사례

서버를 개발하면서 발생하는 몇 가지 사례에 대해 알아보고, 간단한 해결책을 생각해 보도록 한다. 어느 정도 서버 프로그래밍에 경험이 있는 사람을 가정하고 설명하는 것이라 어려울 수 있으므로 양해 바란다.

10-3-1 패스워드 저장

패스워드를 저장하는 것은 가장 기초적인 보안 정책의 하나이다. 요즘은 패스워드를 평문 그대로 저장하는 미친 짓은 아무도 하지 않겠지만, MD5를 사용한 해시값을 저장하는 단순한 방법도 추천하는 방법은 아니다.

어느 정보 보안에 신경써서 유저의 패스워드를 저장한다고 한다면 Salt라고 하는 임의의 문자열에 패스워드를 조합하여 SHA-256 Hash 값을 만드는 정도일 것이다. 이것도 유저 데이터가 유출되었을 경우 원본 패스워드를 찾는 것은 크래커에게 어려운 일은 아니다.

가장 큰 문제는 SHA-256 등의 Hash function의 성능이 너무 뛰어나서 패스워드 크랙 툴을 사용하면 실제 패스워드가 유출될 가능성이 높다는 점이다. SHA-256의 경우 일반 PC를 사용하면 초당 1Gbytes 이상의 데이터를 무작위 대입 공격brute-force attack 기법으로 비교할 수 있다.

현재 가장 추천하는 방법은 bcrypt이다. bcrypt는 OpenBSD Blowfish password hashing algorithm으로 1999년 Niels Provos와 David Mazieres 가 발표한 《《A Future-Adaptable Password Scheme》》[15]에 소개되어 있다.

bcrypt의 가장 큰 장점은 함수의 처리 시간을 정할 수 있는 것이다. 한번 실행하는 데 0.1초 정도 걸린다면 해당 유저 입장에서는 아무런 문제도 되지 않겠지만 크래커 의 입장에서는 굉장히 스트레스 받는 일이 된다. 크랙 툴을 사용하기가 매우 힘들어 지게 되는 것이다. 그리고 salt 값을 랜덤으로 사용할 수 있어 보안을 강화할 수 있다.

얼랭에서의 bcrypt의 구현은 erlpass[16] 혹은 erlang-bcrypt[17]를 참조하도록 한다.

10-3-2 패킷 암호화

패킷 암호화는 앞서 설명했듯이 TLS를 사용하는 것이 가장 좋은 방법이다. 우리의 서버를 HTTP에서 TLS 1.2로 변경하는 것은 아주 간단한 일이다.

```
52    %% HTTPS Server 실행
53    {ok, _} = cowboy:start_https(http, 100, [
54        {port, 6060},
55        {certfile, CertFile},
56        {keyfile, KeyFile},
57        {cacertfile, CaCertFile}
58    ], [
59        {env, [{dispatch, Dispatch}]}
60    ]),
```

cowboy:start_http 부분을 cowboy:start_https로 바꾸어 주고 certfile, keyfile, cacertfile을 등록해주면 된다. 인증서 파일은 인증기관에서 발급 받아야 제대로 사용 할 수 있으며, 테스트용으로 self-sign 인증서를 만들어서 사용할 수도 있다. 인증서

....

15 https://www.usenix.org/legacy/event/usenix99/provos/provos.pdf

16 https://github.com/ferd/erlpass

17 https://github.com/chef/erlang-bcrypt

를 구입하는 등의 세세한 방법은 여기서 다루지는 않는다.

TLS의 버전을 1.2로 고정시키려면 vm.args 파일에

```
-ssl protocol_version "['tlsv1.2']"
```

위와 같은 문구를 추가해주면 된다. 그렇지 않으면 클라이언트의 요청에 따라서 SSL 3.0 등의 다양한 버전으로 동작할 수 있다.

10-3-3 모바일 결제 검증

모바일 결제는 스마트폰을 통해 이루어진다. 결국 클라이언트 부분이라 어떤 조작이든 발생할 가능성이 열려 있다는 뜻이다. 결제가 실패되었는데도 클라이언트에서 결제가 성공되었다고 수정해서 서버로 보낼 수 있으며, 이미 결제가 이루어진 영수증을 여러 번 서버로 보낼 수도 있다.

따라서 모바일 결제에 대한 검증을 서버에서 필수적으로 수행해야 한다. 안드로이드 구글 플레이 스토어의 결제에 대한 검증은 구글에서 결제 완료 값으로 보내준 RSA 서명을, 서버에서 RSA 공개키로 검증하면 된다. RSA에 대해서는 위에서 충분히 설명했으니 크게 어렵지 않을 것이다. crypto 모듈의 verify 함수 혹은 public_key의 verify 함수를 사용해도 된다.

iOS 아이폰의 결제 검증은 애플에서 보내준 결제 영수증을 직접 itunes의 특정 사이트로 요청을 보내서 결과값을 가지고 검증을 수행할 수 있다. httpc 등의 HTTP 클라이언트 모듈이나 툴을 사용해서 쉽게 요청을 보낼 수 있을 것이다.

둘다 1차 검증 이후에도 영수증의 자세한 항목을 검증할 필요가 있다. 제품의 ID라든지 가격이라든지, 영수증의 고유의 값과 유저의 정보 등을 검토하고 로그로 남길 필요가 있다. 특히나 중복 처리 등의 문제가 발생하지 않도록 조심하도록 한다.

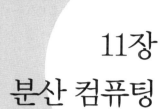

11장
분산 컴퓨팅

정식으로 대규모 서비스를 하려면 여러 대의 컴퓨터에 서버 프로그램을 설치해서 동작시켜야 한다. 이른바 분산

컴퓨팅(Distributed Computing) 환경 혹은 분산 시스템(Distributed System)을 구축해야 하는 것이다.

11-1 Distributed Erlang

서버 어플리케이션을 완성한 다음, 여러분은 실제로 전국 혹은 전세계의 유저들을 위한 서비스를 시작하게 될 것이다. 이때는 개발 환경처럼 컴퓨터 한대에서 서버 프로그램을 돌리지는 않을 것이다. 물론 소규모의 서비스에서는 가능할 수도 있겠지만, 그 컴퓨터가 고장나기라도 한다면 새로운 컴퓨터를 구축할 때까지 서비스가 중단되는 일은 피할 수가 없다. 한 대의 컴퓨터가 아무리 좋아봤자 성능상의 한계도 분명 존재한다.

정식으로 대규모 서비스를 하려면 여러 대의 컴퓨터에 서버 프로그램을 설치해서 동작시켜야 한다. 이른바 분산 컴퓨팅Distributed Computing 환경 혹은 분산 시스템Distributed System을 구축해야 하는 것이다.

하지만 분산 시스템은 간단하지 않다. 개발 초기에 설계 단계에서부터 이를 고려해 개발하지 않고, 이미 서비스 직전까지 왔다면 적용하기 힘들다. 데이터베이스에 읽고 쓰는 것이 전부인 아주 단순한 시스템이라면 상관없겠지만 일반적인 경우라면 분산 컴퓨팅을 염두에 두고 해당 기능을 개발해야만 한다.

얼랭은 분산 컴퓨팅 환경을 만들 수 있는 다양한 기능을 제공한다. 이를 Distributed Erlang이라고 부른다. 이번 장에서는 Erlang의 분산 컴퓨팅 기능을 이용하여 Distributed Erlang System을 구축할 수 있는 방법을 배워보도록 한다.

11-1-1 Nodes

실행중인 얼랭 런타임 시스템을 Node라고 부른다는 것을 이미 배웠다. 각 Node의 이름은 도메인을 포함했을 때는 -name, 혹은 간단히 이름만 붙일 때는 -sname 을 사용해서 실행시키면 그것이 Node이 이름이 된다. 우리는 한 대의 컴퓨터에 여러 개의 얼랭 노드를 실행하여 실습을 진행할 것이다. 여러 대의 컴퓨터에 각각의 노드를 실행할 수 있는 환경이라면 -sname 대신 -name을 사용하여 각각의 컴퓨터에서 실행해도 된다.

예를 들어 윈도우 명령 창에서 다음과 같이 실행해 보자.

```
D:\>werl -sname a
```

```
D:\>werl -sname b
```

그럼 다음과 같이 두 개의 Node가 실행된다.

```
Eshell V6.1  (abort with ^G)
(a@local)1>
```

```
Eshell V6.1  (abort with ^G)
(b@local)1>
```

@ 뒤의 local이란 이름은 PC 환경마다 다를 수 있다. local이라는 PC에 a라는 노드와 b라는 노드가 실행되었다. 더 정확히 말하면 a@local와 b@local가 실행된 것이다. 분산 시스템 환경이 되려면 이 두 개의 Node가 서로 연결되어 있어야 한다. 현재는 두 Node가 연결되어 있지 않은 상태이다.

하나의 Node가 다른 Node들과 연결되기 위해서는 Node들 사이에서 서로 같은 Key를 공유해야 하는데 얼랭에서는 이를 magic cookie라고 부른다.

```
(a@local)1> erlang:get_cookie().
'AXDHICZIYJQEQUMYOCOY'
```

erlang:get_cookie() 함수를 실행해보면 현재 설정된 magic cookie를 가져올 수 있다. 지금은 아무런 설정을 하지 않고 얼랭을 실행하였기 때문에 기본 cookie 값이 들어가 있다. 기본 cookie 값은 모두 같기 때문에 보안에 문제가 생길 수 있다. 그래서 특정한 cookie 값을 설정해야만 한다.

cookie를 설정하는 방법은 시스템 내에서 erlang:set_cookie() 함수를 실행해도 되지만, 제일 간단한 방법은 얼랭을 실행할 때 -setcookie를 사용해서 설정하는 방법이다.

동작중인 얼랭 창을 모두 닫고, 다음과 같이 다시 실행해보자.

```
D:\>werl -sname a -setcookie pencil

D:\>werl -sname b -setcookie pencil
```

실행된 두 Node는 pencil이라는 cookie 값을 공유한다. 같은 magic cookie 값을 가지고 있기 때문에 두 Node는 이제 서로 연결될 수 있다. 연결은 다음 장에서 배울 rpc 모듈을 사용하거나 직접 remote process를 생성하면 자동으로 연결이 된다. 혹은 단순히 연결만 테스트 해보기 위해서는 net_adm:ping() 함수를 사용하면 된다.

a@local 노드에서 다음과 같이 실행해 보자.

```
(a@local)1> net_adm:ping(b@local).
pong
```

@local은 여러분의 개발 환경에 맞게 바꾸어서 실행하면 된다. 위의 예제는 net_adm:ping 함수를 사용하여 a@local에서 b@local으로 연결을 시도해 본 것이다. 연결이 성공되었다면 pong이, 실패하였다면 pang이 리턴된다.

pong이라는 리턴값을 확인하였다면 nodes() 함수를 실행해보자.

```
(a@local)2> nodes().
[b@local]
```

nodes() 함수는 현재 Node에 연결된 모든 Node의 리스트를 출력한다. 실행해보면 b@local이 연결되어 있는 것을 확인할 수 있다.

노드 b@local에서도 똑같이 확인할 수 있다. b@local에서 nodes()를 실행하면 a@local이 보일 것이다.

```
(b@local)1> nodes().
[a@local]
```

여기까지 문제없이 진행하였다면 이제는 연결된 두 Node 사이에서 함수를 실행하는 법을 알아보도록 하자.

11-1-2 RPC

rpc 모듈은 Remote Procedure Call Services의 약자로 자신의 노드가 아닌 연결된 원격지의 노드의 함수를 호출할 수 있는 기능을 한다.

제일 간단하게 사용할 수 있는 call 함수를 살펴보자.

```
call(Node, Module, Function, Args) -> Res | {badrpc, Reason}
```

rpc:call 함수는 원격지 Node, 그리고 실행할 함수 정보인 Module, Function, Args를 입력하면 해당 Node에서 함수를 실행하고 결과값을 리턴하는 기능을 한다. 만약 Node에 접속이 안 되었거나 어떤 에러가 발생하였다면 {badrpc, Reason} 형태의 에러 메시지를 리턴한다.

예를 들어 자신의 노드 이름을 알아내는 함수인 node()를 a@local에서 실행하면 다음과 같을 것이다.

```
(a@local)3> erlang:node().
a@local
```

이 함수를 b@local에서 실행한 결과값을 얻고 싶다면 rpc:call을 이용해서 다음과 같이 실행하면 된다.

```
(a@local)4> rpc:call(b@local, erlang, node, []).
b@local
```

erlang:node()가 b@local에서 실행된 것이기 때문에 b@local이 리턴된 것이다.

만약 리턴값을 가져올 필요가 없다면 rpc:call 대신에 rpc:cast를 실행하면 된다. 혹은 리턴값을 바로 가져오지 않고 처리하기 위한 yield 함수도 존재하고, 여러 개의 노드에서 함수를 실행하기 위한 multicall 등의 함수도 있다.

더 자세한 내용은 http://www.erlang.org/doc/man/rpc.html를 참조하여 자신의 프로젝트에 맞게 적용하면 된다.

11-1-3 Remote Processes

Remote Process는 원격지 노드에서 동작하고 있는 프로세스들을 의미한다. 자신의 노드에 있는 프로세스가 원격 노드에 있는 프로세스와 통신을 할 수 있다면 두 개의 노드는 마치 하나의 노드에 있는 것처럼 작업을 수행할 수 있을 것이다.

사실 바로 전에 rpc 모듈을 사용하여 원격 노드에서 함수를 실행한 것은 알고 보면 원격 노드에 존재하는 프로세스 즉 remote process로 메시지를 전달하여 실행하고 결과값을 받는 것이었다.

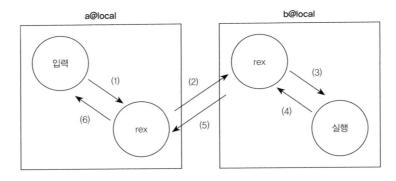

처음에 여러분이 입력한 `rpc:call` 명령어는 자신의 노드의 rex 프로세스로 전달된다(1). rex 프로세스는 원격지의 rex 프로세스로 명령어를 전달하고(2), 원격지 노드의 rex는 새로운 프로세스를 생성하여(3) 해당 함수를 실행한다. 실행한 결과값은 다시 rex로 전달하고(4), rex는 다시 기존 노드의 rex 프로세스로 결과값을 전달한다(5), 그리고 유저가 입력한 터미널로 결과값을 출력한다(6).

rpc 모듈만 보면 잘 알지 못하겠지만, 내부를 뜯어보면 원격지 노드의 프로세스와 메시지를 주고 받는 일련의 과정이 숨어있는 것이다.

rpc 모듈의 단점은 그림에서 보이듯이 rex라는 하나의 프로세스로 모든 작업을 전달한다는 것이다. 물론 해당 처리는 굉장히 빠르기 때문에 대부분의 경우에서는 문제가 되지 않는다. 하지만 특수한 경우 rex 프로세스가 병목이 될 가능성도 있다.

그럴 때에는 직접 remote process를 생성하면 해결된다. remote process를 생성하여 사용하는 방법은 일반적인 프로세스 생성과 크게 다르지 않다.

```
spawn(Fun) -> pid()
spawn(Node, Fun) -> pid()
spawn(Module, Function, Args) -> pid()
spawn(Node, Module, Function, Args) -> pid()
```

일반적인 경우 spawn을 실행할 때에 함수 정보만 입력하였다면, remote process를 생성하려면 앞에 Node만 더 입력해주면 된다.

```
(a@local)5> F = fun() -> receive {Pid, Message} -> Pid ! {Message} end end.
#Fun<erl_eval.20.90072148>
(a@local)6> spawn(b@local, F).
<7152.44.0>
(a@local)7> Pid ! {self(), hello}.
{<0.38.0>,hello}
(a@local)8> flush().
Shell got {hello}
ok
```

메시지를 입력 받으면 그대로 다시 전달하는 F라는 함수를 만들어서 spawn(b@local, F)를 사용해 b@local의 프로세스로 생성하였다. 자신의 노드에 존재하는 프로세스의 경우 PID가 〈0.X.X〉 식으로 0으로 시작하는데, remote process의 경우는 앞에 노드를 구분하는 특정한 숫자가 붙는다. 위 예제의 경우는 7152라는 숫자가 붙었다. 〈7152.44.0〉이라는 remote process로 hello라는 메시지를 전달하였고, 응답값을 flush() 함수로 확인한 예제이다.

remote process를 다루는 법은 보통의 프로세스를 다룰 때와 다르지 않다. 여러 대의 장비에 각각의 얼랭 노드를 실행하여 모든 프로세스들이 서로 데이터를 주고 받으면 작업을 수행하는 것을 굉장히 쉽게 구현할 수 있다.

다른 노드의 터미널에 메시지를 출력하는 것도 해볼 수 있다. 터미널을 관리하는 것은 user라는 프로세스이다. 원격 노드의 user 프로세스의 PID를 알아내면 해당 터미널로 메시지를 출력할 수 있다.

```
(b@local)1> Pid= rpc:call(a@local, erlang, whereis, [user]).
<5976.30.0>
(b@local)12> io:format(Pid, "Test! from ~p~n", [node()]).
ok
```

이번에는 b@local에서 테스트를 진행해보겠다. erlang:whereis() 함수는 해당 이름을 가진 프로세스의 PID를 가져오는 함수이다. 이 함수를 rpc:call을 이용해 a@local에서 실행시켜서 a@local의 user 프로세스의 PID를 가져왔다. 그리고 가져온 PID를 io:format을 이용하여 실행하면, a@local에 Test! from b@local이라는 메시지가 출력되는 것을 확인할 수 있을 것이다.

지금까지 Distributed Erlang 구현 방법을 살펴보았다. rpc 모듈을 사용해도 좋고 직접 remote process를 생성하여 구현해도 된다. 모두 쉽게 동작하는 것을 알 수 있었다. 남은 것은 실전에서 여러분의 서버에 적용하는 것이다. 처음부터 최적의 구현 방법을 찾는 것은 어려울 것이다. 우선은 가장 쉬운 방법으로 구현하여 동작을 확인하고 테스트하면서 최적화시킨다면 훌륭한 분산 컴퓨팅 시스템을 만들 수 있을 것이다.

마치며

2015년 샌프란시스코에서 열린 얼랭 컨퍼런스는 전세계에서 온 수많은 회사들로 가득했다. 온라인 게임 회사들은 물론이고, 얼랭을 이용해 자사의 금융 시스템을 새롭게 구축하려는 혹은 이미 구축한 큰 기업들부터, 얼랭으로 스타트업을 시작하려는 회사들까지, 다양한 사람들이 한데 모여 정보를 교환하는 장이었다.

최초에 얼랭을 만든 3인방인 Joe Armstrong, Robert Virding, Mike Williams는 동영상[1]에서 보던 것과 다르게 백발이 성성한 할아버지가 된 모습이었다. 하지만 아직도 프로그래밍을 하는 현업에 종사하면서 진정한 고수의 풍모를 보여주고 있었다.

2015년에는 얼랭 버전 18이 나올 예정이다. 그 동안 얼랭 소스코드의 주 관리자 역할을 하고 있던 에릭슨에서도 얼랭 커뮤니티에 대한 지원을 확대하면서 성장을 도울 예정이라고 한다. 그렇다고 해서 얼랭이 C++ 같은 언어처럼 대중적으로 사용될 것이라고 생각하는 사람은 아무도 없었다. 얼랭은 앞으로도 계속 서버 프로그래밍 영역, 주로 대용량 서비스의 백엔드back-end 시스템에 유용하게 사용될 것이고, 인터넷의 수많은 프로그래머들의 기여로 인해 발전할 것이다.

한국에서도 얼랭을 사용해서 보다 쉽고 빠르고 안정적인 서버 시스템을 구축하는 개발자들이 늘어 났으면 하는 바람이 있다. 혹은 얼랭을 사용하지 않더라도 서버를 구축한다는 것이 어떤 의미인지 기초를 쌓을 수 있는 역할을 이 책이 해주었으면 좋겠다. 그래서 많은 사람들과 재미있고 더 멋진 서버를 구현하는 방법에 대해 이야기를 나누고 싶다.

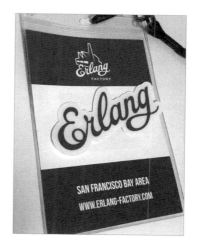

---

1 "Erlang: The Awesome Movie" – https://www.youtube.com/watch?v=qyVvGjNjBOA

찾아보기

2G 206

3G 206

4G 206

A

ACID 136

Actor model 83

Adi Shamir 313

Advanced Encryption Standard 311

AES 311

Alan Turing 304

Anger Krarup Erlang 83

APNs 214

Apple Push Notification Server 214

application resource 60

Arne Andersson 281

Arpad Elo 268

Arthur Scherbius 304

asymmetric 305

Atom 35

Atomicity 137

AVL trees 285

B

Base64 305

B.A. Wichmann 289

bcrypt 326

Binary Search Tree 281

Brute force attack 304

C

C++ 24

Caesar Cipher 303

CAP 정리 139

CBC 311

cellular phone 205

Cipher Block Chaining 311

code obfuscation 301

common process 241

Concurrency 78

Consistency 137

Cowboy 92

cryptographic hash function 307

curl 102

D

Data Encryption Standard 309

David Mazieres 326

DES 309

Deterministic Random Bit Generator 289

Dets 123

dict 281

Diffie—Hellman key exchange 321

Distributed Computing 330

Distributed System 330

DRBG 289

Durability 137

Dynamic Code Loading 112

E

Ejabberd 235, 236

Emacs 30

Enigma 304

Eric Brewer 139

Erlang 19

Erlang Port Mapper 147

Erlang shell 33

Erlang Term Storage 123

Eshell 33

ETS 123, 285

F

Fault tolerance 84

G

Garbage Collector 170

Gaussian distribution 291

gb_trees 281

GC 170

GCM 211

General Balanced Trees 281

generic event handler 246

generic finite state machin 244

generic server 프로세스 239

gen_event 246

gen_fsm 244

gen_server 239

Git 39

Google cloud messaging 211

H

hash collision 308

Hot Code Loading 112

HTTP 89

HTTP Method 107

I

I.D.Hill 289

indexof 276

Initialization Vector 311

IntelliJ IDEA 45

Isolation 137

IVec 311

J

Java Virtual Machine 24

Joe Armstrong 83

JVM 24

L

Lambda Expression 176

Latency 88

Leonard Adleman 313

Let it crash 84

light-weight process 83

link 185

list comprehensions 116

lists 270

LTE 206

M

magic cookie 331

Mailbox 170

Martin Hellman 321

MD5 307

message-digest algorithm 5 307

message_queue 183

Mnesia schema 146

N

Nancy Lynch 139

Niels Provos 326

Node.js 26

Non-preemptive 81

normal distribution 291

NoSQL 133

O

observer 159

OpenBSD Blowfish password hashing algorithm 326

orddict 278

ordered_set 285

ordsets 276

OSI 7 Layer 86

OTP 239

P

Parallelism 78

perfect forward secrecy 314

Pid(process identifier) 164

Preemption 172

PRNG 288

process scheduler 172

Protocol 87

Pseudo Random Number Generator 288

public–key 305

Pull 202

Push 202

Push Notification 202

Q

Query String 106

R

RDBMS 132

Rebar 42

record 143

Reductions 168

Registered 166

Relational Database 132

Remote Process 334

Rijndael algorithm 311

Ron Rivest 313

RSA 313

Run Queue 172

S

Secure Sockets Layer 323

self–balancing binary search tree 285

Seth Gilbert 139

sets 279

singly linked list 271

Soft Real–time system 81

spawn 174

spawn_link 185

special process 241

SSL 323

supervisor 248

symmetric–key 305

T

TCP 87

TCP connection 208

three-way handshake 208

Transmission Control Protocol 87

Transport Layer Security 323

trap_exit 186

TSL 323

Tuple 37

U

UDP 87

uniform distribution 290

W

WCDMA 206

werl 34

WhatsApp 233

Whitfield Diffie 321

ㄱ

가우스 분포 291

경량 프로세스 170

고립성 137

공개 암호화 305

관계형 데이터베이스 132

균등 분포 290

ㄴ

낸시 린치 139

ㄷ

단일 링크드 리스트 271

대칭키 305

동시성 78

ㄹ

람다 표현식 176

랭킹 268

리그 오브 레전드 236

ㅁ

메시지 전달 176

무차별 대입 공격 304

ㅂ

범용 서버 프로세스 239

범용 유한 상태 기계 244

범용 이벤트 핸들러 246

병렬성 78

병행성 78

분산 시스템 330

분산 컴퓨팅 330

비대칭 암호화 305

비선점형 스케줄링 81

ㅅ

서버 12

선점형 방식 172

선점형 스케줄링 81

세션 164

세스 길버트 139

셀룰러폰 205

실시간 시스템 81

ㅇ

아르투스 슈르비우스 304

암호화 해시 함수 307

액터 모델 83

앨런 튜링 304

어플리케이션 리소스 60

얼랭 19

얼랭 공식 사이트 19

얼랭 노드 146

얼랭 쉘 34

얼랭 어플리케이션 70

에니그마 304

에릭 브루어 139

영속성 137

완전 순방향 비밀성 314

원자성 137

이맥스 30

인앱 결제 74

일관성 137

일반 프로세스 241

ㅈ

자바 24

정규 분포 291

정렬 알고리즘 272

주석 101

지상파 방송 204

ㅎ

협력형 스케줄링 81

ㅊ

초경량의 프로세스 83

ㅋ

카이사르 암호 303

코드 난독화 301

클라이언트 12

ㅌ

튜플 37

특수 프로세스 241

ㅍ

푸시 202

푸시 알림 202

풀 202

프로토콜 87